中国历史文化名人传

此心光明

王阳明传

杨东标 著

作家出版社

中国历史文化名人传

组委会名单

主任：李 冰
委员：何建明 葛笑政

编委会名单

主任：何建明
委员：郑欣淼 李炳银 何西来 张 陵 张水舟 黄宾堂 张亚丽

文史组专家成员（按姓氏笔划为序）

王春瑜 王曾瑜 孙 郁 刘彦君 李 浩 何西来 郑欣淼
陶文鹏 党圣元 袁行霈 郭启宏 黄留珠 董乃斌

文学组专家成员（按姓氏笔划为序）

王必胜 白 烨 田珍颖 刘 茵 张 陵 张水舟 张亚丽
李炳银 贺绍俊 黄宾堂 程步涛

出版说明

　　中华民族五千年文明史中，涌现了一大批杰出的文化巨匠，他们如璀璨的群星，闪耀着思想和智慧的光芒。系统和本正地记录他们的人生轨迹与文化成就，无疑是一件十分有必要的事。为此，中国作家协会于2012年初作出决定，用五年左右时间，集中文学界和文化界的精兵强将，创作出版《中国历史文化名人传》大型丛书。这是一项重大的国家文化出版工程，它对形象化地诠释和反映中华民族文化的基本精神，继承发扬传统文化的精髓，对公民的历史文化普及和建设社会主义文化强国都具有重要而深远的意义。

　　这项原创的纪实体文学工程，预计出版120部左右。编委会与各方专家反复会商，遴选出在中国文化发展史上产生过重大影响的120余位历史文化名人。在作者选择上，我们采取专家推荐、主动约请及社会选拔的方式，选择有文史功底、有创作实绩并有较大社会影响，能胜任繁重的实地采访、文献查阅及长篇创作任务，擅长传记文学创作的作家。创作的总体要求是，必须在尊重史实基础上进行文学艺术创作，力求生动传神，追求本质的真实，塑造出饱满的人物形象，具有引人入胜的故事性和可读性；反对戏说、颠覆和凭空捏造，严禁抄袭；作家对传主要有客观的价值判断和对人物精神概括与提升的独到心得，要有新颖的艺术表现形式；新传水平应当高于已有同一人物的传记作品。

为了保证丛书的高品质，我们聘请了学有专长、卓有成就的史学和文学专家，对书稿的文史真伪、价值取向、人物刻画和文学表现等方面总体把关，并建立了严格的论证机制，从传主的选择、作者的认定、写作大纲论证、书稿专项审定直至编辑、出版等，层层论证把关，力图使丛书经得起时间的检验，从而达到传承中华文明和弘扬杰出文化人物精神之目的。丛书的封面设计，以中国历史长河为概念，取层层历史文化积淀与源远流长的宏大意象，采用各个历史时期最具代表性的文化符号与雅致温润的色条进行表达，意蕴深厚，庄重大气。内文的版式设计也尽可能做到精致、别具美感。

中华民族文化博大精深，这百位文化名人就是杰出代表。他们的灿烂人生就是中华文明历史的缩影；他们的思想智慧、精神气脉深深融入我们民族的血液中，成为代代相袭的中华魂魄。在实现"中国梦"的历史进程中，必定成为我们再出发的精神动力。

感谢关心、支持我们工作的中央有关部门和各级领导及专家们，更要感谢作者们呕心沥血的创作。由于该丛书工程浩大，人数众多，时间绵延较长，疏漏在所难免，期待各界有识之士提出宝贵的建设性意见，我们会努力做得更好。

《中国历史文化名人传》丛书编委会

2013 年 11 月

王阳明

目录

前言

一

二〇〇五年春节前夕，我接到余姚市艺术剧院院长寿建立的电话，他约请我以王阳明为题材写个剧本。当时我只说考虑一下吧，没有答应。

为什么没有答应？除了正在忙一部书稿的写作和出版外，更是因为心中没有底。

并不是任何题材都可以写戏的。戏有戏的规则和要求，写戏要有戏材。尖锐的矛盾冲突，生动曲折的故事情节，跌宕起伏的人物命运，有了这些基本的戏剧因素才能写出好看的戏。对于观众而言，好看永远是第一位的，然后才能谈思想性和艺术性。

而且，我对于王阳明一无所知。他是明代的心学大师，余姚人，除此之外，我还能说出什么？我不能不感到心虚。

春节过后，空气中洋溢着花香。余姚文化部门特意为我安排了一次座谈会，他们邀请了余姚当地一些知名的王学研究专家，为我介绍王阳明，研讨王阳明的戏应该怎样写。我坐在暖暖的春意中，聆听他们的发言。

令我惊奇的是，好几位专家的头发都已花白了，但说起话来，中气十足，充满激情。是性格使然？还是王阳明赋予他们这种不可抑制的情感？

他们给王阳明定了调子，调子定得让我吃惊，让我怀疑，甚至不敢相信。他们说，王阳明是个文武全才，人格完美。

天下哪有完人和全才的？人无完人，金无足赤，是古之哲言；全才云云也多是溢美，天下之事难以求全，全了也就浅了。我的抵牾是本能的。

然而，老先生们给王阳明列举了九个"家"：思想家、哲学家、政治家、理论家、教育家、军事家、文学家、诗人、书法家。如果再细化下去，一定不止。比如，他对道学和佛学的研究，岂是一般的浅尝辄止？他曾经十分痴迷和投入，反复比较，深切体悟，才有了后来他心学的构建，他把道、释都用来融化在他的哲学思想里了。别人博而不精，他却是越博越精。直至今天，我对王阳明有了比较深入的了解，才对这些专家们的评价有了几分理解，虽然，仍有失偏爱和偏颇。

然而在当时，我是抵牾着的，怀疑着的。

但是我越来越被感染。

老先生饱含深情的叙述，令人动容。他们说王阳明年轻时"格竹"，落难时"龙场悟道"，中年时倡办书院，晚年时"天泉证道"；说王阳明能文能武，文武全才，三次带兵，连战连捷，《明史》有评："终明之世，文臣用兵，未有如守仁者也"；说王阳明每立一次功则受到奸佞的妒忌和诋毁，身陷绝境，几乎丧命；说王阳明一生坎坷，磨难深重，他始终刚正不阿，于困苦中磨炼心志；说王阳明的"心学""致良知"，影响之广，学生之众，流传之深远；说王阳明去世后那千里设祭、万众恸哭的场面；同时还说王阳明为什么至今还少为人知，还未能与孔子、孟子、朱熹齐名。

是啊，为什么王阳明至今还少为人知？准确地说，少为当代人知？是的，当我与一位导演最初通话的时候，他也是一头雾水，一团迷茫——他竟然不知中国有个王阳明。也难怪，解放以来，以普及历史知识为功能的连环画为例，出了多少套历史人物丛书啊，但哪一套有王阳明的呢？更不要说其他种种书籍了。

那是因为，海峡对岸的那位蒋先生喜欢上了他。岂止喜欢，简直就是顶礼膜拜，奉若神明。他把台湾的草山，改名为阳明山，他告诫他的儿子要认真研读王阳明，在后来披露的大量日记里，他把王阳明奉作圭臬……在那个"左"的年代里，光凭这一条，王阳明就该被打入地狱十八层了。

王阳明自然没有想到，在他去世四百多年后，他还会被蒙上厚厚的尘垢。他的一辈子就是让人泼脏水的。什么异端邪说，什么好名伪学，而今人泼在他身上的两盆脏水则更甚，一曰唯心主义，一曰镇压农民起义。凭这两条，你还想入列孩子们的连环画读物吗？

王阳明，一个像金子一样的名字，却一直被掩埋在沙土里。

说到这里，老先生们显得有些激愤，他们脸上的每一条皱纹都在抖动。那是什么年代？那是明中叶的封建王朝。浸润在中国悠久的历史长河中的儒学，我们怎可以轻率地以唯物或唯心去论之？即便是唯心主义，作为一个哲学学派，也应该一分为二地看，怎么就成了政治的附属品了？说镇压农民起义，则更荒唐。王阳明三次带兵征战，一次是平定了宁王叛反，稳定了大明江山；一次是赣南平乱，打击的是窃据在大小山头的危及百姓的土匪头目；最后一次是出征广西，以抚代征，解决了民族矛盾。无论从哪个角度讲，都是平定了动乱，稳定了社会秩序，让黎民百姓免去了战乱之苦。何况中国的农民起义呈多种形态，孰优孰劣，众说纷纭，绝非一刀可切。

也许，接纳王阳明，需要这个民族的成熟。当然，蒋介石敬奉王阳明是为了他的政治需要，但王阳明也帮不了他的什么忙，蒋家王朝的崩溃与王阳明无关。我们不能因为希特勒利用了尼采的思想，把尼采也钉在耻辱柱上。我们的眼光不要太简单化了。一句话骂倒一个人，称不上什么本事。王阳明终于走到了当今年代。人们这才惊喜地发现，原来，在中国历史上，还有这样一位伟大的人物。认识王阳明，弘扬"致良知"，学术界，不单是学术界，一时忽然热闹起来，王学就此诞生。国际王学研讨会一届接着一届，论文、著作、文艺作品如浪潮一般涌来。其实，王阳明的学术思想，一直在滋润着我们这方古老的土地，何今日之始有？

半天时间的座谈会，犹如春风化雨，就这样滋润了我。我被俘虏了。尽管，此时此刻，我对王阳明仍然是一知半解，似懂非懂。我依然以为没有必要以全才与完人去评价和要求一个古代圣贤。在没有任何剧本构思的前提下，我接受了编剧的使命。并且注定，我今后的思想情感、写作生涯，与王阳明结上了缘。

那年夏天，我把散文集《说戏与戏说》匆匆编好，交付给作家出版社，便一头扎进了《王阳明全集》，犹如扎进了汪洋大海。

二

值得一说的是，八月中旬，余姚方面组织我与剧组合作者们一起去贵州、江西采风——那是王阳明当年走过的一条路线。

我们首先拜访的地方是贵州龙场。龙场现属修文县，离贵阳也很近。因为仗义执言触犯权宦刘瑾，王阳明被廷杖四十，从京城流放到这里，做了无品级的驿丞，犹如执掌一个偏远的中转站、招待所之类的小官。那时候，龙场的荒凉是可以想象的。王阳明跌落在人生的低谷。他患有肺病，咳血不止。那一年王阳明三十七岁。三十七岁的王阳明羸弱得如同一个老人，脸如干枣，几根早生的白发，如秋草在山风中抖动。他立志要做一个圣人，三十七年来，读遍了四书五经、诸子百家、孙子兵书，悟尽了道、儒、释三教，不愿沉溺于辞章，他探求的是宇宙人生的规律，然而"格竹"失败了，怀疑朱熹理学被视为立异好名，朝廷昏庸，更无政治抱负可言。现在，他居住在山洞里，求生不得，求死不能，这人生道路该如何走呀。龙场的春天，已是草木葱茏了，然而，王阳明的内心在疼痛着，整个春天在深深地疼痛着。

羸弱身体外表包裹着一颗坚强不屈的心志，在最困苦恶劣的环境里，王阳明磨炼着自己。他苦苦地思索，苦苦地悟道，乃至躺在石棺里三天三夜，行非常人之举。忽一日，他欢呼雀跃："心即理！"他终于悟到真谛了，心即理！他的眼前一片灿亮，一片光明！他要追寻的大道宏旨不正在这里吗？任何艰难困苦都化成烟云流水。

龙场，一个名不见经传的穷乡僻壤，从此被王阳明点亮！

龙场，也点亮了王阳明苦苦思索半生的人生哲理！

从此，龙场载入史册。

从此，王阳明步入了人生新的化境。他是五十七岁去世的，老天爷给他还有二十年的生命。这二十年，对于王阳明，是如何的波澜壮阔，如何的惊天动地，如何的光辉灿烂，都留在青史上了。

我与我的同行站在至今仍显荒凉的龙场山洞里，倾听着山间的风声流水声，不禁感慨丛生。人生曲曲折折水呀，世事重重叠叠山！在这里，我们可以领悟到"绝处逢生"的真正含义。王阳明喜不自禁地作诗云："投荒万里入炎州，却喜官卑得自由。心在夷居何有陋，身虽吏隐未忘忧。"

我们离开龙场又到贵阳，参观了贵阳书院、阳明祠，然后辗转到南昌。

南昌，或者说江西，对于王阳明来说，是一个宿命。他的一生与之血肉相连。太多太多关于他的故事就发生在这块土地上。他的血，他的泪，他的痛苦和欢乐都洒落在这块土地上。

十八岁，他到南昌来迎亲，娶诸氏为妻，回余姚途经广信（即今上饶），谒理学大师娄谅，得"圣人可学"之语，受用终生；三十九岁，离开龙场，他到庐陵（即今吉安）任知县清明理政大半年；而从四十六岁至五十岁的几年时间里，他则基本上辗转于江西的山水间，做成了生命史上轰轰烈烈的几件大事，出征赣南，平定宁王，智斗奸佞，讲学白鹿。南昌成了他离不开的家，化不了的结，解不尽的缘；直至生命的最后岁月，他奉命去广西思恩、田州抚平边陲动乱，途经南昌受百姓之拥戴，场面极感人！而广西出征归来，他的生命之火亦已燃到尽头，他身心俱疲，肺疾加剧，咳血不止，生命已如游丝悬于一线，他的部下门生舟马护送，日夜兼程，行至赣南南安青龙铺，溘然长逝。

是地，今江西大庾也。灵柩返回故乡，云程水驿，沿途设祭，万众恸哭，其悲哀之声，至今仍在史书中回响！

打开江西的地图，赣江水系，恰如蓝色之血液遍布全省。涓涓细流，滔滔巨浪，一齐汇向鄱阳湖。从赣州到吉安到南昌，王阳明的足迹遍地皆是。可惜在南昌，没有一处像样的王阳明纪念性建筑。与王平乱有关的宁王府早已拆毁，荡然无存了。时有文友江西省作协主席陈世旭兄委史学专家吴尔泰先生为我们参观导引。吴先生对这段史料之稔熟令我们钦佩且感动，他说到王阳明、宁王、娄妃以及三人之间的关系，至今我印象深刻。尤其是娄妃，乃上饶理学家娄谅之女，宁王之妃子，端庄贤淑，精通诗词书画，可谓无一不美。她力阻宁王谋反，被囚于"杏花楼"，宁王举事失败，娄投水而死。而王阳明对娄谅则执师礼，他善葬了娄妃。——后来，这段故事也便成了《王阳明》一剧的核心情节。

吴尔泰先生还告诉我，如今，娄妃有尊洁白雕像，立于赣江之滨，也是今人对这位深明大义的历史人物的纪念。

三

姚剧《王阳明》历经三载七稿修改，推上舞台，颇获好评。参加各种会演，得了很多奖项。而最让我喜悦并深刻难忘的是剧组到台湾的演出。我与导演俞克平被邀同行。俞克平兄为此剧的创作、排演付出了杰出的贡献和智慧。

台湾我已经去过两次了，而此次与《王阳明》剧组同往，则别有滋味，另有感受。

我随《王阳明》剧组来到台湾时，正是元宵时节，两岸的灯火一样绚烂。天气陡然间暖了起来，浅草细雨中，台北的花事已经很盛了。山樱花、杜鹃花、三角梅，还有红楠、碧桃，花团锦簇，十分抢眼。首场演出之前，在满眼花色中，我们来到阳明山。阳明山原来叫草山，蒋氏到了台湾觉得此名甚讳，有落草为寇之嫌，便改了名。如今已辟为颇有规模的阳明公园，被称为台北的后花园。

半山腰，有一尊王阳明的塑像。黧黑色，青铜雕成。老先生长袍素冠，瘦骨嶙峋，手执一根细细的拐杖。细看他的脸，颧骨高突，两颊瘦削，目光平和，透着一丝悲悯的光芒。在许多王阳明的塑像中，我以为，这一尊雕得最逼肖最传神。王阳明晚年的时候，长期肺疾折磨，已经使他形如枯草，弱不禁风了。那年代，结核病是很难治疗的。他一次次上疏，要求归隐田园治病养身，却不得准。如此病弱之躯，居然还要他带兵打仗，要他统率大军，真是不可想象。大明皇朝满朝文武都到哪里去了？整日里争权夺利、勾心斗角的百官都到哪里去了？若非有社稷和"良知"的支撑，王阳明为此而何？他或许可以更长寿一些的吧？每想至此，令我心胸激荡，百味杂陈。面对塑像，我鞠了躬，行了礼，惜四周没有花店，未能献上一束花。当然，满山满坡的花朵正盛开着，热烈着，斑斓着，像是都为了他。

在台湾，王阳明的名字无处不在。你一不小心，就会碰到老先生。阳明小学，阳明中学，阳明大学，阳明研究会，阳明路，阳明公园……台湾的小学课本里，也有王阳明的篇目。如此说来，这里的观众接受《王阳明》的演出一定不会太困难的。

姚剧《王阳明》在台北、台中等地演出了五场，几乎场场客满，盛况感人。原先，我有些担心，姚剧是个地方剧种，他们能接受吗？看得懂吗？当然，这些担心是多余的。用繁体字打的字幕，会把剧情、唱腔、念白，清晰地传递给观众。令我感动的是观众对这出戏的热烈反应。

《王阳明》的戏剧结构，打破了一般戏剧事件和人物相对集中的模式，我们称之为"篇章式传记体历史剧"，却又不同于互相割裂的"冰糖葫芦串"结构。全剧以王阳明为核心人物，诸多次要人物为之"众星拱月"；以王的主要生平为线索，最大宽度地反映了他的"格竹""权奸陷害""龙场悟道""赣南平乱""平定宁王""授道龙泉山"等事件;以"致良知"为灵魂,充分调动激烈的戏剧矛盾冲突,层层设置悬念,力求该剧紧而不滞,舒而不碎,丰而不杂。可喜的是,我们的设想得到了观众的认可。台湾的观众真会看戏。饰演王阳明的寿建立,当可称为姚剧表演艺术家,形象表演俱佳。他的充满激情的表演,总会引来观众经久不息的掌声。王阳明的人物命运深深叩动了观众的心。我坐在剧场的一个角落里,侧过脸,看着我身边的一位观众,一位梳着短发的中年女士,可以清晰地看到她眼眶里沁出的一行泪水。她一面鼓掌,一面流泪,为之动情。我便忍不住问了她:你是台北的?她说,不,她是从花莲闻名赶来的,坐了三个小时的火车,专程来看这个戏,想不到这样好看,这样触动她。

身处此时此地此情此景,我不禁暗自感慨:是剧团的成功演出感动了观众,还是王阳明的品格震撼了他们?抑或两者兼有?这样一个历史人物为什么在他逝去已近五百年的今天,依然有着感人的魅力?为什么海峡两岸的人们都愿意接受他的品格和学说?为什么他的四句名言:"无善无恶是心之体,有善有恶是意之动,知善知恶是良知,为善去恶是格物。"——历经时光的冲洗,依然有其独特的哲理光芒?我不能不想到,这里有恒久的精神,普世的价值。

在台湾短短的十二天里,剧组人员一直处在兴奋和感动之中。而最后一场的告别演出,则成了此行的高潮。剧终谢幕时,观众在场子里迟迟不肯散去。鲜花一束又一束地捧来,闪光灯一次又一次地闪亮。此时,一位闻名于台湾政坛的国民党要员登台祝贺。她是余姚人,出于对家乡的感情,一连看了两场演出。此刻,她手执话筒,面对观众,显然是激动了,一口纯正而流畅的普通话令我们佩服:

"观众朋友你们说,演出精彩不精彩?"

"精彩!"台下欢呼。

"要不要再鼓掌?"

掌声又起。

"人是要讲真话的！"她一字一句地学着剧中王阳明的台词，"甜酸苦辣可酿酒，坎坷磨难悟人生。这唱词写得多好啊！人要讲良知，知行合一。王阳明的精神值得我们学习。可惜，晚上官员来得少了一点，这个戏当官的人应该多看看，教你做官，教你做人。"

岁月陡增，世事沧桑，我已经不似年轻时那样容易激动了，然而此刻我与导演俞克平也被邀到舞台上谢幕，与演员一起站在强烈的聚光灯下，却抑制不住心中热血的贲张。文化竟是具有这等特殊的力量！两岸人民同根同脉，怎么能分得开？诚如一位观众所言：王阳明是我们共同的呀。

共同的王阳明！我不禁热泪盈眶。

我的眼前又浮起阳明山上那尊铜像，那个羸弱的躯体以及悲悯的目光。其实，岂止在台湾呢，在日本，在东南亚，在世界有华人的地方，王阳明都在被人们传颂着，他的普世意义，他的圣人光辉，是不朽的。

《王阳明》这部戏，还要演下去，剧院方面告诉我。这是一个作者最大的安慰。与此同时，王阳明也便植入了我的血液和灵魂中。我为我多年为此付出的汗水和心血感到欣慰。

现在，中国作协"中国历史文化名人传"丛书工程启动了，王阳明的名字赫然在目，列入了传主的名单。我想，我已不再年轻，然而，面对这道令人激奋的命题，我感到是一种使命在召唤。我只能义无反顾。

我要用我的这支笔，再一次面对这位伟人，与他的灵魂对话，以传记文学的形式，书写他的不朽的一生。用我的敬仰，还有感情。

第一章

少年圣人梦

一、赋诗金山寺

一艘如画舫一般的航船，在古运河上缓缓地行驶，船头激起哗哗的水声。

少年王阳明站在船头，他的心情如浪花一样飞溅。眺望两岸，春气已经萌动，景色像他的年龄一样年青而新鲜。元宵已经过了，江南的春天说来就来了。风，暖暖的，吹得两岸的柳树和桑树都绽出了绿色。

他才十一岁，从来没有出过远门。现在，他要到北京去。他的眼前将要出现一个怎样广阔的世界？他将会碰到多少新鲜的事情？他充满喜悦和憧憬。他的心如那一瓣瓣嫩绿的柳芽和桑芽，舒展而自在，任意生长着。

去年，父亲王华中了状元，接着，又被授为翰林修撰。父亲要把他和他的爷爷接到北京去。一是为了尽孝，让他的爷爷竹轩先生去京城看看皇家气象；二是为了小阳明，让他在父亲的身边好好读书，将来有出息。

其实，小阳明已经读了好多的书。先是跟在爷爷的身边。爷爷喜竹，人称竹轩先生。居所四周都种了竹子，爷爷每天漫步在竹林小道，看竹枝摇动，听竹叶萧萧，又是吟咏，又是弹唱，十分快乐。

小阳明从小浸润在书香里，爷爷成了他的第一个老师。四言、骚体、古风、律绝，爷爷都教他。他的诗歌天赋如身边的春笋般节节高升。

接着，他又拜陆恒为师。陆恒是余姚城里知名的学者，对程朱理学研读甚深，他与阳明的父亲王华以及谢迁、黄珣一同结成会社，读书论文，研讨学术，闻名遐迩。明成化十一年（1475），谢迁考中了状元；六年之后，即成化十七年（1481），王华也状元及第，黄珣取了榜眼，而陆恒则仍在余姚教书授业，人生与学问一样精彩。小小一个余姚县城，真是不得了，文化底蕴之深厚，读书风气之炽烈，名人先贤之辈出，令后人惊叹！王阳明父子在那个年代，仅仅是历史长河中的一朵浪花。

跟在陆恒先生的身边，小阳明又读了好多书。他的聪颖、敏悟让陆恒既惊喜，又感觉棘手……

现在，小阳明要去北京读书，读更多的书，结识更多名师和学友。这是王华所希望的，也是小阳明所乐意的。王阳明后来卓越的成就，是与他少年时扎实的读书功底分不开的。

此刻，小阳明在想些什么呢？也许，他什么都没有想。他毕竟才十一岁呀。少年的他，聪颖，贪玩，有时也顽劣。他的所思所想所作所为常常与众不同，怪怪的，不按常规，让人匪夷所思。但有一点是与人一般的，他喜欢新鲜，就像眼前从未见过的景致……

到北京是一个漫长的旅程。航船渡曹娥、过钱塘、穿过富饶的杭嘉湖平原，一日，来到了镇江。

镇江好雄险呀，背山面江，气势浩荡，小阳明立时兴奋起来。更让他高兴的是，当地学士名流听说来了新科状元王华的父亲和儿子，便在金山寺上设宴，招待祖孙一行。

金山寺的名气很大。此时的金山寺，还地处长江江心，如同一个洲。湍急的江面，兀地升起一座岛屿，山岩陡峭，形势险峻，大有中流砥柱之气概。每年端午，江上龙舟竞渡，激起惊涛骇浪，十分壮观。因此留下许多诗人名士的诗篇，如今都镌刻在层层叠叠的亭台楼阁上。（而与陆地相接，则是后来的事。到了清朝康熙年间，长江水流北移，金山寺附近泥沙不断淤积，遂成岛岸相连。）

这一些都是小阳明从没有看到过的。能登山一游，小阳明自然高兴。

席间，杯盏交晃，酒过三巡，便要吟诗。

主人们请的是竹轩先生，状元的父亲，竹轩先生岂能没有佳作？可惜竹轩先生由于高兴，多喝了几杯酒，他捻着稀须，摇头晃脑，晃了半天，竟然没吟出一句。

小阳明急了，不就是吟诗吗？他脱口而出：

金山一点大如拳，打破维扬水底天。

醉倚妙高台上月，玉箫吹彻洞龙眠。

哇，众人惊呆了。这不是状元的儿子吗？这么小的孩子居然不假思索出口成诗？

好！不愧状元的儿子！再来一首！

酒席上顿时欢跃起来。有人便提议，要他以《蔽月山房》为题，再赋一首。

小阳明脸无难色，略一思索，便又吟了起来：

山近月远觉月小，便道此山大于月。

若人有眼大于天，还见山小月更阔。

这一下，众人更是吃惊了。十一岁的孩子竟有这样的口气，这样的胸襟！先不说诗的平仄是否合辙，他的视野和思维，在座的谁人可及？山和月，大和小，远和近，朴素的辩证关系，竟然从一个孩子的口中吐出！

神童呀神童！前程不可估量！众人交口称赞，酒杯晃动得更兴奋更热烈了。

二、云中降生

王阳明的一生充满传奇，奇特的故事可以从他一出生说起。

常人都是十月怀胎，一朝分娩。王阳明在他母亲的肚子里竟然待了十四个月，还不肯出世。

那一天是明朝宪宗成化八年九月三十日，转换成公历是一四七二年十月三十一日。

这是人世间普通的一天。对于明代的余姚来说，更是极为普通的一天。那时候的余姚县城已经很热闹，酒肆、街坊、茶馆，人来人往，络绎不绝。但这些繁华的市井情景大多集中在龙泉山之南，舜江两岸一带。余姚县城地处宁绍平原，县城中心兀地升起一座不高不低刚柔兼有的龙泉山，平添了几分灵秀和旖旎，更有一条江水穿城而过。依山带水，造物主把世间最美好的山水风光都赐予了这座县城，这座县城因此而充满活力和灵气。

而龙泉山之北却有点冷清，虽然，它也是属于县城范畴。坐落在县城之北的王家门庭，原是租赁来的，格局不算太大，但也不算太小。说它是书香门第是最合适不过的。这些天来，全家上下都有点忧心。尤其是竹轩先生和岑氏太夫人。眼看儿媳妇郑氏的肚子一天天大了起来，算算日子，她怀孕已经有十四个月了，却仍然未能分娩。这究竟是为何呢？平静的日子忽然多了几分担忧和焦急。

那天夜里，深夜了，岑氏太夫人忽然做了一个奇怪的梦。只见满天祥光，彩云缭绕。一片鼓乐声中，一群仙女，穿红披绿，环佩叮当，自天而降。其中一位手抱婴儿，来至王家岑氏面前，把一个白白胖胖的婴儿送入她的怀中。岑氏十分惊奇，一觉醒来，隔壁儿媳妇房中传来了婴儿的啼哭声。家人来报：郑氏产下一男。

这真是天大的喜事，也是天大的奇事，婴儿竟是乘云降生！

这降生的就是王阳明。

这段颇具传奇色彩的故事，后来被记载在《明史》及王阳明之弟子钱德洪编的《王阳明年谱》里，虽然寥寥数笔，却极传神，令人遐思。看来，不全然是虚构。谁知道，这破晓一啼，将给沉沉长夜的明王朝，带来多少光亮和生机？

全家立时沉浸在一片喜气之中。

竹轩先生更是喜不自禁，捻着稀疏的胡子，连声说："好，好，既然是云上的神仙送来的，就叫王云吧。"

于是，王阳明有了第一个名字：王云。

这座楼呢，从此人们叫它"瑞云楼"。

封建史学家们为了神化美化帝王将相，大多将其出生写得神神道道，或某某梦见了神龙下凡，或满室红光，异草馥郁；如此之类，大同小异，不免有阿谀之嫌，岂可置信？然而，竹轩先生怎么会给王阳明取了一个王云的名呢？若不是岑太夫人一番亲口叙述，怎么会引来这样一个不能免俗的故事？也许是一种巧合，岑太夫人求孙心切，日有所思，夜有所梦；也许是一种夸饰，做了奶奶的满心欢喜，让她夸夸其谈借题发挥。

听过就是了，不可太认真。

可是，王阳明长到五岁了，竟然还不会说话。

这使全家很着急，甚至有点疑惧。哪有五岁的孩子还不能说话的？尽管你云儿云儿地叫，他只是憨憨地笑，不肯吐出一字半句话来。也曾四处求医问神，可是谁能解开这个结呢？

一日，五岁的云儿——不，我们还是叫他王阳明吧——正与一群孩子在稻田路边玩，那时候，王宅的周边还有很多稻田，远处走来一个老和尚，老和尚白须白眉，身穿米黄袈裟，背着一个米黄褡裢，走到小阳明的身边，伸手摩挲着小阳明的头，然后在他的头顶心拍了一掌，说："好个小孩，可惜道破了。"小阳明很奇怪，小伙伴们也很奇怪，又不懂这话的意思，便一齐来到他爷爷面前，把刚才的情况说了一遍。

竹轩先生愣住了。这话什么意思？道破了，什么被道破了？小孩还不能言呢。忽然想到了他的名字，孩子叫王云，原是降自云间的意思。莫非他的这段根由是不能说破的？

竹轩先生这样一悟，顿然明白了。对，改名。孩子必须改名。竹轩先生满腹经纶，饱读诗书，"仁义礼智信"以"仁"为首，而《论语·卫灵公》则说："知及之，仁不能守之，虽得之，必失之。"可见"守"之重要。于是一个"守仁"便脱口而出。从此以后，小阳明才有了自己正式的大名——王守仁。（当然，王阳明三个字更响亮。这是因为后来他在绍兴筑阳明洞养身，人称阳明先生，便一直传呼至今。我们不妨全书皆以王阳明称之。）

这段见于史料的记载，不免有点神神道道。这和尚是个什么人物？从何而来，往何而去？如小说一般云雾飘渺，但人们没有关心的必要了。而王阳明五岁不能言大概是真的，否则也不会改这个名了。更令人奇怪的是，小阳明自从改了名字，竟会开口说话了。

有一天，竹轩先生在厅堂里踱着方步，捻着须，正在吟《论语》："礼之用，和为贵……"谁知小阳明接着大声背诵起来："先王之道，斯为美。大小由之，有所不行。知和而和，不以礼节之，亦不可行也。"

这一下，全家惊愕了。

"你是从哪里学来的？"竹轩先生一把抱起小阳明。

"爷爷读书的时候，我在旁边听的。听熟了，自然会背呀！"

"好，好呀！"身为私塾先生的竹轩先生高兴极了，"看来，我的孙子是颗读书种子呀，王家书香门第后继有人了！来来来，从现在开始，我来教你读书。"

就这样，王阳明开始跟在爷爷的身边读书了。

三、哭象棋诗

竹轩先生大名叫王伦（1421—1490），字天叙。他一生淡泊，饱读诗书。虽然家境贫寒，但是品格很高洁。每逢清风明月，便焚香抚琴，吟诗弹曲，且有弟子一唱众和，自是怡乐无边。其坦荡之胸怀，极受弟子赞赏。王阳明的童年时代，几乎一直跟在爷爷的身边。他喜欢爷爷，爷爷也喜欢他，爷爷的那种淡泊放纵的书生气质，深深地影响了他。

除了好读书，小阳明还贪玩。他常常把那些果核、石块在地上排出方阵，与小伙伴玩军事游戏。他与小伙伴成天钻在竹林里，游在田畈上，两军对垒，你追我赶，你躲我藏，玩得昏天黑地。

他从爷爷那里学得了一手好象棋。车马炮，将士相，都由他任意操控摆布。一玩起来，连读书都丢在一边了。

父亲外出游学，爷爷喜欢他这样放纵，母亲郑氏却急了：怎么可以这样沉溺于游戏？

一天，小阳明又与小伙伴下棋去了，不知躲在哪个地方。日过中午，该吃饭了，连人影也没有。

母亲郑氏四处去寻找，终于在武胜门的桥洞下找到了他。他正在下棋，全神贯注，鏖战正酣。

郑氏夫人好生气，一步上前，端起棋盘，哗的一声，撒入河中。

小阳明愣了。谁？抬头一看，母亲一脸的怒容。小阳明尴尬地笑了，恨也恨不起来，怒也怒不起来，便嬉皮笑脸地吟了一首诗：

> 象棋终日乐悠悠，苦被严亲一旦丢。
> 兵卒堕河皆不救，将士溺水一齐休。
> 车行千里随波去，马入三川逐浪流。

炮响一声天地震，忽然惊起卧龙愁。

（《哭象棋诗》）

尴尬的场面，顿时化作一片笑声。谁都没有想到，九岁的小阳明竟然会作诗了。母亲又嗔又疼，拉起他的手：回家！肚子饿了也不知道吗？

母亲是爱他的，自己的儿子怎么会不爱？她哪里舍得打他？她只是隐隐担心，这孩子聪明早慧，又是脾气犟，性格怪，不知长大以后会成为什么样的人呢。

母亲真的没有看到这一天。母亲体弱多病，一年不如一年，到了王阳明十三岁那年，竟一病不起。

小阳明跪在母亲的病榻前，郑氏泪如雨下："儿子呀，你要争口气啊，好好读书，对得起祖上！"说完，撒手西去。小阳明悲痛极了，哭得死去活来。

少年丧母，对王阳明的心灵是重重的一击。

母亲去世以后，父亲又娶了一个姓赵的女人做妻子，也就是小阳明的后娘。

后娘的心有点窄，有点偏，她看不惯小阳明那种放任不羁的个性，便要管教他，那言语，那眼光，都是冷冷的。

小阳明伤心极了，更多的是愤怒。

他决定要惩罚她一下。他与当地的一位巫婆串通好，便到街上买了一只长尾巴的怪鸟，当地叫林鹗，趁后娘不注意时，偷偷放在她的被窝中。

晚上，后娘上床睡觉，一掀开被子，长尾巴怪鸟扑棱棱地飞了出来，吓得后娘一身冷汗地惊叫了起来。怪鸟的叫声更加可怕，犹如鬼魂一般。

后娘吓坏了，连忙请了巫婆来驱邪。

巫婆原是与小阳明串通好的，一边煞有介事地作起法来，一边告诉后娘，长尾巴怪鸟是孩子亲生母亲的灵魂化的，她要后娘善待孩子，不能欺侮他，如果不这样，她也得不到安宁。

后娘更加怕了，连忙跪拜不止："我会对小守仁好的，我会照顾好他的，你的儿子，就是我的儿子，你放心吧，求夫人在九泉之下保佑我们！"

从此以后，后娘再也不敢欺侮小阳明了，而且还真的对他非常好。

然而，小阳明心中的失母之痛却是无法抚平的。很多很多年以后，母亲的形象以及母亲临终前的几句话，还一直挂在他的心头。

好好读书，对得起祖上。母亲是这样说的。

四、世德遗风

王阳明的祖上，诗礼传家，是一点不错的。最远可溯及东晋王羲之。

当然，王羲之的光环离王阳明实在太遥远，两人相隔了一千多年。如果以辈分论，也有三十好几代了。而且，王阳明只是王羲之祖上一个支流的后裔，说不上直系子孙、一脉相传。王氏祖上自琅玡迁徙至会稽山阴，又从山阴迁至余姚，时空都已几番转换，大约只能沾一点书圣的光辉而已。王阳明的书法也非常出色，誉之为书法家也是实至名归，可惜他的哲学光辉太灿亮了，他的文学才华、书法造诣也仅成为他人生的点缀而已。

真正影响孕育王阳明成长的，要从他的七世祖王纲说起，那是元末明初之际，距王阳明出生，亦有一百多年。虽然一个世纪的时间不能算短，对王阳明却仿佛可以伸手触摸。而且，与他的生平，亦有某些关联。

王纲（1302—1373），字德常。年轻时以文学知名，且文武双全。他流传于世的有两则轶事最为闻名。

一则是元末时,王纲避兵乱于五泄山中,遇一道士,王纲异其气貌,遂以礼相敬。两人互通了姓名,便称兄道弟起来,谈吐十分投机,以至通宵达旦。于是此位赵道士便授占卜之法——那时候,是相当流行的,并为王纲占了一卦说:"你的后代能出大人物,然而你本人不宜守在家中,能与我同游天下吗?"一夕之谈要让王纲改变人生轨迹,立即跟从一个陌生人去云游四海,王纲自然面有难色。道士笑笑说:"公俗缘未断,我就不勉强了。"于是分手而去。

于是便有了"后当有大儒名世者"之说。果真被验证了吗?是的,子孙的子孙除出了个状元王华外,还有一个震撼历史的王阳明。不知是传说有饰,还是果被言中,居然被这个道士卜中了。权当说书听吧。

另一则是,王纲遇上了后来做了明朝开国宰相的刘伯温。刘伯温见王纲谈吐不俗、气质非凡,甚是器重。不料王纲竟说:"你才是真才学,可辅天下;而我呢,性爱丘山,只宜在山水间吟诗和唱,以后你发迹了可别来麻烦我啊。"

当然,这话说得既友好,又清高,玩笑而已。而刘伯温后来真的是发迹了,也真的没有忘记这段交情,便在朱元璋面前举荐了王纲。

洪武四年(1371),王纲应召来到京师。当时王先生年已七十,而齿发精神如少壮。皇上诧异了,怎有这等精神?与其讨论治国之策,对答如流。朱元璋一高兴,便封他做了兵部郎中,即兵部的一个中层官员。这一敕封,幸耶?不幸耶?成了他晚年强弓断弦般的悲壮。

没过多久,广东潮民扰乱,朱元璋封王纲为广东参议,往督兵粮。王纲身负使命,顿感前程莫测,与家人作了诀别,带着十六岁的儿子王彦达南下。

王纲此行,可谓轰轰烈烈,青史留名。他不带一兵一卒,单舸独往,晓之以理,动之以情,立足招抚。肇事潮民均被感动,叩首跪拜。一时,王纲在南粤的威望大震。你想,一位银髯飘飘的老人,具有何等的气度和力量。谁知回到增城,一场意想不到的灾难戏剧性般降临了。

一股海盗劫持了王纲,为首者叫曹真。劫持他做什么?他们跪地长拜，一定要名震粤南的王纲做他们的元帅。若以山寨论之，便是寨主；若以坛场论之，则是坛主。王纲诧异，天下竟有这等奇事？我乃堂堂正正朝廷命官，岂可在此落草为寇？王纲自然不从。他对曹真谆谆开导，晓之以祸福逆顺。曹真依然不听。王纲便正色斥骂。海匪们不管你愿意不愿意，反正我们需要你这个头儿，便把王纲裹挟而去，推上坛主宝座，伏拜不已。王纲如受了羞辱似的，骂不绝声。终于激怒了曹真，一声令下，王纲惨遭杀害！王纲的十六岁儿子王彦达亦被挟裹其内，见父亲被害哭骂不止，并求速死。贼酋曹真本来也要杀他的，老子都杀了，留你儿子何用？听其哭骂凄厉，心志坚定，忽然间他有点恻动，叹了一口气："父忠而子孝，难得难得，杀之不祥，放他回去吧。"

于是，王彦达用羊革裹了父亲尸身，背出贼窝，一直背回家乡余姚，葬于禾山。

这就是王阳明的七世祖王纲的悲壮晚年。犹如一声裂帛，戛然而毁。

洪武二十四年（1391），御史郭纯奏于皇上，同意在增城立庙祀之，并录用彦达。

近七十年以后，王阳明平定广西思、田之乱，路过广东增城，拜谒了祖庙，好一阵悲伤与感叹，在他好友湛若水（亦是增城人）故居壁上题诗，开篇四句曰："我祖死国事，肇禋在增城。荒祠幸新复，适来奉初蒸……"（《书泉翁壁》）这便是王纲与子孙王阳明的心灵接通了。当然，此是后话。

王纲之死深深地刺激了王氏家族，祸祟全由入仕而来。王彦达自然不肯去做官。他深痛父亲之惨死，决心终身不仕，躬耕田园，素衣简食，伺奉母亲，以尽孝道。

而且，自他之后，一连三代，皆以隐儒而居，不肯去做官了。

比如，王彦达的儿子王与准。

王与准从小熟读诗书，把他祖上遗传下来的书都读完了，也不肯去考功名，而且连教书也不肯。而对先世遗下的筮书——一种占卜之书，则兴趣盎然，深究其中，因此学得一手好占卜术。乡人邀他试卜，竟无不灵验。一时名闻遐迩，一传十，十传百，传到了县令的耳中，县令便遣人来邀他为其占卜。王与准当然不肯去，他之所以不肯去，大概觉得此类卜术虽然时髦，毕竟玩玩而已，岂可当真而误人？何况他不愿意接近官场。县令派人来请，一次又一次，王与准苦不堪言。

一日，他当着来者的面，取出筮书，一把火烧了，说："我不能成为一个术士，终日奔走公门，谈祸福，测凶吉。今日我烧了筮书，就算立个誓，作了戒。你回去复命吧。"县令听了便生出怨恨，你竟不给我面子？你以为你是什么人？王与准闻言，索性逃入四明山中，隐于石室。

此时，朝廷正在大举逸民。所谓逸民，是指那些官宦后代避世隐居不肯为官的人，朝廷一一查访，为的是一一起用。查到了王纲的孙子王与准，便挂上了号。前面说过的那位县令借此便对朝廷使臣大肆诋毁，说王与准是如何的狂傲，如何的不规，自以为祖上因忠耿而死，却恨朝廷待之太薄，父子誓不出仕，逃往深山云云。使臣一听便怒了，立即把王与准的三个儿子抓了起来，押着他们往四明山而来。

王与准一听此讯，连忙奔逃。不幸途中被一块石头绊了一跤，跌下山崖。结果，脚也伤了，人也被捉住了。面对京城来的使者，他只好坦言，从祖上说到当今，从筮书说到焚烧，从不仕说到逃遁，以至骨折寸步难行。言之殷殷，情之切切，使者终于被打动，谅解了他，便说：我听清楚了你的苦衷，如今放了你，只怕上头怪罪，能否让你儿子代行？

这一来，王与准是没话可说了，便让次子王杰补了一个邑庠弟子员。

而他自己呢，觉得最应该感谢的是绊了他脚的这块石头，正是这块石头成全了他，让他可以因伤得免入京。也并非他恶富贵而乐贫贱，他实在以为自己不是这个材料，且先人之志也不忍违拂。因此，他觉得这块石头对他有恩有德，不能忘怀。于是，便自号"遁石翁"。遁者，远离尘世也；石者，赖以保全其节也。

偏偏王杰也是这样一个角色。他从小精通四书五经即宋儒学说，不得已又贡入邑庠弟子员，离入朝做官已是寸步之遥，然而祖传的血脉竟无志于仕途。他一次次不肯去应试，一次次把破格提任的机会让给别人。父亲老了，他要伺候；父亲殁了，又要守孝；守了三年孝可以去了，又说母亲也老了，要照顾年迈的母亲。直至母亲临终，这个家庭已经贫穷得难以为继，连一顿像样的饭也吃不上。母亲说，儿呀，不能再这样穷迫下去了，我死以后，你一定要去谋个一官半职。母亲的话，他是听的，于是守完了灵，便去应贡。有关官员连忙向朝廷通报。第二年，朝廷任命书来了，但王杰还没有接到任命书，便已一命呜呼了。

王杰，人称槐里先生，在余姚，也是一个有名气的人物。他便是王阳明的曾祖父。他的儿子即是竹轩先生了，王阳明的爷爷。封建社会的伦理教育是极其强势的，高祖的品行可以影响几代人。我们可以从王阳明的祖上传承强烈地感受到这一点。不过，从王杰开始，王家的隐儒风范即已宣告结束，入世的欲望一经唤醒便如春雨后的笋芽一般不可抑制地生长起来。

五、何为人生头等大事

王家一代一代就这样传承下来了。书香门第这个雅号传到了祖父竹轩先生手里，他也只是在乡间读读书、教教书而已；但是，传到父亲王华手里，情况就不一样了。

王华（1446—1522），字德辉，号海日翁、龙山公。少年的他，发奋读书，是出了名的。他常常静静地坐在母亲岑氏夫人的身边，母亲在窗下纺纱，辐轮轻轻地转着，他专心致志地读着。有一天，忽然，门外鼓乐齐鸣，人声沸腾，原来这一天正是迎春节日，邻家孩子皆呼拥而出，出门观看，而王华依然不动，只顾自己读书。

母亲说，外面如此热闹，孩儿何不去观赏一番？

王华说，母亲大人误矣，观春诚然有趣，哪里有观书更有趣？

母亲说，我儿所言是也，我说错了。

十一岁那年，王华跟从乡里塾师钱希宠读书。初习对句，月余，即可习诗，又两月余，即可习文。成了诸生中的佼佼者。钱先生不禁感叹："如此天资，到了年终，我还有什么东西可以教他？"

一天，县令到了，他来视察私塾。同学们听说县官到了，一个个离座拥观，只有王华端然不动，依旧诵读，好像没有这回事似的。先生感到非常奇怪，便问他：你为什么不去？如果县令看到你的举止，以为你太倨傲，你如何应对？

王华说："县令也是人，有什么好看的？他如果看到我在读书，有什么好指责的？"

后来，钱先生与竹轩公说，你的儿子德器如是，日后非凡也。

十四岁了，王华与一些少年朋友就读于龙泉山寺。龙泉寺，始建于东晋咸康二年（336），依龙泉山而建，拾级而上，俯临舜江，气韵动人。到王华在此读书时，已有一千一百余年的历史。富家子弟在此读书，常常盛气凌人，欺侮僧人。僧人们便蓄意报复。他们传言此寺古旧，常有鬼妖作祟，并且于夜间弄出吓人的响动来，飞瓦投石，真的还伤了人。富家子弟们害怕了，一个个吓得连夜逃走，晚间是不敢留宿了。

只有王华不怕，独居寺中。

僧人们感到很诧异，他居然不怕？于是，到了夜间，或登屋号笑，发出可怕的怪音；或投以瓦石，击王华的卧榻；尤其是雷雨之夜，摇撼他的门窗……

然后，他们从门缝中偷偷张望室内，只见少年王华正襟危坐，神气自若，挑灯夜读，全神贯注……

第二天，僧人问王华："昨夜寺中妖孽作祟，别人早就逃走了，只有你独坐，不怕吗？"

王华反问："有什么可怕的？"

僧人说："你难道没有看到什么？"

王华说："我看到了什么？"

僧人说："妖怪呀。样子很可怕的，你没有看见？"

王华说："我看见的是你们这样的小和尚。"

一经点破，众皆哗然："我们原是想吓吓你的，没想到你读书读得如此镇定。服了，服了。"

如此之佳话，一直在乡间流传着。

后来，果然王华一举夺魁，中了状元，留在京城做官了，极尽王家之荣华。

若非苦读，焉得荣华至极？

现在，父亲王华要王阳明去北京读书。

那么，读书究竟为了什么呢？或者说，何为人生头等大事？

这是千百年来读书人绕不过的话题，必须直面思考回答的话题。

用现在的话来说便是：人为什么活着？做什么样的人？走什么样的路？怎样活着才有价值才有意义？

当然，通用的标准答案是有的，"学而优则仕"。对于古代众多读书人来说，仕途是他们的终极目标。

古代读书人历来只有两条路，要么及第入仕，出将入相，建功立业，荣华富贵；要么隐居乡野，超然物外，远离尘世。

入仕为官当然很好。"穷则独善其身，达则兼济天下"，"天下兴亡，匹夫有责"，都是勇于担当的心声。然而，现实常常使人烦恼，越是接近权力中心，越是身不由己，矛盾纠结。若按官场的游戏规则进行，说违心话，做违心事，便失去自我与本真，也很无奈。

隐居乡间呢？或者可以教教书，吟吟诗，清茶淡饭，奉养双亲，极尽孝道，当然也很好，然而，多以穷愁潦倒而告终。

王阳明的祖上，从王纲到王华，历经数代，都把这些甜酸苦辣尝尽了。

现在，轮到王阳明来回答了。

这时候，王阳明才十岁，父亲赴京任职，他还在家乡余姚陆恒的私塾里读书。

一天，知县胡瀛来访。

陆恒才离开，课堂便大乱起来。领头的便是小阳明，一会儿学老师腔调，一会儿点评文章，闹得不亦乐乎。同样是读书，他与他父亲王华的童年大相径庭。

此时，胡知县出现了。他见小阳明如此顽劣，便要考考他。

"你说，读书为了什么？何为人生头等大事？"

小阳明说："读书做官，谁都知道，但这不能算是第一等重要的事。"

"那又是什么呢？"胡知县接着问。

"最重要的是学做圣贤。"

胡知县一听就把脸拉下来了，小小年纪，如此狂妄！谈什么圣人，你懂吗？碍于王华的面子，他接着问："那你想学哪一个圣贤？"

王阳明毫不犹疑："孔、孟、程、朱，先贤众多，取众人之长而已。"

胡知县转身对陆恒说："小小年纪，说话口气太狂，应该严加管教才是。"

这段轶事，一直流传在余姚民间。

是王阳明早慧早熟，少年志高，还是不知天高地厚、口吐狂言？

一年以后，十二岁的王阳明与小伙伴们在北京长安街游玩，过来一位相士，拉住小阳明横看竖看，不肯放过，然后说出一番话来。他说："你的相貌不同寻常。你要记住我的话，以后可以细细体味。须拂领，其时入圣境；须上丹台，其时结圣胎；须至下丹田，其时圣果圆。"

这是什么意思？圣境？圣胎？圣果？胡须长到衣领，长到胸上，长到腰间？

小阳明眨着稚气天真的眼睛，蒙住了。一些神神道道的话他听得多了，他的祖上多精于此道，他一点也不感到新鲜。而今天这位看相人，说的都是"圣"字，这"圣"字可不是一般的字眼呀，他不是回答过胡知县的提问吗？

从此以后，他多了一份思索。凝神读书的时候，静静的，他的思绪就飘忽起来，神游八极……

一天，课堂上，他问塾师："先生，何为人生第一等事？"

塾师说："唯读书登第耳。"

小阳明说："登第入仕恐怕不能算第一等事。"

啊？先生愣了，那什么才算第一等事？

小阳明说："只有读书学圣贤，才算是。"

什么？你要做圣人？先生这回把眼睛瞪圆了。

先生把这话告诉了王华，王华听了哈哈大笑："小孩子知道什么？他知道什么叫圣贤吗？"

如果说，小阳明与家乡胡知县的对话，多少有点信口而言并带着幼稚和童真，那么，发生在北京并记录于史料的这段话语，则绝非等闲，这是经过他认真思考以后的话语。

什么叫圣人？小阳明知道多少呢？圣人是指自古以来，品格最高尚、智慧最高超、学问最渊博的人物。比如孔子，就是被历代帝王以及百姓推崇的圣人，立庙祀之，千秋万代，历史上可谓凤毛麟角，小阳明知道吗？

学圣贤，是他少年心中的一个梦，一个美丽而神圣的梦想！他虽然还不懂得实现梦想之路应该怎样走，其中会有多少艰难曲折，又会经历几番风雨交加，但是，这个宏伟的志向，他是立下了。

祖上七代的苦难经历，为他作了生命的铺垫，他应该比前人站得更高。

他要超越祖上的任何一代。

当然，也包括要超越他的父亲——已经中了状元的王华。

而现在，小阳明还站在船头上，过了镇江，才是扬州，到目的地的路还远着呢……

第二章

放马居庸关

一、眺望长城烽火

京城真是皇家气象！峨巍的宫殿，精致的园林，热闹的市井，还有驰过大街小巷的高官贵爵的车马辚辚，都让小阳明眼目一亮，心胸一开。世界原来是这样大的呀，高踞京师，蛰伏余姚，感受是大不同的。从余姚到北京，路途是那样的漫长，又是那样的简短，仿佛自己一下子长大了。

父亲给他安排的首要任务是读书。这里有更好的老师，更好的私塾，更好的同伴。甚至，连书籍文本也是最好的。

然而，小阳明并不在意。书房太小了，容不下他的一颗心。他的书已经读得够多了，四书五经早已背得滚瓜烂熟，诗词歌赋也已初入门径。他更喜欢游玩。毕竟，他是个孩子，他才十一二岁。

他对军事兵法发生了浓厚的兴趣。如同童年时代在家乡余姚一般，他常常在小伙伴中成为首领，成群结队，声东击西；有时摆果核，列阵势，指挥若定，俨然成了"将军"。

到十五岁，他已经读了好多兵书。《孙子兵法》《尉缭子》《六韬》《百战奇略》等等，或研读，或翻阅，看得他如痴如醉，心向神往。他多么希望自己长大之后也能指挥千军万马，驰骋沙场，报效国家，那才是男儿的骄傲！可惜，他长得有些瘦小，与威武神勇的彪形大汉相距甚远。（后来，他还得了肺结核，长年服药，一副病恹恹的样子。）可是这并不妨碍他做指挥千军万马的美梦。于是，他便学骑马，练射箭，竟然学得了一些武艺。

王华看在眼里，恼在心里，生个儿子怎么这样淘气？让你好好读书，你不读，一天到晚净想玩。长大了，你想做什么？你以为你是什么人？

少年的王阳明偏不服气：习武照样也可以报效国家！

一语塞了王华的口。谁知阳明趁机又提出了一个更离谱的要求："父亲，让我到边关去走走吧，看一看明朝的边境风光，开一开我的眼界。"

什么？你还要到边境去游玩？王华目瞪口呆了。

偏偏竹轩公也在旁边，总是护着自己的小孙子："使得使得，这有什么不好？开开眼界嘛。小孩子长年累月关在书房里会闷煞的。"

王华是个孝顺父亲的人，父亲开口了，他还能说什么？于是十五岁的王阳明获得了一次放马边关的机会。

大漠风光何等壮丽呀！少年王阳明骑马扬鞭，与老家童登上居庸关时，被眼前一望无际的塞北风光深深叩动了。

万里长城，逶迤而来；狂风黄草，摇曳而去。

作为北京的咽喉之地，居庸关据险守隘，非同寻常。王阳明不禁心旌摇荡起来。他仿佛听到战鼓阵阵，杀声震天动地。他眺望着，遐想着，双眼蓄满激动的泪水，心中燃起报国激情。一股气吞万里的豪迈之情，在少年的心中油然升起。

十五岁的王阳明，已经开始关心国事了。

明朝开国以来，北方边境一直没有太平过。蒙古的瓦剌与鞑靼除了内部争斗以外，一直对大明王朝存有觊觎之心。正统十四年（1449）的"土木之败"，犹如一把利剑，深深刺痛了大明王朝。想一想，偌大封建王朝的皇帝英宗，带兵亲征，竟然做了瓦剌部落的阶下囚，其奇耻大辱，如何方能消得？

这样震天动地的大事件，离童年的王阳明也才只有二三十年时间。王华呢，已经出生了，已经三岁了。

站在万里长城的烽火台上，王阳明似乎看到了烽火连天；奔驰在辽阔无垠的草原上，王阳明似乎自己成了威武勇猛的将士。他想到了"土木之耻"，想到了为此扭转危局又遭受陷害的大英雄于谦。

此时，眼前过来两个骑马的鞑靼人。

鞑靼人毫不在意年轻的王阳明与老家人。谁知王阳明正在忧国忧民，一时怒从心起，搭起弓箭，嗖嗖两声，飞向鞑靼人。

鞑靼人中箭了，猛地一惊，还弄不清眼前来了什么人物，扬起一鞭，仓皇逃走了。

老家人大惊：小祖宗，你想做什么？你这样是要闯大祸的，快回去，快回去！

王阳明犹忿忿不平，便宜了他们。

当晚，王阳明做了一个梦，梦见了他十分敬仰的汉朝名将伏波将军。不，应该说，他梦见自己走进了伏波将军的神庙，庙内高台上塑着伏波将军神像。他跪地长拜。

伏波将军即马援（前14—49），字文渊。东汉光武帝刘秀因他率军南征安定西南边陲立下丰功伟绩而封他为伏波将军，后来他血洒沙场，马革裹尸而归，是东汉时一位知名的英雄人物。王阳明面对神像，心情激动不已，即赋七言绝句一首：

> 卷甲归来马伏波，早年兵法鬓毛皤。
>
> 云埋铜柱雷轰折，六字题文尚不磨。

（《梦中绝句》）

这简直就是神了，梦中得诗，醒来依然清晰。他把它用笔录下，变成了如今《王阳明诗集》中一首非常独特的诗作。可见他对伏波将军之崇敬。四十余年后，在他生命的最后岁月里，他带兵南征广西思、田，胜利归来，路过横州，真实地来到伏波庙，宛然如在梦中，记起少年时的梦中之诗，不禁感慨万分了。随即，又吟了两首七言律诗，此是后话。

王阳明在边关长城（后来又去过山海关），纵览山川形势，描绘地形图貌，记录要处险境，询问异族部落，思考防御良策，一晃就是一个月，返回京城时，已是秋尽冬来。

他一反常态，伏案不出。他要做什么？他要写一份长长的报告呈送兵部，献计献策于朝中，此番边境归来，更是胸有块垒不吐不快！

当然，这件事被父亲知道了。王华大怒，你小小年纪懂得什么？你要给兵部进言献策，你是什么人？你有什么资格？你狂妄到不知天高地厚的地步！

一顿大骂。

然而王阳明并不气馁心怯。他那更加坚定了的经略四方之志，如一颗种子落进心田，终有一天，它要生根发芽，开花结果。

二、新婚之夜

王华不能让他儿子的胡思乱想如野草一般疯长，他要规范儿子的人生。在敦促儿子认真读书的同时，他决定给他完婚。此时王阳明已经十七八岁了。

亲是早年定的。娶的是诸让的女儿，叫婉龄。

诸让（1439—1495），字养和，号介庵，也是余姚人。他与王华还有谢迁不仅同乡，更是好友，三人都中了进士，其中，王华与谢迁还分别中了状元，同在京都为官，其亲密程度自然可想而知。

一天，三人聚会。诸养和与谢迁来到王华官邸。

喝酒，叙旧，言语间便说到了孩子的亲事。十五六岁的王阳明正在书房里读书，诸养和看了很是喜欢，便有心招他为婿。谢迁喜欢说笑，便说：那我的儿子呢？诸有两个女儿，说道："自然少不了你。"于是，当场定亲，诸养和把大女儿许给王华之子王阳明，而小女儿则许给谢迁的次子谢丕。三家联姻门当户对，自是一番欢喜，一桩佳话。可惜诸的小女儿后来不幸夭折，与谢家的这门亲事则成了镜花水月，众人无不扼腕惜之。

翌年，弘治二年（1489），诸养和调任江西布政使司左参议，家眷同往南昌，诸便修书与王华，要王阳明赴南昌完婚。王华答应了。他同意给儿子早日成家还有一个原因是，竹轩先生已年迈体弱，犹如风中残烛，早日将他最喜欢的孙子完婚，也可了却老人的一桩心愿。

王阳明遵父命赶赴南昌。

洞房花烛夜，金榜题名时，都是人生之大喜。诸府里一片喜气洋洋。谁知，当夜王阳明失踪了。

怎么会发生这等怪事？阖府上下，有点慌乱了，四处寻找，连个踪影也没有。这是新婚之夜呀，新郎竟然不见了，天下竟有这等奇事？

对于王阳明来说，却是极正常的。他又没有什么负担，又没有什么事要忙碌，他是一身轻松当新郎。午后，他信步南昌街市，走着走着，猛一抬头，见一道观赫然在目，匾题"铁柱宫"。

他早就听说南昌的铁柱宫了，颇有名气。如今近在眼前，不能不访。迈进门去，见一道士跌坐一榻，闭目养神。一问，乃是资深道者，养生有术。王阳明忽然想起了四年前逝去的母亲，情景如昨，不禁大恸。养生是何等重要，这个想法后来一直萦挂在他的心间。他随即上前求教。

这道士见他问得诚恳，便与他倾心长谈。你一言，我一语，十分投机，竟然忘了时辰！诸府中已是张灯结彩，鼓乐喧天，忽然间不见了新郎，阖府大惊，如同热锅上的蚂蚁，四处寻找，无端推测，惶然不安，他浑然不知！天黑了，夜深了，点燃的蜡烛已经燃到了尽头，东方泛出了鱼肚白。王阳明猛然惊醒，昨天是他的新婚之夜。

连忙告别道长出来，急匆匆回到府中。问清缘由，众人真是哭笑不得。原来，新郎在道观坐了一夜！你说他是不是一个怪人？

其实，王阳明心底还藏着一点小秘密，是他新婚之夜出走的更深层的原因。那时他还年轻，他感受不到父亲的爱，父亲总是严厉有加，总是板着脸孔，总是斥骂不断，他有种本能的抵抗。十七八岁结婚在那个时代也许是正常的，然而，王阳明觉得自己还年轻。他不满父亲给他的安排。本性放荡不羁的他，是不是借此表达一下他的不满？至少，他没有当作一回事。哪有新婚之夜误入道观乐而不返的呢？

三、书艺大进

新婚的日子自然是甜蜜的，也是闲适的。但是，王阳明是个不安分的人，他不愿浪掷时光。府中清静，有纸有笔，他决定练书法。数月以来，他潜心揣摩，临帖师古，府内数匣纸张，竟然全被他写光了。他的书法大进。

书法大进，是史书给他的评语。著名书画家徐文长有评：王羲之以书掩人，王守仁以人掩书。"观其墨迹，非不翩翩然凤翥而龙蟠也。"王阳明后来的成就太大了，他的哲学光辉太灿亮了，以致掩盖了他在文学、书法方面的不凡成就。

明清之际著名学者归庄，对王阳明的书法有一段切身之评述，他说："阳明先生一代儒宗，而亦工于书法如此，岂非艺即道耶？余学道不成而谬以能书名，既耻为一艺之士，其敢不勉？"

而王阳明对书法则有他自己的看法，他说："吾始学书，对模古帖，止得字形，后举笔不轻落纸，凝思静虑，拟形于心，久之始通其法。既后读明道（宋程伯淳）先生书曰：'吾作字甚敬，非是要字好，只此是学。'既非要字好，又何学也？乃知古人随时随事只在心上学，此心精明，字好亦在其中矣。"这是王阳明对书法艺术高深的诠释。只有把字放在心上学，用心写字，字才能写得漂亮，写得洒脱，写得精神。以此为例，举一反三，还可以印证他的心学。后来，他对学生谈论格物，常常以书法为证，十分契合。

王阳明的书法风神高华，工稳劲健，挥洒自如，随心所欲，达到了高远的境界，具有大家风范。他的楷书功底扎实，峭拔俊美；草书则疾如风雨，纵横跌宕，神韵超逸。如《何陋轩记》《象祠记》等，都是难得的极品。他的行书代表作有《矫亭说》《四箴卷》《纪梦诗题壁》等等，蕴藉而隽逸，亦是神品。而他去世前与学生朋友的一些书札往来，则真实地表达了他的思想感情，神艺合一，更为难得。

在南昌新婚后的数月习字，为他的书艺打下了扎实的功底。那时候，他还年轻，才十八岁。他想学的东西太多，他的心总是浮动着、不安着，难得有这么一段静静的时光岁月，让他的书法立足了根基。

四、拜师娄谅

不错，他的心浮动着，不安着，是因为他有着更为远大的人生目标。他不能忘却少年时代立下的志向，他要成为一个圣人。

如何才能成为圣人？或者说，如何才能到达圣人的境界？这个命题对于不到二十岁的王阳明来说，简直如同一个浩瀚而神秘的星空。但是，有一点他是越来越清晰了，那就是，要成为圣人，首先要入门圣学。

这个世界太浩大了，社会太复杂了，人生太莫测了，有没有一种学问，可以思考、探索、归结宇宙和人生的奥秘、规律以及真谛？

对，这就是圣学，圣人称之为"道"。

所谓"道"，就是天下所有规律的总和，是最根本的法则，犹如一把启开智慧之门的金钥匙。"朝闻道，夕死可矣。"

王阳明想得发蒙了。

那一年的冬天，十八岁的王阳明偕夫人诸氏回归余姚，路经广信。广信即今上饶。

这是一片丰腴的文化土地，浸润着深厚的学术文脉，南宋著名理学家朱熹（婺源人）就是附近一个代表人物。程朱理学、鹅湖之会都和这里息息相关。

现在，这里又有一个著名的理学家，叫娄谅（1422—1491），字一斋。

王阳明决定去拜访他。他有好多问题要请教他。

当然，最核心的问题是如何入圣学之门？是否可以成为一个圣人？

娄谅的学问功底很厚，研习的是程朱理学，而后又融入了心学的成分。他一见王阳明，便有一种"异其质"之感。这个年轻人，求知欲望如此之强烈，出言吐语如此之不俗，他很赏识。他告诉王阳明，通过研习是可以步入圣人之门的，而研习的途径是朱熹的"格物"之说。所谓"格物"，即朱熹提出的世上万物，大至天地宇宙，小至草木虫鱼，都有一种先天本然的自然规律；人与人之间的"仁义礼智信"，也存有此理。只有通过格物，即熟悉、体察、参悟某个具体事物，才能掌握规律，达到某个境界。此即"格物致知"。

宋明理学的另一位大师程颐说：今天格一物，明天又格一物，豁然贯通，终知天理。亦此之道。

王阳明听进去了。原来入圣门是要读朱熹。是"格物致知""格物穷理"。

末了，娄谅先生告诉王阳明："圣人必可学而至的。"

听君一席话，胜读十年书。王阳明倏然间眼目一亮，信心百倍。原来，圣人是可学可至的。

不枉此行。王阳明告别出来，已是满面春风了。

娄谅送他到庭院门口，旁边还有不满十岁的小女儿娄素珍。

娄谅不会想到，他送的眼前这位年轻人，以后会走过怎样艰难曲折的人生道路，果真成了一个圣人。圣人，这个光辉的字眼，在漫长亘古的历史上，毕竟是凤毛麟角呀。

还有，他的那位小女儿娄素珍，也是历史非常奇妙的一笔。三十年后，王阳明再次与她相见时，彼此正面临着一场刀光剑影的生死之战。

娄素珍十五六岁被选入南昌宁王府为妃。正德十四年（1519），宁王叛乱，被时年四十八岁的王阳明荡平生擒。娄妃投水而死。王阳明为她厚葬。娄素珍品貌双全，德才兼备，而且深明大义，力阻宁王叛逆而被囚。南昌人称她无一不美。可惜嫁错了人。此是后话。

当然，拜别娄谅时，王阳明也不会想到，眼前这位聪明可爱的小女孩，日后竟有如此之悲剧，命耶运耶？让历史唏嘘生痛。

五、七天格竹

两年后，王阳明又回到了北京。

两年间，王阳明的祖父竹轩先生去世了。王阳明从小跟在祖父身边，朝夕相处，言教身教，感情殊深。祖父是爱他的，爱他之深近于溺，超过其父王华。如今祖父永远离他而去，怎不悲伤？他恸哭，他哀号，他长跪不起。人间最大的悲痛莫过于亲人生离死别。六年前，他的母亲郑氏夫人撒手而去，他曾是何等的悲痛，而今，疼他爱他的祖父也走了。年轻的王阳明心头多了一份人生的创伤和痛楚。

父亲王华也从京城回到余姚，他向皇帝请了假，按习俗要守丧三年，称之为"丁忧"。（后来，皇帝要他去当讲师，他三年未满只好又回京了。）

守丧期间，王华想到了儿子的学业。学业是不得荒废的。他要自己的堂弟王冕、王阶、王宫以及妹婿牧相等人，与王阳明一同学习，为他讲理析义。

主意当然很好。可是，四位先生讲着授着就讲不下去了。为什么？

他们读过的那些四书五经，王阳明早就读过了；他们讲的那些经义，王阳明早就熟透了。王阳明肚子里学问比他们还要饱满一些，王阳明写起文章来远比他们有灵气、有深度，他们怎能及？他们只有自愧不如。

王阳明呢？守丧期间，他真是用功读了一些书，"日则随众课业，夜则搜取诸经子史读之"。更奇异的是，他的个性变了，变得好静，变得沉稳。待人接物，原来喜欢开玩笑，荒诞不经，放逸不羁，忽然觉得这样不好，应该正经治学，端坐静读，潜心学业。四位先生大为诧异，王阳明说："今知过矣。"我错了，我得改。弄得也好戏谑的四位先生十分尴尬，哭笑不得。

此刻，王阳明的心中装满了朱熹。自从广信拜谒娄一斋归来之后，他便一心读朱熹。这位比他早出生三百年的圣人，仿佛日夜就在他的身边。简直成了他心中的偶像。

如今，他回到了北京。北京的条件自然优越，他可以到处收集朱熹的著作，精心研读。

朱熹（1130—1200），字元晦，一字仲晦，号晦庵，江西婺源人。早年出入佛道。三十一岁正式拜程颐的三传弟子李侗为师，专心儒学，成为程颐、程颢之后的儒学重要人物，并逐步建立起自己的哲学体系，后人称之为"程朱理学"。

朱熹哲学思想的核心是"理"，或称之"道"。认为"理"是宇宙的根源，产生于天地万物之先，要建立一个完美的社会，就必须"存天理，去人欲"。

"格物致知"，"格物穷理"，是他探讨认识领域的理论主张。

一心想要入圣学之门的王阳明，不能不面对朱熹。

一日，他忽然想起了朱圣人的名言："众物必有表里精粗，一草一木，皆涵至理。"我何不亲身去体悟一番？官署中种着许多竹子，何不格竹一番？

他与一位叫钱友同的朋友相约，钱也有志于圣贤，要格天下之物。

想好了，便做。他关照家人，不得惊动。他们面对亭前的竹子静坐起来。王阳明双目紧紧盯住眼前翠绿的竹叶，竹枝在微风中摇曳。冥思苦想，反复思考，这竹子里到底有什么规律、奥妙可以告诉我？

一天，一夜，什么都没有。

两天，两夜，什么都没有。

三天，三夜，钱友同倒下了——劳思致疾。

王阳明想，你这是精力不足，我必须继续坚持。

到了第七天，依然什么都没有！

他也倒下了，生了一场大病。

怎么回事呢？怎么格不出任何道理呢？他失望了。他痛苦、不安、焦灼、迷茫。朱熹是圣人呀，难道他的话有错？格物致知，格物穷理。没有知，也没有理。

他与钱友同面面相觑，互为安慰感叹，莫非圣贤不是谁都可以做的？

他开始怀疑。朱熹说的话到底是对的，还是错的？还是我乃凡夫俗子，根本就入不了圣学之门？是的，圣贤岂是人人可做的？圣愚有别，我肯定不是这个料，我就死了这颗心吧！

对于王阳明，格竹失败，是一次沉重的打击。

他既怀疑朱熹，又怀疑自己。还是随世俗就辞章之学吧。哪有读书人不习辞章的？他忽然这样想了。

是的，还有功名。父亲终日喋喋不休地在耳边絮叨的功名与科举。

第三章 遗世入山之念

旧时文人，读书做官，应对科举是必经的路径。

王阳明自然不能例外。他只是对做官不那么看重。

弘治五年（1492），二十一岁的他参加乡试。在杭州。毫无悬念，他中了举人。

翌年春天，他赴京参加会试。

会试的场面当然有点庄肃。天下学子，齐集京都，藏龙卧虎，各展才华。王阳明聪慧过人，按理说中个进士是不在话下的，偏偏他近年来得了肺疾，身体羸弱，精神不佳。结果呢？落第了。

状元之子，会试落第，引起了众人议论和关注。王华的一批同事好友都来安慰。名声显赫的首辅李东阳与王华相交已久，自然亦在此列。李东阳有心鼓励王阳明的志气，便说：

"汝今岁不第，来科必为状元，试作来科状元赋。"

王阳明少年气盛，恃才志高。本来这样的命题，理应客套礼让一番的，谁能保证下一届的状元必定是你？与其志在必得，不如虚怀若谷，大智若愚，推辞一番也就免了。然而，王阳明不这样想。当朝宰相要考考我，那就考吧，何难之有？他提笔铺纸，一挥而就，可谓倚马而待。

众人一看，惊住了，果然好文采："天才，天才呀！"

众人此番赞叹，倒是真心实意的，丝毫没有逢场作戏的意思。但传言一多，有人却妒忌了，私下议论："此子如此张狂，若果真取了上第，目中还有我辈？"

果然，三年后——一四九六年的春天，又会试了，王阳明被忌者刷下了。

两次不第，你能承受吗？

落榜的学子大多垂头丧气，萎靡不振，这番轮到王阳明来劝他们了：

"世以不得第为耻，吾以不得第动心为耻。"

落榜了有什么可耻的？落榜了心灰意懒抬不起头来才可耻呢！

王阳明真的无所谓。他视仕途也就那么点意思。中了，自然好；不中嘛，也无所谓。天下道路多得是。

那一年，二十五岁，他回到了家乡余姚。

他与家乡的文友们在龙山结了一个诗社。

吟诗赋词，一唱众和，对仗平仄，韵律意境，也是一种乐趣嘛。但是，他的内心怎么总是打不起精神呢？

翌年，王阳明又回到了北京。

是时，边关传来了防守吃紧的消息。朝廷里一时也十分紧张，四处求贤，推举将才，搞得兴师动众，热议纷纷。

这一来，又勾起了王阳明的少年梦。他亦曾有过经略四方之志向，统御三军之豪情。现在，他更觉得研习兵法之重要。于是，他又搜集起各类兵家秘书，细心阅读；又十分关心边关的各种消息，细加分析，俨然自己成了一名武将。

让他最难受的是当时的武举之设。朝廷招考武将，多是仅以骑射本事为标准，所谓一介勇夫而已，从不重视录取有文韬武略的将帅之才。这让他很不满。如此录用人才，如何能统御三军指挥战役？他差一点又要提起笔来给兵部写建议书。看着父亲那张漠然有怒的脸孔，他只好放下这个念头。

当然，偶尔他也练骑马，习射箭。他的箭法已经练得相当不错了。

如此又过了两年。一晃间，他已二十七岁了。

二十七岁的他，已经不年轻了，有何作为呢？两次失第，他倏然感到眼前一片迷茫，心里不禁惶惑起来。

是的，他曾初溺于游侠之习，那是少年任性；二溺于兵家骑射之习，然而，朝廷又不需要他；三溺于辞章之习，这辞章之诗文，实在有些无聊，整日吟风叹月，推敲诗词格律、对仗骈文，有什么意义？终究是不能通圣道的。他发出深深的叹息："吾焉能以有限精神为无用之虚文也！"他四溺于神仙之习，五溺于佛家之习，于道、释两家也曾花了很多工夫，也许，这里面有他追求的东西？然而，依然没有。尽管后来，他依然对道佛之理存有兴趣，仍在深究、求索，那都作用于他的"心学"了。

他依然念念不忘的是要步入"圣学"之门，他已经知道，所谓"圣学"，实质还是儒家之学。

然而，继续研读朱熹的理学文章吗？它与现实并不贴切吻合。

一日，他读朱熹的《上宋光宗疏》，文曰："居敬持志，为读书之本；循序致精，为读书之法。"这话说得自然有道理，想想自己，博览群书，囫囵吞枣，求之过速，终是粗疏，便决心劝勉自己循序以致精，细致理解朱熹的著作。然而，物理—吾心，这两者之间，他思来想去，终觉判若为二，难以融合。格物，物在外；穷理，理在心。以我的方寸之心，去穷天下万物之理，怎么能够穷尽得了？岂不是把"心"与"理"分作两处了？如果说，一草一木都包含着"至理"，怎样才能把这草木"至理"变成我心中"至理"呢？他百思不得其解。他不能不怀疑。这条通圣之路，让他思考得好苦好苦哟。

圣凡果然有分吗？

他的眼前一片空白。

他徘徊在人生的十字路口，不知往哪里走。

痛苦。沉郁。惶惑。悲观。

肺疾又复发了。咳嗽，咯血，发烧，整日昏慵。

道家说可以养生。求一方清静之地，远离尘嚣，修身养性去吧。他深切地想着。于是一个念头浮上来了：遗世入山。

然而王华是不能同意的。生个儿子竟是如此无出息吗？

"那我做什么去？"王阳明痛苦地问。

"三年又到了，你再去赴试。"父亲的话斩钉截铁。

第四章

初入仕途

一、中了进士

弘治十二年（1499）春，二十八岁的王阳明再次赴试。

他考中了。举南宫第二人，赐二甲进士出身第七人。观政工部。

一甲只取三名，是殿试钦点产生的，即状元、榜眼、探花；二甲第七名也就是全国第十名了，成绩还算不错。

那一年的会试，风云诡异，风波迭生。差一点，城门失火，殃及池鱼。

这就是弘治年间闹得沸沸扬扬的"会试泄题案"。案子连累的是明代一大才子唐伯虎。

唐伯虎即唐寅（1470—1523），江苏吴县人，"吴中四才子"之一。

唐伯虎本来是志在必得的，夺个会元、状元之类他胸有成竹。谁知赶考途中认识了一个叫徐经的人，也是会试去的，两人便结伴而行，免不了议论考题。又谁知这徐经功夫是用在考场外的，他贿赂了主考官程敏政的家人，得到了试题，案发后，连累到唐伯虎，程、徐、唐三人都银铛入狱。后来因为事无实据，三人都被释放了，作了不同处理，仕途生命当然断了。整个会试差点作废。

很多年后，唐伯虎又被宁王朱宸濠请去，奉为上宾，差一点陷进更凶险的政治漩涡，幸亏抽身而出。王阳明平定宁王叛乱时，唐伯虎早已离开是非之地。

历史有时候真的很有意思。王阳明与唐伯虎，同时代的天才，历史就这样，两次安排他们擦肩而过，失之交臂。巧耶？非巧耶？历史的安排自有其道理。否则，两个不同人生信仰、人生道路的人相遇，如何对话？是否又会生出另一番故事？

而徐经则远离了仕途，八十八年后，他儿子的儿子的儿子出世，便是大名鼎鼎的地理学家徐霞客。

让我们回到王阳明来。

王阳明终于考中了，从此，他将要登上明朝的政治舞台。观政工部，也就是说到工部去实习，去预习。一个很小很小没有品位的官，或者还说不上是个官。但他步入官场自此始。王阳明本来并不热恋于仕途，正德七年（1512）时，他曾给他的父亲写过一封信，信中说到九弟的身体和前程："九弟所患，不审近日如何？身体若未壮健，诵读亦且宜缓，须遣之从黄司舆游，得清心寡欲，将来不失为纯良之士，亦何必务求官爵之荣哉？"（《上大人书一》）

但是，王阳明的自身造就，却是复杂的，立体交叉的。当官从政既不是唯一的，也不一定是件坏事。当官，要看你怎样当。以民为本，为民造福，勤勉清廉，是一种当法；豪夺巧取，贪污受贿，欺压百姓，也是一种当法。王阳明的政治生涯与他的学术思想互为砥砺，互为映照，相融相合，密不可分。因此，才有一个政绩丰满、百姓爱戴、血肉真实的王阳明。

对于王阳明来说，至少可以有个初级发言权吧，进个言，上个疏，也已取得资格。这使他很得意，他不用再看老父的白眼了。当官与不当官还是不一样的，他有时也很想自己有所作为，一展才华。

何况，当时年代，孝宗朱祐樘执政，任用贤能，广开言路，社会安定。一批忠耿之士如刘健、谢迁、李东阳，还有马文升、刘大夏等等，都全力辅佑着大明江山，可以说弘治年间，是明朝难得的清明时期。

二、威宁伯之剑

王阳明上任后的第一件事是受工部委派，以钦差的身份去督造威宁伯王越的坟墓。

这个王越颇有传奇色彩。他与皇帝有点沾亲带故，进士出身。传说当年会试的那一天，突然狂风大作，将王越的试卷吹到天上去了。半年之后，朝鲜国使节来京进贡，带来这张试卷——它竟然漂洋过海吹到邻邦去了。

王阳明对王越比较景仰。尚未及第时做过一个梦，梦见王越赠他一把非常精良的宝剑，他很开心。现在，居然让他去督造王越的坟墓。

王阳明自然很负责，很诚心。他对役夫施以什伍之法，即按五人一组、十人一队编队，劳作像劳作，休息像休息，组织管理有条不紊。这与他后来在赣南剿匪时施行的"十家牌法"有相似之处，效果极佳。

而他自己呢？暇时又玩起排列"八阵图"之类的军事游戏，简直出神入化，忘乎所以。

坟墓造好了，方方面面的人都很满意。主人便要致谢，赠以金帛。王阳明坚辞不受。

贪图钱财就不是王阳明了。

主人说：先人在世时，留下一把宝剑，看你如此喜爱兵法，以剑相赠可否？

这真奇了。王阳明早年做过一个梦，梦见威宁伯王越以剑相赠，难道说，果真应验？

王阳明常常会做一些神奇的梦。日有所思，夜有所梦乎？他梦见过伏波将军，梦见过孙燧、胡世宁而后同举，而且一一应验，现在，又有曾经梦见过的王越家眷赠剑，神奇乎？

他接受了。他真的很喜爱这把剑。

回到京城，向工部交了差，却闻说边境又吃紧了，鞑虏猖獗得很，朝廷下诏征求良策。

他一阵激动。多年上疏防守边关的愿望又油然而生。今已非昔，父亲已不能再嘲他为白衣秀士，他已名正言顺。虽然，这是兵部的事，与他的工部无涉。

于是他写了一篇长长的疏陈，提出边境军务应以八事为要，言极恳切。

八务者，蓄材以备急，舍短以用长，简师以省费，屯田以足食，行法以振威，敷恩以激怒，捐小以全大，严守以乘弊——林林总总，洋洋洒洒，周到全面，一气呵成！

不知兵部的官员们阅后作何感想？

三、初上九华山

弘治十三年（1500），王阳明晋升为刑部云南清吏司主事，相当于现在处长一级的官员。官虽小，毕竟也是一个官，一个小小的京官，到全国各地办理公案，却也不能小觑。言轻言重，生死攸关。

翌年，他奉命到安徽审录囚犯。他秉公办事，初展抱负，对那些冤案错案，着实作了平反纠正，赢得好评，心情甚好。

弘治那些年，政治上比较清明，官场的气氛也比较宽松，王阳明骨子里还是一介书生，特别喜欢游山玩水，特别看重名山大川，庙宇寺院。公事一了，便登上了九华山。

九华山负有盛名，山水风光、佛道底蕴都极好，尤其以供奉地藏王菩萨而驰名于世，为中国四大佛教名山之一。李白来此曾吟有诗句，"天河挂绿水，绣出九芙蓉"，原名九子山遂改为九华山。

王阳明心仪已久，如今来到安徽焉能不游？

九华山的风光自是不俗，众多寺院里的道释异人，更引起他强烈的兴趣。他整天涉足山间小道，涉险寻幽，探奇览胜。春气暖了，花草树木都已醒来，山涧的溪水也都亮了几分：

> 春宵卧无相，月照五溪花。
> 掬水洗双眼，披云看九华。
> 岩头金佛国，树杪谪仙家。
> 仿佛闻笙鹤，青天落绛霞。

（《夜宿无相寺》）

化城寺云雾缥缈，仿佛九霄宫阙。他借住数天，诗兴大发，一连写了六首诗。

> 化城高住万山深，楼阁凭空上界侵。
> 天外清秋度明月，人间微雨结浮阴。
> 钵龙降处云生座，岩虎归时风满林。
> 最爱山僧能好事，夜堂灯火伴孤吟。

（《化城寺六首》其一）

> 云里轩窗半上钩，望中千里见江流。
> 高林日出三更晓，幽谷风多六月秋。
> 仙骨自怜何日化，尘缘翻觉此生浮。
> 夜深忽起蓬莱兴，飞上青天十二楼。

（《化城寺六首》其二）

他又去了李白祠，面对唐代诗仙的遗迹，不禁感慨横生："千古人豪去，空山尚有祠。竹深荒旧径，薛合失残碑。云雨罗文藻，溪泉系梦思。老僧殊未解，犹自索题诗。"（《李白祠二首》）

双峰、莲花峰、列仙峰、云门峰、芙蓉阁都一一看过，仿佛身已羽化，"仙人招我去，挥手青云端。"（《列仙峰》）

此刻的王阳明，远离尘世，访佛问仙，仿佛有点超凡脱俗了。

化城寺有个和尚叫实庵，生得仪表堂堂，一副佛相，且能诗善画，谈吐不俗，王阳明一见如故，当即与他结为诗友，并在他的画作上题了一首类似散曲的文字：从来不见光闪闪气象，也不知圆陀陀模样，翠竹黄花，说什么蓬莱方丈，看那九华山地藏王好儿孙，又生个实庵和尚。噫！那些妙处？丹青模样。——真是惟妙惟肖，情趣横生。

王阳明借住在化城寺，又认识了一个叫蔡蓬头的道士，此人修炼有术，远近闻名，只是脾气有点怪。王阳明便施礼请教，谁知蔡蓬头笑而不答，再三请问，只说了四个字："时机未到。"王阳明只好耐心等待，有顷，蔡蓬头屏退左右，将王引至后亭，王又拜问，蔡又说："时机未到。"

这是什么意思？王阳明蒙了。问了再三，蔡道士说："你从前堂追到后堂，又从后堂追到花园后亭，礼数虽周，只是终不忘一副做官的样子。"嘿嘿一笑，转身走了。

王阳明怔怔地望着，原来你是看不起当官的？

从化城寺往东，有一处东崖岩头，山道崎岖，怪石嶙峋，叫地藏洞，常人少有问迹。里面住了一个异人，坐卧松毛，不食烟火。王阳明听说了，便去拜访。

那异人正在酣睡，全不知来了访者。

王阳明坐在他的身边，见他蓬头赤足的样子，不禁感慨，理理他的衣襟，摸摸他的双脚，却把他惊醒了。

他大惊："此地山陡路险，你怎么进来的？"

王阳明连忙说明来意，他是求教禅理来的，希望得到指点。

异人连忙端坐起来，亦以礼相待，于是便与王阳明攀谈起来。谁知他出语不凡，佛教原理，海阔天空，儒释虽异，互为贯通，上乘之学，启悟心扉。王阳明真是受益不浅，忽然生出会心之感。

十八年后，王阳明再次来到九华山，心中对此番谈聚记忆犹新。再去寻访时，异人早已不知去向。

王阳明深有感叹：会心人远矣。

九华山无疑是王阳明心中的一块净土。回来以后，他写了一篇辞情丰华的《九华山赋》，洋洋洒洒，一泻千言，一韵到底，堪称美文：

> 循长江而南下，指青阳以幽讨。启鸿蒙之神秀，发九华之天巧。非效灵于坤轴，孰构奇于玄造！……涉五溪而径入，宿无相之窈窕。访王生于邃谷，掏金沙之清潦。凌风雨乎半霄，登望江而远眺。步千仞之苍壁，俯龙池于深窅。吊谪仙之遗迹，跻化城之缥缈。钦钵盂之朝露，见莲花之孤标，扣云门而望天柱，列仙舞于晴昊。俨双椒之辟门，真人驾阳云而独。翠盖平临乎石照，绮霞掩映乎天姥。……

四、焉能为无用之虚文

弘治十五年（1502）五月，正是春花烂漫季节，王阳明回到北京，他完成了奉命审录江北案件的公差。

此时的北京文坛，一场论争正进行得如火似荼，热闹非常。

双方的两个代表人物，一个叫李东阳，一个叫李梦阳。两人名字相近，一字之异，却非亲非故。李东阳（1447—1516）是湖南茶陵人，而李梦阳（1473—1530）则是甘肃庆阳人。

两人都非常有文才，出类拔萃，名驰天下。

当然，李东阳资格老，资历深，这倒并不全因为他大李梦阳二十六岁。

李东阳官居高位。弘治四年（1491），他参与编纂的《宪宗实录》完成，升为太常寺少卿，同时仍兼侍讲学士的职位；弘治七年（1494），他被提升为礼部右侍郎，兼侍读学士，入阁起草皇帝的旨令。翌年，参与内阁机务。再后来，他便成了孝宗朱祐樘身边的内阁三重臣之一。此三人，即刘健、李东阳、谢迁，他们以非凡的能力，辅佐皇上，治理天下，支撑着大明的政局，史有"李公谋，刘公断，谢公尤侃侃"之美誉。

这话的意思是，李东阳十分善于谋略，他虑事决策总是十分严密周全；而刘健则办事果断，干脆有力；与王华、王阳明同是浙江余姚人的谢迁，也是状元出身，则十分善于言谈，雄才善辩，对答如流，口才服人。此三人合作得甚好，只是后来——到了正德年间，政治命运爆出了惊人的火花，此是后话了。

而李梦阳呢，其时只三十岁左右，他比王阳明小一岁，晚生一年，晚卒一年，不仅是同时代人，同样负有盛名，而且两种人生道路，一般的寿命，同归于寂，也是一种巧然。

其时，他的官职只是户部主事之类，与其时的王阳明差不多。

然而，李梦阳敢于对峙李东阳。

李东阳擅长诗文，书法亦佳，在全国颇有声望，只是他倡导的诗文迹近政治，不免空洞僵硬，被称为"台阁体"，因为他是茶陵人，在文学史上又称"茶陵派"。

而李梦阳则对"台阁体"极为不满。他认为这些文章华而不实，有点浮靡。他提出了"文必秦汉，诗必盛唐"的主张，极得部分有才华的年轻文人赞同，当时与他见解相同的还有何景明、徐祯卿、边贡、康海、王九思、王廷相等人，被称为"七才子"，后因有李攀龙等七人，又称"前七子"。

李梦阳等人认为，秦汉散文是文章的顶峰，汉魏之后的书是不足为师的，"学不师古，苦心无益"。由此，一股复古之风在明中叶兴起，这也是震动中国文学史的，可惜，陷入了复古的泥塘。

王阳明此时已涉政坛，他也有许多作品，如《九华山赋》之类，面对京中文坛俱以才名驰骋的景象，他也可跻身其列，占一席之位，发一家之言。

然而，他长叹了一声：无聊！无聊至极！

"吾焉能以有限之精神为无用虚文也！"

他也曾沉溺于辞章，然而辞章再好又有什么用呢？它能救助于人心吗？它能教化人们步入圣门吗？他视辞章为无用之虚文。

他依然读他的孔子、孟子、朱熹、陆象山。

他依然徘徊在道、释、儒三家的交叉路口。

他读书读上瘾了，忽然觉得学海如此之浩大，时间又是如此之紧迫，真是"一寸光阴一寸金"啊。他发愤，日有公务案牍，夜归必燃灯坐读。读五经、先秦两汉之书，宵衣旰食，呕心沥血，学问是越做越深了。

王华看在眼前，痛在心里了。他依然对儿子的作为不甚理解，但儿子毕竟是他的儿子，儿子的身体并不好，肺疾数犯方愈，时好时劣，令他担忧。读书当然是好事，但不能损坏了身体，他作了一条禁令，令家人不许置灯书室。也就是说不让他夜间看书。

然而，这又有什么用呢？一待王华安然就寝，王阳明书房的灯又亮了。而且，必至夜半时分。

王阳明终于又咯血了。一口又一口的鲜血，样子很吓人。

这书是不能再读下去了，刑部衙门也不能再上班了。

他向朝廷请了长假，告病归越。

自从爷爷去世之后，他的家已从余姚迁往绍兴。为什么迁到绍兴去呢？王华因"常思山阴山水佳丽，又为先世故居"，遂生从余姚迁往绍兴之念。余姚本是隶属绍兴府的，相距甚近。

五、筑阳明洞

绍兴是典型的江南鱼米之乡。青山隐隐，河港成网，"稻花香里说丰年，听取蛙声一片"。刘禹锡有"越中蔼蔼繁华地"之名句。

王阳明抱病返越。

他在城东南二十多里路远的宛委山中，筑一洞天，那里有一巨石，屹斜而出，取名"阳明洞天"。《康熙会稽县志》载："阳明洞是一巨石，中有罅，在会稽山龙瑞宫旁。旧经三十六洞天之第十一洞也。王文成为刑部主事时以告归结庐洞侧，默坐三年，了悟心性，今故址犹存。"说三年是不对的，只有近一年时光。但洞天也就这样传下来了。王阳明的高足钱德洪说："吾师阳明先生，少有志于圣人之学，求之宋儒不得，穷思物理，卒遇危疾，乃筑室阳明洞天，为养生之术。"

由此可见，阳明洞是王阳明为养生而筑的。

从此以后，人们称他为阳明先生。

他初名王云，后改为王守仁，字伯安，后诏封新建侯，谥文成，称谓众多，但流传于世最为响亮最为著名的还是王阳明。其实这是他的号。

故，本书亦以王阳明称呼首尾到底。

而此刻，人们真的可以称他为阳明先生了。

所谓养生云云，乃道家之根本。据说，静心打坐，沉澄体悟，可达高深的境界。此处环境清幽，空气新鲜，摒弃杂事，生息有序，对身体自然是有好处的。

果然，王阳明的身体又慢慢地好了起来。

一日，王阳明静坐洞中。友人王思舆、朱节等四人去访阳明先生，才出绍兴的五云门，便有阳明先生的仆人前来迎接。说是阳明先生知道你们四人要来，命我来迎。众人大惊。

这不是得道了吗？

是否得道，只有王阳明自己内心清楚。隐约的预感，友情的思念，意念的巧合，总是有的，王阳明果真以得道自居了吗？

他终于说了实话："此簸弄精神，非道也。"

终于觉得无聊，他决心弃去。

但是，他对道、释的研究是下了功夫的。九华山那些释、道异人的高深见解仿佛还响在耳边，他还在参悟中。他也曾想远离尘世，入山终生，但怎能丢得下亲人呢？祖母岑氏老夫人已垂垂老矣，他不能侍奉左右；父亲王华一片苦心望子成龙，殷殷切切，他又怎能不尽孝道？一个意念才升起，另一个意念又将其毁去。

他终于明白了：此乃血脉相连的人性亲情呀。一个人岂能断灭种性？他否定了自己一度升起的出世之念。

翌年，他到杭州西湖养病。

杭州西湖历经南宋的繁华，如今更加妩媚动人。湖光山色，灯影桨声，人间的烟火还是诱人的。徜徉于西湖堤畔，他吟诗："十里湖光放小舟，漫寻春事及西畴。江鸥意到忽飞去，野老情深只自留。日暮草香含雨气，九峰晴色散溪流。望俦是处皆行乐，何必兰亭说旧游。"（《寻春》）可见他的心情亦是好的，人世间的美好情景亦是令人向往的。

一日，他从虎跑来到南屏小寺，见一和尚打坐不像打坐，念经不似念经，浑浑噩噩，没精打采。边上人说，这和尚三年来一直如此，闷闷郁郁。

王阳明猛喝了一声："你这和尚终日含含糊糊说些什么？终日眼睁睁地看些什么？"

和尚猛然惊醒，看了看眼前的王阳明，不知发生了什么。

王阳明问他："你家住哪里？家有何人？"

和尚说："家在福建，家有老母。"

王阳明又问："你想母亲吗？"

和尚说："如何不想？老母孤身，无依无靠，不知如何度日。"

王阳明说:"那你还坐在这里做什么?"

和尚说:"我已出家,六根斩尽,有思念也是不敢的。"

王阳明劝说:"思念母亲,思念亲人,人之常情,人之本性。有什么不对?人之为人,岂能忘了本性?"

和尚听了一惊,当即流下双泪。他站了起来,恭敬地拜了一拜:"多谢先生指点。"

第二天,王阳明再到僧房去看望他时,他已走了,回福建探母去了。

是啊,母子之情,血肉之情,牵心动肺,安能漠然?遗世入山究竟还是虚无,他不能这样做。

王阳明的这些深沉思考,就是从慢慢认清佛、道的消极遁世中升华起来的。

他已经感到,圣学之门正在向他敞开。孔孟之儒学,就是立圣之根本。他不能再溺于释、道之类了。一首《赠阳伯》真实反映了他此刻的心情:

> 阳伯即伯阳,伯阳竟安在?
> 大道即人心,万古未尝改。
> 长生在求仁,金丹非外待。
> 谬矣三十年,于今吾始悔!

谬哉,三十年了,我到今天才悔悟到,过去都错了。

大道即人心,他的心学思想,虽然依然模糊,却是破土欲出了。

第五章 谬矣三十年

弘治十七年（1504），王阳明经过一段时间的休养，身体已恢复，他又回到北京，去吏部做那个叫主事的六品小官。

当年秋天，他主考山东乡试。

到山东去做主考官，他是乐意的，也颇称心。山东是孔子的家乡，入圣门，岂能不拜孔子？

他在后来的《山东乡试录后序》中写道：

> 夫山东天下之巨藩也，南峙泰岱，为五岳之宗，东汇沧海，会百川之流；吾夫子以道德之师，钟灵毓秀，挺生于数千载之上，是皆穷天地，亘古今，超然而独盛焉者也。然陟泰岱则知其高，观沧海则知其大，生长夫子之邦，宜于其道之高且大者有闻焉，斯不愧为邦之人矣！

他对学子期望很高，甚至有些忧虑。你生长在孔子的家乡，如何能无愧于孔子之圣称？唯有做出好文章，成为大贤人，才能对得起这片土地。当然，作为考官的他也对自己提出高标准严要求，须尽心而为，不尽心则不忠；尽心而不得，则不明。不忠是己之责，不明奈何哉？而事实证明，他的忧虑不是多余的。昔日孔夫子三千学子，有七十余人精通六艺；而今他能选拔几人？他为山东人才的凋敝没落深深叹惜。

他登上了泰山，得诗五首。

其中一首豪迈清新，文采飞扬。曾经编过《唐诗别裁》《古诗源》的清人沈德潜有评："神韵不逊李白。"诗云：

> 晓登泰山道，行行入烟霏。阳光散岩壑，秋容淡相辉。云梯挂青壁，仰见珠丝微。长风吹海色，飘摇送天衣。峰顶动笙乐，青童两相依。振衣将往从，凌云忽高飞。挥手若相待，丹霞闪余晖。凡躯无健羽，怅望未能归。
>
> （《登泰山五首》之一）

诗情一泻千里，如行云流水，长风浩荡。

当年九月，王阳明调兵部武选清吏司主事。虽然从吏部到兵部，都是主事，平职移动，但武选司却是兵部排在首位的司，对王阳明来说，也算是个小小的进步。

终于到了兵部，这里曾经是他梦寐以求的地方，年轻的时候，他的热血曾为兵法韬略而沸动。然而此刻，王阳明的思想已经发生了很大的变化。

他已不再迷恋做一个兵家。他也不再沉溺于辞章。对于道、释，他已悟清了其局限，终究非圣门之学，"此簸弄精神，非道也"；释氏"把心看作了心相，渐入虚寂去了"。他作如是观，不再迷恋。

"谬矣三十年，于今吾始悔。"他从肺腑中吟出这样的诗句，把道、释摒弃了。

通过对佛、道以及诸子百家的比较研究，他认准了儒家学说。而儒家学说，从孔孟走到今天，占主导地位的是"程朱理学"。他绕不开，他必须认真面对。

所谓程，即程颢（1032—1085）、程颐（1033—1107）两兄弟，北宋时的著名理学家，理学奠基人。他们经过数十年的刻苦努力，吸收了周敦颐和张载的学术主张，从古代儒家的"礼"，演化成"理"，逐步建立起自己的"理学"体系，给儒学注入了新的生命，这是秦、汉以来其他学者所不曾有的。

而继承、发展、健全儒家理学的则是朱熹。

前面说过朱熹，自孔孟以来，可以列居其后的，大约也就是他了。他吸纳融化并发展了二程学说，构建了一个庞大的自成一体的哲学体系，把理学做到了极致，这便是朱子学说。他是孔孟以来最为杰出的弘扬儒学的大师。

应该说，朱熹的学问功底是相当扎实的。经过了认真的思考和探索，他编成了《论语集成》《孟子集注》《周易本义》《诗集传》等书，通过对章句的注释，将自己的思想作了完整的表述。他首次选定了《论语》《孟子》《大学》和《中庸》作为"四书"，其集注则成为集理学之大成的代表作，确定了周敦颐、程颢、程颐、张载等人的"道统"，确立了自己的理学思想之根基。

朱熹以"理"作为自己哲学体系的基本范畴，认为"理"是宇宙的根源，产生于天地万物之先，说："未有天地之先，毕竟也只是理。有此理，便有此天地。……有理便有气，流行发育万物。"由此出发，他又进一步阐述"理"与"气"的关系。而要悟到理，必须"格物穷理"，悟到理，便可"修身、齐家、治国、平天下"，如此等等。

朱熹的理学思想，得到了封建统治者的认可及赞赏，并逐渐认识到其对于维护帝王权力的重要价值。因此，在中国元、明、清三代，一直是封建王朝的官方哲学，代表着官方的利益。

然而，思想是自由的，学术是多义的，创新才有生命。

朱熹的学说也受到了当时众多流派的诘难。其中，特别有影响的代表人物是陆九渊。

陆九渊（1139—1193），字子静，号存斋，人称象山先生，抚州金溪人。陆九渊从小聪颖，喜欢思考。三四岁时，他问父亲："天地边缘在何处？"父亲自然不能回答，但是想要探求宇宙、人生的秘密的种子从小便播在他的心田上。

他读《论语》读出了怀疑和支离；他读程颐，读出了偏颇和不足。

这时候，大他九岁的朱熹在学界已经名声鹊起了。

他当然也读朱熹，然而，读来读去读出的是异义。他不能赞同。他反对朱熹将人心分为天理和物欲两个部分，认为心与理应该是完全合一的；他也反对朱熹的"格物穷理"，他认为在学习方法上，修养伦理道德是唯一的途经，成圣之学是内在的感悟，是人格的修炼和完美，由内而外，达到与天地万物同一的境界。

于是，便有了中国思想史上著名的"鹅湖之会"。南宋淳熙二年（1175），朱熹与陆九渊相约，在江西上饶鹅湖开展了一场既理智又激烈的学术辩论。辩论结果，没有统一，分歧反而更大了。

从此，一门与"理学"相对而立的"心学"开始形成。成为当时双峰并峙的哲学现象。

现在，王阳明走到了他们的面前。他们一个个都似乎活生生地挺立着，诉说着，论争着，招呼着，指引着。

面对儒学的众多门户，他不知从何而入。

各有各的主张，各有各的学说。

他读遍了他们的著作，特别是朱熹的。"遍求考亭（朱熹）读之"。然而，年轻时格竹的伤痛犹深深地烙在他的心上，他岂能忘记？

但是，他又离不开周敦颐、程颢，也没有完全离开朱熹。儒家圣学是一个大范畴、大课题，大得让他迷茫……

但是，他认准了儒学。

于是，他倡言：立人必先立圣人之志。京城里的一些年轻学子，原都溺于辞章，吟诗赋词，应和酬唱，大多风花雪月，平仄骈对，全不知有身心之学。一时闻说，均感新奇，上门来求教的人竟然不少。

他开始授徒讲学。或者，说得谦虚一点，互为切磋，共同探讨。

一个兵部主事，竟然热衷此道，闲言碎语也就多了起来。你是什么人？竟然立异好名，讲授圣学？一部朱子学说，已经把儒学发挥到极致，你竟然有微词有怀疑？你能使出什么新招？

王阳明有的时候，不能不感到孤独。

此时，在王阳明人生轨迹里，与一个人相遇，竟然志同道合，极为投缘。

他叫湛若水。

湛若水（1466—1560），字元明，号甘泉，广东增城人。他比王阳明大六岁，但出道似乎比王迟。他本想不入仕途，只做自己的学问，因母命难违，只得去应试。弘治十八年（1505）中进士，被分配在翰林院当庶吉士。其时，王阳明刚刚在山东主持完乡试，调至兵部。

这一年，王阳明三十四岁，湛若水四十岁。

仿佛是神交已久，仿佛是命中注定，两人一见如故。

两人都有志于身心之学。王阳明早就不满于朱子学说，僵硬而死板的理论令他窒息。利用朱子之说、口诵仁义道德实为窃取私利之徒如过江之鲫；陈白沙（1428—1500）是明代由朱（熹）转陆（九渊）的第一人，明朝心学研究的先驱。他秉承陆九渊的"宇宙即我心，我心即宇宙"主旨，提出"天地我立，万化我出"的本论，为后来王阳明的心学发展成熟，起到不可或缺的铺垫作用。而陈白沙是湛若水的先师。

两个人几番交往，几番谈吐，心灵立即爆出了火花。

现在他们两人同处京城，相邻而居。为同倡圣学，他们一见订交，共拜而盟。

王阳明评价湛若水："守仁立世三十年，未见此人。"

湛若水对王阳明的评价是："若水泛观于四方，未见此人。"

他们立下共同志向：已经八股化了的理学，是为今之大患；他们要并肩携手，从理学中突围出来，倡明真正的圣学。

两人好做伴，不再孤单。王阳明的心境忽然明亮起来。寻找了三十年，他终于找到了自己的人生方向。那些日子，对王阳明来说是幸福而充实的。他与湛若水来往于兵部和翰林院之间，彼此共勉，相互砥砺。（在后来长期的论学过程中，尽管出现了若干差异，很难求同，但并不影响他们的友谊，为明代中期学术开创出新的气象。）

就在王阳明求圣路上如鱼得水、渐入佳境的时候，一场突如其来、灾难性的巨大风暴来临了。它击碎了北京的春天，也击碎了王阳明的平静岁月。

第六章

玄夜漫漫

一、刘瑾专权

政治比较清明的弘治年代结束了。

弘治十八年（1505）五月，年仅三十六岁的孝宗皇帝朱祐樘驾崩。

临终的时候，面对跪在地上老泪纵横的贤臣刘健、李东阳、谢迁，他不能瞑目。他心中最不放心的那件事，他还要尽自己的微弱之力再作嘱咐：

"太子很聪明，但他年轻，才十五岁，喜欢玩。你们要好好劝他，做一个贤明的人。"

阁臣们泣不成声："誓不辱命！"

孝宗是一位开明君主。他在位十八年，在一批贤臣的辅佐下，政治清明，经济发展，社会安定，明朝呈现出难得的中兴局面。王阳明也由此可以无忧无虑地沉醉在自己的学问天地里，似乎政治与他无关。

忽然，孝宗驾崩了。一个时代结束了。

明朝历史进入了武宗朱厚照（1491—1521）的正德时代。

一个令人啼笑皆非、危机四伏的时代。

这个时代，从某种意义上说，将是王阳明的时代。

历史把王阳明推到了风口浪尖，既让王阳明饱受磨难，命悬一线，又让他纵横捭阖，大展身手。从事功到学说，从品质到智慧，他的光芒将冠绝当代，照耀千古。

让我们还是从武宗朱厚照说起吧。

朱厚照从小被宠溺。朱祐樘生了两个儿子，一个已经夭折了，朱厚照便成了朱祐樘的命根子。朱祐樘这辈子受尽了风波，儿子是不能再让他吃苦了，宠溺也便顺理成章。

朱厚照聪明、淘气、任性、贪玩，没有比玩让他更开心了。在他玩得昏天黑地、翻天覆地时，改天换地了。父皇死了，他被推上皇帝的宝座。

但好玩的本性是不能改的，他依然沉溺于玩乐。他倚信内宦，不听朝臣的劝阻，由宦官们导引游乐，一时朝臣与内宦，针锋相对，有如水火，朝廷政局开始动荡起来。他已经有了一后二妃，后宫佳丽如云，他居然毫无兴趣。他微服出宫到烟花柳巷去游荡，迷醉于青楼间。至于上朝政事，早已丢到九霄云外了。

这哪里还像一国之君？

首先焦灼万分的是刘健、李东阳、谢迁三阁臣。接着为之忧虑的是吏部尚书马文升、兵部尚书刘大夏等人。他们诤谏，上疏，忠言相劝。

可是朱厚照哪里听得进去？不仅听不进去，还要变本加厉，为所欲为。

于是忠臣死谏。朱厚照一怒之下，把马文升、刘大夏辞了，你们回家去吧！如今我是皇上了，还要让我来听那些烦人的话？干脆，连早朝也不去上了。

他的身边，有的是那些使他开心的奉承话。那些话，都说到他的心坎里去了。他想听什么，人家就说什么，而且说得条条是理，句句中意。

这些话，就是他身边的那些太监说的。其中，最让他开心并信任的便是在东宫时就开始服侍他的刘瑾。

说到刘瑾，不能不多说几句。可以说他是明朝最威风最风光最有权势也是最心狠手辣最臭名昭著的太监了。

他本姓谈，没有什么文化，出身于陕西兴平的一户农民家庭，自小净身，依靠某刘姓太监入了宫，改姓刘。他一向仰慕英宗时的司礼太监王振——一个结党营私、耍弄权术、擅杀专威，造成朝政混乱及至"土木之败"的罪魁祸首——如今，又轮到刘瑾登上历史舞台了。

他曲意迎奉武宗，讨其欢心，利用武宗耽于玩乐、懒于治政的个性，每天进献鹰犬、歌舞以及各种杂艺，逗他开心。而且，常常在武宗玩得最起劲的时候去奏事，武宗要么随口答应，要么大为扫兴：你大小事情都来烦我，我用你们为了什么？刘瑾心中暗暗高兴，皇上分明是把大权交给我了。后来，干脆什么事也不奏报了。

就这样，刘瑾的权势日益扩大。他就是皇上，他说了算。外朝奏章必须呈送两份，一份用朱砂誊写，称为"红本"，先呈他审阅；另一份墨写正本，称"白本"，由政通司上达。大小官员要办点事，必须先去拜见刘瑾，送上厚礼，朝政混乱已非一般。

而且，还有"八虎"。所谓"八虎"，是说为非作歹的不只是刘瑾一个太监，还有另外七人：马永成、谷大用、魏彬、张永、邱聚、高凤、罗祥，个个如狼似虎，搅得朝廷极不安宁。当然，为首的是刘瑾。

这样的局面还能维持下去吗？

大明江山还能稳坐吗？

而且，马文升、刘大夏已经首遭其害了。

满朝文官几乎全愤怒了。

正德元年（1506）十月，北京的天气已经很有寒意了。寒风中，落叶萧萧。一场势不可挡的急风暴雨即将降临。

内阁首辅刘健决定，让户部尚书韩文出面，联合六部九卿官员，由当代才子李梦阳执笔，再次上疏净谏。并且相约于翌日伏阙力诤。主题便是必须除去祸国殃民的太监"八虎"。

六部九卿——吏、户、礼、兵、刑、工六部之尚书，加上都察院、政通司、大理寺最高长官，共计九人，合称九卿；三位内阁学士——刘健、李东阳、谢迁，自然责无旁贷。实际上囊括了内阁全体要员，联合上疏。这在历史上恐怕也是空前的。

朱厚照接到这样的奏疏，一时吓坏了，他不知自己该如何是好。他毕竟还年轻，才十六岁。一边是支撑江山的满朝大臣，一边是终日陪着自己玩耍的贴心太监，两者孰轻孰重？

想到最后，他决定派司礼监王岳前去与大臣们商议：杀就不要杀了，把他们赶出京城，如何？

王岳把皇上的旨意传到刘健他们这里，谁知大臣们斩钉截铁，不杀岂能平愤？非杀不可，决不让步。只有李东阳态度比较柔缓，他表示只要赶走，不杀也可以。但是，他的声音被激愤的众多官员的声音淹没了。这个细节被一个人注意到了。

王岳急匆匆又把大臣们的意见禀告朱厚照，当然，他也是赞成杀的，他看不惯刘瑾那副嘴脸。

朱厚照这回束手无策了。事到如今，只好忍痛割爱，他终于同意了。

王岳又把消息转告了刘健他们，决定明天一早动手。到了此刻，刘健才大大地松了一口气。

且慢。从政老练的刘健万万没有想到，在他们的文官队伍里，还潜伏着一个以前未被他们注目的内奸，此人名叫焦芳。

焦芳其实是个大奸佞，早与刘瑾有勾结。马文升被撵走之后，他从吏部侍郎升为吏部尚书。当然，其中有刘瑾的关照。焦芳连夜把消息报告了刘瑾。刘瑾就是他的爹、他的娘，他知道刘瑾的厉害。

这一回，刘瑾吓得魂不附体了。性命攸关！他立即与马永成等人一合计，连忙赶去见武宗，二话不说，拜伏地上，哭成一团。

朱厚照的心又软了。

刘瑾乘机反诬："都是王岳心怀不善。他想阻止皇上的一切行动，暗中与外臣勾结。皇上，你被蒙在鼓里了。"

朱厚照勃然大怒，立即改了主意，免去王岳司礼监职务，由刘瑾接任，马永成掌管东厂，谷大用掌管西厂，"八虎"不仅不处理，而且一一提升。王岳则连夜逮捕，发配南京。

这一场政治博弈、生死之战，一夜间发生了逆转。

第二天，刘健他们满怀希望和信心前来上朝时，看到的结果不是刘瑾的被诛，而是他提升后那张骄横、得意、藏着阴险却在微笑的脸。

刘健傻了，众人都傻了。

悲从愤来，悲愤交加。

刘健、谢迁、李东阳三人立即作出决定：乞休。

朱厚照是正中下怀，立即批准刘健、谢迁告老还乡，李东阳被留下了，内阁总要有个老臣吧，而且他的态度比较缓和。刘瑾从焦芳这里知道了这个细节。

弘治年间的三人内阁终于走到了尽头。送行的时候，西风瑟瑟，李东阳流下了悲哀的眼泪。

刘健不无揶揄地说道："有什么好哭的呢？如果你当初态度坚决，现在就可以和我们一起走了。"

李东阳无言以对。

李东阳就是李东阳，他不是刘健，也不是谢迁。不过，他的留下，为后来迂回曲折地保护一些忠耿之臣，也尽了力，起到了那些被赶走的阁臣不能起到的作用。历史这样评说。

那时候，朝廷真是太黑了。黑得暗无天日。

刘瑾喘过了这口气，就凶相毕露了。他一面继续哄取朱厚照的欢心，一面大开杀戒。凡是反对过他的异己，一个不饶，一个不赦，打的打，杀的杀，赶走的赶走。整个朝廷被弄得鸡飞狗跳，人心惶惶。

现在，陪都南京愤怒了，六科给事戴铣、御史薄彦徽等二十一人又站了出来，他们慷慨上疏，要挽留阁臣，直言："元老不可去，宦竖不可任。"

刘瑾大怒，派锦衣卫前往南京，将他们押解至京，打入大牢中，一一廷杖，戴铣当场被活活打死。

此时，天昏地暗，王阳明在做什么呢？

二、风云突变

王阳明并不热衷于政治，他醉心于自己的学问。现在又有湛若水为友，相互切磋，来往频繁，心情甚好。

忽然间，天地变了，风暴骤起，乌云翻滚，飞沙走石。

朝廷怎么会变成这样昏暗了？那是要乱了朝纲，难保社稷的呀。你不关心政治，政治却要来关心你的。

一道道耸人听闻的消息不时传来，忠耿之士无一幸免。

王阳明的血沸腾起来了。人微言轻，但他毕竟也是个六品官呀。

此刻，戴铣正关在狱中，死活不知。

王阳明执笔而书，在《乞宥言官去权奸以章圣德疏》中写道：

> 君仁臣直。铣等以言为责，其言如善，自宜嘉纳施行；如其未善，亦宜包容隐复，以开忠谠之路。乃今赫然下令，远事拘囚，在陛下之心，不过少示惩创，非果有意怒绝之也。下民无知，妄生疑惧，臣切惜之。……自是而后，虽有上关宗社危疑不制之事，陛下孰从而闻之？陛下聪明超绝，苟念及此，宁不寒心？……伏愿陛下追收前旨，使铣等仍旧供职，扩大公无我之仁，明改过不吝之勇；圣德昭布远迩，人民胥悦，岂不休哉！

他要救戴铣，只能用这样委婉的文字来表达。

戴铣是言官，他向皇上进言是他的责任。说对了，皇上可采纳，说错了，皇上亦应包容。这样，利于开言路。现在皇上把他打入大牢，只怕天下人寒心。如此一来，谁还能对皇上说真话？希望皇上能放了他，圣德昭昭。

他既没有痛斥权奸，也没有点名刘瑾。他用如此委婉的方式仗义执言。皇上，你总会听进一两句吧？

王阳明想得有点天真。他没有想到朱厚照根本看不到这份上疏，即便看到了，他也不会听你这个小官员的劝谏。

刘瑾发火了。谁？王守仁？王守仁是谁？兵部里的一个小小主事，吃了豹子胆了？

来，投进大狱！

王阳明眼前一片漆黑。"惊风起林木，骤若波浪凶。"阴冷的朔风从墙洞里钻了进来，牢内如冰窖一般冷。屋顶有缝隙，一缕寒冷的月光落在他的脸上，冰凉的，像霜。老鼠在身边蹿来蹿去，有点不满他抢占了它的床位。

岁暮了，就要过年了，他坐在这里，远离亲人，孤身只影。

他的眼中，滴下两滴清泪。

三十五岁了，他觉得自己还一事无成。六年的京城小官并没有给他带来多少欢乐，漫长的入圣之路他还在摸索。怎么眼前竟落到这样的地步了呢？

他想到了庄子说的"内圣外王"。

"内圣"是一种完美的人格理想："不离于宗，谓之天人；不离于精，谓之神人；不离于真，谓之圣人。以天为宗，以德为本，以道为门，兆于变化，谓之圣人。"

这些人格理想是哪里来的？为什么"外王"与"内圣"总是不能统一和谐？朝政如此殆败，其根子又在何处？

他的痛苦怎能言传！"朝既式矣，日既夕矣。悠悠我思，曷其极矣。"

坐牢还在思考哲学。刘瑾可没有如此天真迂腐。他知道王守仁是王华的儿子，王华作为吏部左侍郎兼侍讲学士，满腹才学，且孝友忠信，为人厚道，处事中和，不偏不激，口碑甚好。他暗示王华，只要你父子能入我的圈子跟我走，一切都可以商量，不会亏了你们。

温和的人也有发怒的时候，王华此回愤怒了。别看他平时对儿子这也不满，那也生气，这一次他说了这样的话："我儿子为了弹劾权奸获罪，理直名香！"

好的，那就给你吃好果子。刘瑾发了狠心：

王守仁廷杖四十（加了十杖），谪贬贵州龙场驿丞。王华外放南京任吏部尚书，赶出京城。

四十杖，即便一个身强力壮的人也难以抵挡，王阳明身体羸弱，患有肺疾，如何经受？而且刘瑾行刑，十分凶狠，本来是棉絮裹身而杖之，他改了规矩，定要脱去袄子，还要打手往死里打。谁能逃得脱如此狠毒的一招？多少人被他打得命丧黄泉！

王阳明被打得血肉模糊，"既绝复苏"，死了，又活了回来，奄奄一息。

你真是命大，在这样严刑之下，居然还留了一口气。天不绝你呀，王阳明，王守仁！

初春的花朵已经开了，料峭的风还是那样的寒。朋友们为伤痛未愈的王阳明设宴送行。大家默默无言。只有吟诗才能吐露心声。

湛若水写了九首诗，充分表明了他的相怜相惜、以道相许的殷殷心境：

皇天常无私，日月常盈亏。

圣人常无为，万物常往来。

何名为无为，自然无安排。

勿忘与无助，此中有天机。

（湛若水《九章赠别并序》其七）

穷索不穷索，穷索终役役。

若惟不穷索，是物为我隔。

大明无遗照，虚室亦生白。

圣哉虚明体，君子成诸默。

（湛若水《九章赠别并序》其八）

天地我一体，宇宙本同家。

与君心已通，离别何怨嗟。

浮云去不停，游子路转赊。

愿言崇明德，浩浩同无涯。

（湛若水《九章赠别并序》其九）

好友崔子钟也和之以五诗。

于是，王阳明作了八咏一并以答之，小序作题为"阳明子之南也，其友湛元明歌九章以赠，崔子钟和之以五诗，于是阳明子作八咏以答之"：

其一

君莫歌九章，歌以伤我心。

微言破寂寥，重以离别吟。

别离悲尚浅，言微感愈深。

瓦缶易谐俗，谁辨黄钟音？

其二

君莫歌五诗，歌之增离忧。

岂无良朋侣，洵乐相遨游。

比彼桃与李，不为仓囷谋。

君莫忘五诗，忘之我焉求？

其六

静虚非虚寂，中有未发中。

中有亦何有，无之即成空。

无欲见真体，忘助皆非功。

至哉玄化机，非子孰与穷！

······

这些诗作，别具一格，全不似那些以文采见长的吟风弄月诗句，而更多的是渗入了至妙的玄机。湛若水在《九章赠别并序》中说道："穷索非穷索也，无思而不思也。无为立矣，虚明生矣，然后能与天地为一体，宇宙为一家。感而通之，将无间乎离合，虽哀而不伤也。"此真乃哲学家诗作之境界也。

除了湛若水和崔子钟，还有一位好友汪俊也前来相送并写了诗。

汪俊，字抑之，江西人。弘治六年（1493）参加会试时认识的。当年王阳明落第，汪却得了第一名。两人十分要好，怜惜之情尤见。答诗三首中写道："知子念我深，凤夜敢忘惕。"可见两人情谊。

别了，朋友！别了，京城！

从此，风云相失，天涯海角。

三、亡命天涯

王阳明起程南下，居心险恶的刘瑾能就此放过他吗？他派刺客追杀王阳明！原司礼监王岳被贬南京，就是他派人半路追杀而死的。

为了斩尽杀绝，刘瑾已经张榜公布：原大学士刘健、谢迁，尚书韩文等五十三人列为奸党，王阳明自然不能例外。又把五品以上的三百多名官员尽收入狱。这些人中，自杀的自杀，逼死的逼死，发配的发配，也有倾家荡产如韩文的！刘瑾的肆无忌惮、为非作歹已到了天怒人怨的地步！

正德二年（1507）夏天，王阳明来到杭州，刺客也尾随而到。王阳明立即有了感觉。看来刘瑾是不会放过他的，他必须躲开他们，甩开他们。

正好家中得到消息，让大弟王守俭到杭州来看望王阳明。兄弟俩一番商议，一条金蝉脱壳之计立即形成。

他们借宿在西子湖畔的胜果寺。禅房中灯光昏暗，王阳明在墙壁上题了一首《绝命诗》：

> 学道无闻岁月虚，天乎生我欲何如？
> 生曾许国惭无补，死不忘亲痛有余。
> 自信孤忠悬日月，岂论遗骨葬江鱼。
> 百年臣子悲何极，日夜潮声泣子胥。

然后让大弟守俭改穿自己的服装在寺里与刺客虚与周旋，他则偷偷溜出胜果寺，直奔钱塘江边。

为了再次障目刺客，他把冠戴鞋袜脱在江边，装作一副投江自尽的样子，然后搭上原先约定的商船，往东而去。

翌日天明，刺客才发现寺中的王阳明已经逃走，四下搜寻，来到江边，发现了一堆鞋帽，联想到寺中壁上的绝命诗，断定王阳明已投江自尽，匆匆回京复命。

这边王阳明的商船到了舟山，遇上狂风大作，海浪滔天，商船无法靠岸。越来越大的风浪，把商船一会儿抛上浪峰，一会儿摔下波谷，没多久，就失去舵力，漂向外海，一漂漂到了福建。

一叶扁舟，茫茫大海，差一点又丧了命。

夜深了，王阳明感到了彻骨的悲凉，孤独感如潮水弥漫于周身。满腔怨愤向谁去诉？他想起了父亲、妻子、兄弟，亲人远离，乡愁乡思是如此之苦!

他又想起了那些知心朋友，想起了湛若水、崔子钟、汪抑之。尤其是汪抑之，一片深情厚谊，他曾答以三诗，至今思来，犹觉有歉。于是又写了三首诗，题名为《一日》：

其一

一日复一日，去子日以远。

惠我金石言，沉郁未能展。

人生各有际，道谊尤所眷。

常嗤儿女悲，忧来仍不免。

缅怀沧州期，聊以慰迟晚。

其二

迟晚不足叹，人命各有常。

相去忽万里，河山郁苍苍。

中夜不能寐，起视江月光。

中情良自抑，美人难自忘。

其三

美人隔江水，仿佛若可睹。

风吹蒹葭雪，飘荡知何处？

美人有瑶瑟，清奏含太古。

高楼明月夜，惆怅为谁鼓？

他是把汪抑之比作美人的。

又一夜，他梦见了汪抑之，湛若水和崔子钟亦在座。四人何等欢乐呀，于是又赋诗三首：

梦与故人语，语我以相思。

才为旬日别，宛若三秋期。

令弟坐我侧，屈指如有为。

须臾湛君至，崔子行相随。

肴醴旋罗列，语笑如平时。

纵言及微奥，会意忘其辞。

觉来复何有，起坐空嗟咨。

（《梦与抑之昆季语湛崔皆在焉觉而有感因记以诗三首》其一）

　　一个梦境，被王阳明的诗句描绘得如此生动逼真：佳肴美酒，欢声笑语，高谈阔论，恍如眼前……

　　但是，眼前还是孤身只影，亡命天涯。

　　他不知到了何处，也不知该往何处去！他没有目的地。

　　眼前是武夷山。黄昏夕色中，一座寺院赫然眼前。他上前去求宿，没想到那和尚竟然拒绝。

　　继续前行，又见到了一所破庙，瓦棱颓落，衰草迷离，一派荒凉。疲乏已极的他倚在香案旁，倒头便睡。

　　是风声呼呼吗？是潮声澎湃吗？王阳明浑然不觉，睡个烂死，他太累了。

　　不是风声，也不是潮音，是虎啸声声。这里原是一处虎穴。一只吊睛白额斑斓大虎夜半回穴时，见有人进住，绕廊大吼，不敢进入。

　　黎明时分，附近寺院里的那个和尚来了。他拒绝王阳明留宿是因为此处常有歹徒出入，不敢贸然留宿生人。他现在要来看个究竟，昨夜那个人被老虎吃了吗。只见王阳明还在呼呼大睡，不禁惊呆了。"此非常人也，不然，得无恙乎？"连忙唤醒王阳明，邀他入寺。

　　刺客，风浪，老虎，生命一次次置于绝地，又一次次化险为夷。和尚听完此番经历，大为惊奇，此乃大贵人吗？岂非人间奇迹？

　　王阳明不禁感慨丛生。他吟下这样的诗句："危机断我前，猛虎尾我后；悬崖落我左，绝壑临我右；我足复荆棘，雨雪更纷骤。……"真是切身感受的真实写照啊。

和尚说，我寺中有个异人，不妨引你一见。

王阳明连忙说好，一见，几分面熟，再细看，双方都认出来了，竟是十七年前，王阳明新婚之夜误入铁柱宫与之彻夜长谈的那位道士！

啊呀，这真是他乡遇故知了。山在西，水在东，人生何处不相逢呀，竟然在此时此地见面。王阳明不禁大喜，那道士也十分高兴，后来有诗为证："二十年前曾见君，今来消息我先闻。"

于是两人斟茶把盏，促膝长谈。

王阳明便把十七年来特别是一年来京城风波作了概述。

道士长长地唷叹了一声，人间悲剧呀。又问，现今，你打算怎么办？

王阳明说："远遁闹市，隐名山水吧。"他已定下主意不去贵州，贵州路远万里，人称荒蛮之地。

道士摇摇头，笑道：恐怕不妥。阳明问其故。

道士说："你官场有老父，家中有亲人，你隐居山野，独善其身，他们怎么办？万一刘瑾发怒，将你父亲下狱，诬你北投胡人，南渡粤海，然后严刑拷打，怎么办？"

这话真是把王阳明问住了。他心中感到一丝丝的悲凉，父亲是爱他的，虽然严厉而刻板。他也爱父亲，孝父亲，为了他，父亲担惊受怕，不知吃了多少苦。他不忍。他是有过这样的打算，遗世入山算了，可是诚如老道所言，一家老小怎么办呢？他不是说过儒家着相，其实不着相吗？

他的主意动摇了。

道士又说："你志存高远，胸怀天地，区区之灾，何须计较？"

这几句话不能不说是道士的高深，仿佛火苗点亮了王阳明心灵的深处。他立时兴奋起来，血液犹如江海一般奔涌起来。

王阳明豪气顿发，提笔濡墨于壁上题了《泛海》诗一首：

险夷原不滞胸中，何异浮云过太空。

夜静海涛三万里，月明飞锡下天风。

何等气魄，何等豪情！这是王阳明诸多诗作里，最精彩最出色的一首，为历代文人所赞叹、吟咏。区区风波，化成笔底万丈波澜！海上明月，浩荡天风，万里惊涛，直挂云帆！

道士说，我来为你卜一卦吧。一卜，日藏地中。很含蓄的一句话。便说，可以去南方。

他拜谢了道士，决定返回。

四、赴龙场

王阳明经鄱阳，辗转到了南京。父亲王华明升暗贬，在南京任吏部尚书。他首先去看望父亲。

父亲见到儿子，悲喜交加。他从守俭处得知守仁已乘舟逃走，但是生死不明，现在忽然来到眼前，如何不悲泪潸潸？

父亲老了，满头白发如乱草一般在秋风中飘动。

平安回来就好。这是父亲见面的第一句话。

现在你打算怎么办？父亲的第二句话。

王阳明说：听凭父亲大人的训示。

王华说，你还是去龙场吧，你是朝廷的人，你不能有悖朝廷的旨意。身体不好，就到杭州去休养一段时间，年底赶到贵州就是。

父亲是怜恤他的。他感到了父爱的温暖。父亲为自己已经操尽了心，受尽了难。他表示，一切听从父亲的。

数日后，王阳明折回杭州，又住进了胜果寺，夏末秋初的西湖畔，已经凉风习习了。

此时京城里早已传言纷纷，有说王阳明钱塘江投水的，有说他漂至福建又起死回生的，至今生死不明。只有湛若水听后会心一笑："此佯狂避世也。"他太了解王阳明了。大智超人，岂会将生命轻付一旦？故为之作诗曰："佯狂欲浮海，说梦痴人前。"实在可算王之知音。后来，他们会于滁州，说起旧事，阳明方吐实话，全应了湛若水的估料。

在西湖胜果寺养身，王阳明的心灵获得了片刻宁静，心底的灼热渐渐化为清凉。

他仿佛又回到了北京那些讲学、探讨、朋友相聚的日子。自从认准了圣学之门，他更加努力刻苦，可谓心无旁骛。格物，致知，天理，人欲，大道，修齐治平，整日里缠绕着这些枯燥而高深的名词。他怀疑朱子，又构建不起令人置信的新的学说，一个呼之欲出的学说。

他苦苦思索，仿佛觉得自己只有一步之遥了。

真的只有一步之遥了。

然而，这一步怎么就那样艰难呢？他双足沉重如石，怎么也迈不出这一步，这近在眼前的一步。

这破晓一啼的婴儿搞得他腹中好生疼痛啊。

所幸的是，追随他学问的人渐渐多了起来，他开始收徒。

现在，他收了三个弟子，可以说是最早入王门的：徐爱、蔡宗兖、朱节。

徐爱，字曰仁，余姚人，乃是王阳明的妹夫。关系自是深了一层。蔡宗兖，字希颜，绍兴人。朱节，字守忠，也是绍兴人。三人皆可谓王阳明的同乡。

王阳明对三位弟子评价甚高："希颜之深潜，守忠之明敏，曰仁之温恭，皆予所不逮。"也就是说，他们的一些优点，都是自己所不及的。

三弟子才学饱满，有志圣门，又同届中了乡举，王阳明自是欣喜万分。三人成绩优异，后来又被上司选中，全部荐入国子监深造。这边拜师礼才不久，现在又要赴京作别。

王阳明为此写了一篇深情的《别三子序》，作为赠言。

王阳明文中写道：自程、朱离世之后，圣门冷落，圣学凋敝，师友之道也逡巡不振。求友求师，结为同志，乃治学之要。现在我得了三位弟子，是多么难得！我素有归隐之图，如能与三弟子就云霞，依泉石，追濂、洛之遗风，求孔、颜之真趣，洒然而乐，超然而游，可以忘我之老也。现在，你们三人即将北行，我送你们八个字："深潜刚克，高明柔克。"你们要牢牢记下了。

深潜刚克——深沉潜晦者，刚有不足，刚可救其偏。

高明柔克——高亢明爽者，柔有不足，柔可救其偏。

皆为道德修养之要。

临了，他又嘱咐：京城里我有同道之好友，增城湛若水也，你们可以去拜见他，见他犹见我。字字深沉，句句肺腑。

三位弟子走了。他也该走了。他只能去龙场。

那时候去贵州的路太艰难，经江西，转道湖南，要跋涉多少山山水水！

山石崎岖古辙痕，沙溪马渡水犹浑。

夕阳归鸟投深麓，烟火行人望远村。

天际浮云生白发，林间孤月坐黄昏。

越南冀北俱千里，正恐春愁入夜魂！

（《夜宿宣风馆》）

一路山水，一路诗作，一路颠簸，一路苍凉。

船至广信，知府接待了他。他猛然忆起了十八年前，娶亲南昌返回余姚，途经此地，他慕名拜访理学前辈娄谅，娄的一句"圣人必可学而至"，给他人生路上多少勇气！而现在，闻知娄已杳然西归，不禁一阵悲伤唏嘘。

而谁又能知道，再十二年后，他平叛宁王，其王妃娄素珍正是娄谅之爱女，人生遭际，天地有命乎？

入萍乡，过醴陵，岳麓书院是要去拜访的，那是读书人的心中净

土；涉沅江，渡湘水，屈子之魂是要去凭吊的，那是千百年来文人学士
的风骨。

他洒下一盏淡淡的清酒，酒洒处，绽出了一行行深沉含泪的文字：

山黯惨兮江夜波，风飕飕兮木落森柯。泛中流兮焉泊？湛
椒醑兮吊湘累。云冥冥兮月星蔽晦，冰崚嶒兮霰又下。累之宫
兮安在？怅无见兮愁予。高岸兮嵌崎，纷纠错兮檬枝。下深渊
兮不恻，穴湔洞兮蛟螭。山岑兮无极，空谷含牙兮迥寥寂。猿
啾啾兮吟雨，熊罴噪兮虎交迹。念累之穷兮焉托处？四山无人
兮骇狐鼠；魑魅游兮群跳啸，瞰出入兮为累奸宄……就重华兮
陈辞。沮积雪兮涧道绝，洞庭渺邈兮天路迷。要彭咸兮江潭，
召申屠兮使骖。娥鼓瑟兮冯夷舞，聊遨游兮湘之浦。乘回波兮
泊兰渚，倦故都兮独延伫。君不还兮郢为墟，心抑郁兮欲谁
语！郢为墟兮函崤亦焚，谗鬼逋戮兮快不酬冤。历千载兮耿忠
愊，君可复兮排帝阍。望遁迹兮渭阳，箕罹囚兮其佯以狂。艰
贞兮晦明，怀若人兮将予退藏。亲国沦兮摧腑肝，忠愤激兮中
道难。勉低回兮不忍，盍自沉兮心所安。雄之谀兮谗喙，众狂稚
兮谓累扬。已为魑为魅兮为谗滕妾，累视若鼠兮佞颡有泚。累忽
举兮云中龙，祈晻霭兮飘风；横四海兮倏忽，驭玉虬兮上冲；降
望兮大壑，山川萧条兮济寥廓。逝远去兮无穷，怀故都兮蜷局。

乱曰：日西夕兮沅湘流，楚山嵯峨兮无冬秋。累不见兮涕
泗，世愈隘兮孰知我忧！

（《吊屈平赋》）

吊屈原，也吊自己。王阳明此刻神游万里，涕泪满面，古今混沌，
天人合一。

走吧，继续赶路。

山色隐约，烟雨苍茫。贵州龙场，你在哪里？

第七章

大道在人心

一、龙岗新构

正德三年（1508）初春，历尽千辛万苦，王阳明来到贵州龙场。

龙场位于贵阳北面约三四十公里处，即今修文县境内。那里是一片荒坡野岭，人烟稀少，草木丛生。即便有一些村落，多是苗、彝混居，刀耕火种，穷苦落后，风气闭塞。山间又多毒蛇野兽，时称蛮夷之地。

龙场驿是洪武年间彝族土司奢香夫人为效忠大明王朝，打通贵州与四川的通道而设的九个驿站之一。龙场驿设驿丞一人，吏一人，管理马二十三匹，铺陈二十三副。所谓驿丞，实际上是个邮政所长和招待所长双兼的不上品级的小官。

王阳明是谪贬到此，陌生的龙场能接受他吗？

面对荒凉的景象，王阳明心中生出一丝苦涩，一片苍凉。繁华的京城，优美的杭州，优裕舒适的官宦生活，都已经不属于他。一切都已远去，仿佛从山峰跌入谷底，四处都是乱石险壑，连退路都没有。

一个小小的权奸竟然可以一手遮天，权倾朝野，拿他王阳明当一只小小的蚂蚁，手指一掐，便可结果性命。

他叹了一口气，面对现实，必须坚强地活下去！

驿所的房子已经破败颓落，他决定找个地方另搭草庵栖身。离驿站不远处的山坡上竟然有一个洞，叫东洞，可容数十人。他一阵惊喜，不由想起了当年在绍兴养身的阳明洞。这可是读书的好地方啊。

于是，他与家童——他带来两个书童、一个老仆人在洞边搭了一个简陋草棚暂时安身。

诗是一定要写的，这是他终生的伴侣，题目就叫《初至龙场无所止，结草庵居之》。诗曰：

> 草庵不及肩，旅倦体方适。
> 开荆自成篱，土阶漫无级。
> 迎风亦潇疏，漏雨易补缉。
> 灵濑响朝湍，深林疑暮色。
> 群獠环聚讯，语庞意颇质。
> 鹿豕且同游，兹类犹人属。
> ……

虽然苦涩，也是一派自然生态。

山洞是他所喜欢的，但不能没有名字。就叫阳明小洞天吧。《始得东洞遂改名为阳明小洞天三首》有记：

其一

> 古洞闲荒僻，虚设疑相待。
> 披莱沥风磴，移居快幽垲。
> 营炊就岩窦，放榻依石垒。
> 穹窒旋薰塞，夷坎仍扫洒。
> 卷帙漫堆列，樽壶动光彩。

夷居信何陋，恬淡意方在。

岂不桑梓怀，素位聊无悔。

其二

童仆自相语，洞居颇不恶。

人力免结构，天巧谢雕凿。

清泉傍厨落，翠雾还成幕。

我辈日嬉偃，主人自愉乐。

虽无繁戟荣，且远尘嚣聒。

但恐霜雪凝，云深衣絮薄。

你看，山洞一经装修，多么富有生活情趣：书卷也放好了，茶壶酒杯也放好了，床榻也用石头垒好了，地也扫得干干净净，清泉在旁边流着，云雾在洞口弥漫……童仆担心冬天要冷，他莞尔一笑，岂不闻山洞才冬暖夏凉哩！你们担心什么？

粮食是个大问题，他们路上带来的粮米很快就要断绝，怎么办呢？

这时候，苗民来了。他们十分好奇。京城里来了一个官员，说是管驿站的，竟在山洞里安家。

进来进来，坐一会儿。王阳明招呼着。脸上的和气，就像久违的朋友。

然而，语言不通。大家用手势比画着，居然也有几分听懂了。原来，王阳明是想向他们学种田。"谪居粮断，请学于农，将田南山。"自力更生，可以衣食无忧呀。"山荒聊可田，钱镈还易办。夷族多火耕，仿习亦颇便。"

向苗民学刀耕火种，亦颇方便。垦荒种田，正好是万物生长的春天呀。

苗民们感动了。这位官员不简单，不但自己动手，解决吃住问题，而且待人和善，教他们说官话，识文字，讲做人道理。真是一个大好人呀。

苗民们一合计，决定帮王阳明在洞边造几间房子，这样，可以免去阴湿幽暗。当然会舒服一些。

伐木垒石，全是现成的，新房子很快就造起来了。王阳明真高兴呀，一一为它取了名字：一间叫"玩易窝"，一间叫"君子亭"，一间叫"宾阳堂"，还有一间叫"何陋轩"，孔子曰："君子居之，何陋之有？"也巧妙关联了唐朝刘禹锡的《陋室铭》，十分妥切。

还有一间比较大一些的，是打算给远近汉、苗、彝各族子弟百姓讲课的，就叫"龙岗书院"。因为有很多人慕名而来，他们要拜王阳明为师，听他讲学……

他写了《龙岗新构》两首诗，跋曰："诸夷以予穴居颇阴湿，请构小庐。欣然趋事，不月而成。诸生闻之，亦皆来集。请名'龙岗书院'，其轩曰'何陋'。"

为此，他又写了《何陋轩记》《君子亭记》《玩易窝记》几篇文章。

在《何陋轩记》中写道："夷之民，方若未琢之璞，未绳之木，虽粗砺顽梗，而椎斧尚有施也，安可以陋之？"为他后来倡导"教化民心"铺垫了基础。

日子过得很艰苦，也很充实。也许是太劳累，三个仆童都病倒了。有人说，这是染上了"瘴气"，很可怕的。

什么叫瘴气？千百年来，它成了当地人们谈虎色变的话题，难解难破的"谜"，至今传说纷纭。其实，也就是因自然气候潮湿形成的一种毒气，一种传染病吧，但当时是称之为"瘴疠"的，又神秘，又可怕。

王阳明亲自侍候他们。他砍柴汲水，烧茶煎药，熬粥做菜，一口一口地喂他们，让他们快快好起来。又怕他们心情郁闷，就高声地朗诵一些诗篇给他们听；还是没有结果，就唱几曲家乡的余姚腔——那时颇负盛名的戏曲声腔，杂以诙谐之调侃，童仆们都感动极了，都开心起来，病也很快好了。

王阳明一时豪兴又起，写了五首《龙岗漫兴》，其第一首诗十分知名：

> 投荒万里入炎州，却喜官卑得自由。
> 心在夷居何有陋，身虽吏隐未忘忧。
> 春山卉服时相问，雪寨蓝舆每独游。
> 拟把犁锄从许子，漫将弦诵止言游。

这是王阳明心态泰然的真实写照。他已随遇而安，心如静水。而在第五首诗的末尾，他忽然迸发出心底的豪情与抱负：

> 寄语峰头双白鹤，野夫终不久龙场！

不会长久的，他坚信。总有一天他会离开这里，遨游沧海，展翅云天！

二、龙场悟道

日子虽然清苦，却变得安定。

山野寂寂，云淡风轻。山洞里很安静。王阳明的心也静极了。

天要降大智慧于人，莫非就要这样的境地吗？

荣辱已经淡定，那么，生死呢？

那么多次的生死险夷都经受了，都过来了，难道还没有尝尽，还没有悟透？

没有。死的滋味没有体会，哪怕是死的边缘。

他当机立断，让人做了一口石棺。当然，很简陋，取石于山洞，斧凿而已。

先生，你要做什么呢？仆人不能不惊奇。

我要悟死。你们不得来打扰。时辰未到，不得惊动我。

时辰？多少时辰？

就是三天三夜吧。

三天三夜？不吃不喝，躺在石棺里？天下有这样的奇人怪人吗？有的。眼前王阳明先生就是。

而且，仆人们知道，先生的性格说一不二，斩钉截铁。但是仆人们真的是担心，石棺很粗糙，盖子却是严丝密缝的，三天三夜如何能消受？

一天又一天。王阳明躺在石棺里，滴水不进，此刻已是浑身无力，气若游丝，呼吸几乎停止，进入弥留状态，再一会儿，他就会溘然长别于世。

这不就是死的滋味吗？无喜无悲，无病无痛，无忧无乐，无荣无辱，无牵无挂，一了百了，走向涅槃……

倏然，王阳明感到澄清静一，"胸中洒洒"。

那是一种境界。

王阳明用微弱的力气，抬起右手，轻轻地，只能是轻轻地用两指敲了敲棺盖……

这微弱的声音还是让棺外的童仆们听到了。按照原来的约定，可以打开先生的棺盖了。

人们立即打开盖子，将温润的开水用羹匙喂在先生干燥的嘴唇里，王阳明轻轻地眨了眨眼皮。

先生！众人惊喜地呼喊着，连忙把他抬到卧榻上……

但是，这对于王阳明来说，还不是目的。

他的目的是悟道。

他要悟的道，是他三十余年来孜孜不倦所追求的那个真谛。

没有比这更重要。也没有像现在这样好的环境。月明风清，山野俱寂。人间的喧嚣远在万里。

稍事休养，身体恢复后，他依然端坐石洞，只求静一。

这离他一步之遥的"道"究在何处？

他一遍又一遍地背诵、梳理着孔孟的四书五经，一遍又一遍地对照着程、朱、陆各家的学说，还有佛家、道家……

无疑，儒家学说凝聚了几千年来中华文化的精髓，而孔孟的四书五经则最具代表意义。

《大学》是四书之首篇，是儒家学说中最为重要的篇章。

"大学之道，在明明德，在亲民，在止于至善。"

这就是说，"大学"的宗旨在于彰显弘扬光明正大的品德，在于使人弃旧革新、除恶扬善，在于使人达到至善的境地。

"物有本末，事有始终。知所先后，则近道矣。古之欲明明德于天下者，先治其国；欲治其国者，先齐其家；欲齐其家者，先修其身；欲修其身者，先正其心；欲正其心者，先诚其意；欲诚其意者，先致其知；致知在格物。"致知格物，格物致知。格物是如此之重要，只要物格好了，就可以做到"正心、修身、齐家、治国、平天下"。格物致知便成了一把总钥匙。什么叫格物？就是推究事物的原理。

那么，事物的原理在哪里？怎么推究？

好像孔、孟先师没有说清楚。或者说，说得很原则很模糊，后辈们的解释不尽相同。

程颢说：今天格一物，明天格一物，外在事物格得多了，你也就"致知"了。

天下万物格得尽吗？

朱熹则倡导"理"。"理散为物，物本于理"。理穷尽了，知也在其中了。他建立了一套完整的理学体系，最后归纳到"天理"。结局是人人必须绝对地服从天理。

"存天理，灭人欲。"

为什么要把人的内心割裂开来？为什么要把人的欲望都灭了？为什么？为什么？为什么？……琐碎支离，牵强附会？！

王阳明冥思苦索，殚精竭虑。

如果说，权奸迫害，刑杖相煎，流放夷地是痛苦的，那还是外部的；而现在，他是煎心煎肺，刻骨镂心地痛！

静静地，静静地思悟，把一个个静谧的黎明变成孤寂的黄昏，又把一个个孤寂的黄昏还原成静谧的黎明。什么杂音都没有，什么杂念都没有，只有山鸟啁啾，泉水叮咚，还有呜呜的风声……

忽然，沉沉的暗夜中透出一线光亮——

圣人之道，吾性自足，不假外求！

就是说，圣人之道，全在我的心中！我怎么求理于外求理于事物呢？

心即理，心即理，心——即——理！

求于内心的修养和完善才是对的。人性和天道之间没有什么鸿沟，是可以融为一体的！看似抽象、复杂的天理、物理，其实就在我的心中！

王阳明忽然明白了，他日思夜想的命题破解就在这里，他找到了这把金钥匙！

大道就在人心啊！

此时已是午夜。龙场被包裹在浓重的夜色之中，天地山野漆黑一片。王阳明一声呼喊，手舞足蹈起来，惊动了童仆们：先生怎么啦，先生怎么啦？先生疯了吗？不会的，什么事让先生如此欣喜若狂呢？……

这便是中国哲学史上著名的"龙场悟道"。穷困偏僻、名不见经传的龙场，从此被点亮，从此载入了史册。

龙场成就了王阳明。

王阳明成就了龙场。

王学，王阳明之心学，从此揭开了全新的篇章。

三、声名鹊起

苦难是什么？是催化剂，是垫脚石，是另外的一种营养，是人生不可多得的一笔财富。

王阳明历经磨难，被贬夷地，落到了生存最艰困的处境，却获得了人生的最高智慧。

此刻，他完全有信心建立起一门源于儒学又发展了儒学的新的学说——心学。

为了印证自己的悟道是否正确，他必须求证于孔孟之道、四书五经。但这些经典著作大多放在家中，长途跋涉，穷山恶水，如何能全带在身边？好的是从小背诵，全都录在脑子中。

于是，他开始默写五经：《周易》《尚书》《诗经》《礼记》和《春秋》。然后一段一段、一句一句地印证，结论是"莫不吻合"。他是多么地高兴啊，然而与朱熹的观点不合。朱熹是四书五经的权威注家，早已被朝野公认，这行吗？这又有什么不行？他坚持认为朱的注释自相矛盾，是误读，遂著《五经臆说》一书。

《五经臆说》大约写了一年又九个月时间。龙场很安静，连风也是安静的，王阳明的整个身心都沉浸在五经的天地里。《五经臆说》全书共四十六卷，它并不是对五经作注，而是王阳明依据自己所悟之"道"对五经作出自己的阐释。也可以说，这是王阳明构建自己心学体系——"心即理""知行合一"的最初理论状态，也是后来提出"致良知"的最初理论状态。当时，他还没有提出"致良知"的观点，但在他的"道"中，已经具备了"良知"学说的内涵。

王阳明又写了一篇《五经臆说序》：

> 鱼而忘筌，醪尽而糟粕弃之。鱼醪之未得，而曰是筌与糟粕也，鱼与醪终不可得矣。五经，圣人之学具焉。然自其已闻者而言之，其于道也，亦筌与糟粕耳。窃尝怪夫世之儒者求鱼于筌，而谓糟粕之为醪也。夫谓糟粕之为醪，犹近也，糟粕之中而醪存。求鱼于筌，则筌与鱼远矣。龙场居南夷万山中，书卷不可携，日坐石穴，默记旧所读书而录之。意有

所得，辄为之训释。期有七月而五经之旨略遍。名之曰《臆说》。盖不必尽合于先贤，聊写其胸臆之见，而因以娱情养性焉耳。则吾之为是，因又忘鱼而钓，寄兴于曲蘖，而非诚旨于味者矣。呜呼！观吾之说而不得其心，以为是亦筌与糟粕也，从而求鱼与醪焉，则失之矣。夫说凡四十六卷，《经》各十，而《礼》之说尚多缺，仅六卷云。

文中，王阳明以"得鱼而忘筌"和"醪尽而弃糟粕"为喻，说明了五经与"道"之间的关系，没有筌，哪来的鱼？没有糟，哪来的醪？怎么功成可以忘其所凭借？他还大胆地"意有所得，辄为之训释"，"盖不尽合于先贤，聊写散会胸臆之见"。从这段序中，我们既可以窥见心学与孔孟的渊源关系，又可以体悟到他独立思考、勇于探索、追求解放之精神。

但是后来，王阳明还是把《五经臆说》烧了。

为什么？因为后来有了"致良知"。

许多年以后，王阳明的高足钱德洪曾问起这件事。王阳明笑着说："付秦火久矣。"那是因为，"只致良知，虽千经万典，异端曲学，如执权衡，天下轻重莫逃矣，更不必支分句析，以知解接人也"。

致良知，言简意赅，可以囊括全部了。

一把火烧了《五经臆说》，四十六卷只残存了十三卷。这十三卷，是后来钱德洪为恩师治丧时发现的。如今也留下来了，成为王阳明"心学"创立、发展最初状态的佐证。

慕名而来的人日渐增多。天南地北，跋山涉水，都来到这个僻远的龙场，来听课，来拜师，来求圣学至理。当然，最得益的是近水楼台的当地苗人。

寂寞的龙场忽然变得热闹起来，人来马往，书声朗朗，这是王阳明最开心的。他在龙场写了很多诗，有好几首是写给学子的。其中一首《诸生夜坐》写道：

分席夜堂坐，绛蜡清樽浮。

鸣琴复散帙，壶矢交觥筹。

夜弄溪上月，晓涉林间丘。

村翁或招饮，洞客偕探幽。

讲习有真乐，谈笑无俗流。

……

又，《诸生》诗曰：

富贵犹尘沙，浮名亦飞絮。

嗟我二三子，吾道有真趣。

然后，他又写了一张教条，贴在墙上，以示龙场诸生：

诸生相从于此，甚盛。恐无能为助也，以四事相规，聊以答诸生之意：一曰立志，二曰勤学，三曰改过，四曰责善。其慎听，毋忘！

（《教条示龙场诸生》）

四条皆有具体衍说，十分精辟。

还有人为求文而来，求序言，求碑记，求书法。

他在龙场安顿之后，曾经为自己简陋的厅室题名，并写了《何陋轩记》《君子亭记》《宾阳堂记》《玩易窝记》等等，现在应人之约，又写了《远俗亭记》《象祠记》《卧马冢记》《重修月潭寺建公馆记》等等。

一手好文章，一手好书法。在偏远的山乡野地，王阳明声名鹊起。

木秀于林，风必摧之。也有人妒忌。

思州（今贵州岑巩县）有位太守就很不服气。你一个流放之徒，有什么本事到贵州来讲学布道？思州离龙场的路很远，隔着山山水水，太守便派人去奚落，去侮辱。

王阳明没有想到来了这样一位不速之客，他受命于太守，口气傲慢，架势吓人，出言不逊。

王阳明还没反应过来，学子们首先愤怒了。最愤怒的是当地那些正受益于先生文化滋润的苗民，一怒之下，把来人揍了一顿，赶他走了。

这下子，太守大怒。他岂肯甘休？

太守有位朋友叫毛科，在贵州任宪副，他听过王阳明的课，对王阳明还是非常敬重的。他怕事情闹大，写了一封信给王阳明，劝他道个歉，谢个罪，大事化小，小事化了。言辞虽也委婉，却有斤有两，晓以祸福。

王阳明沉默好久。这是一个什么理？你上门来寻衅生事，还让我谢罪？

他铺纸提笔，一挥而就。给毛宪副，其实是给那位盛气凌人的太守，写了一封回信。回信写得有理有节，不卑不亢，大约内容如下：

昨接大札，喻以祸福利害，且令我赴太府请罪，若非深情厚谊，岂能如此？感激之至，言不能及。但这位差人一到龙场挟事持威，恐非太府叫他如此做的吧？龙场里的苗人朋友愤愤不平，与之争斗，并非是我的指使。如此说来，太府并未侮辱我，我也并未傲视太府，我有何罪要来请谢呢？

行跪谢之礼，对我来说，亦是平常之事，不足为辱，但是总不能无缘无故而行之吧？不当行而行，当行而不行，都是一种耻辱。

什么叫祸福利害？我乃废黜一小臣，唯以忠信礼义以守之。君子以忠信为利，礼义为福。若忠信礼义不存，虽官禄万钟，爵贵侯王，君子犹谓之祸与害；若忠信礼义在，虽剖心碎骨，君子自以为是福。何况我现在之处境，穷山恶水，瘴疠蛊毒，每日可死三次矣。但是我居之泰然，不曾动摇自己的操守。诚知生死有命，岂惧为人所吓？太府若要加害于我，那我就等着吧，无非瘴疠而已，蛊毒而已，魑魅魍魉而已，岂能动我之心?

这信写得何等理直气壮,何等是非分明,又是何等正气凛然!

毛科一看,服了,自愧莫如;太守一看,也服了,又羞又惭。

王阳明毫发未损,名气益大了。

四、《去妇叹》与《瘗旅文》

身处乡野底层,识得民间真悲苦。

有两件亲眼目睹的事,让王阳明终生难忘。

在来龙场的路上,大约还在湖南地界,他看到荒僻的山野上,一间小屋里住着一个忧伤的妇人。

妇人还年轻,怎么寡居于此呢?

妇人叹道:"我的夫君嫌我人老珠黄,将我休了,另娶了新妇。我自嫁到他家,勤奉公婆,恪守妇德,邻居皆有好评。然而,妾命犹如草芥,君身却比琅玕,他一定要休我另娶,我奈何?"

王阳明的恻隐之心一时被打动。面对这个妇人——其实,她还年轻,说不上花容月貌,也是风韵犹在的,竟然被她的丈夫抛弃!他想到自己的被贬,不也是一种被抛弃?岂非是同病相怜?

他问她,今后怎么办?

她说,没有怎么办,就在此了却残生。苦的是牵心挂肚想念自己的孩子,他还小呢。她承认,她也在想念自己的丈夫,毕竟夫妻一场。他怎么这样心肠狠呢,有了新欢就忍心辞了她呢?……

王阳明眼眶湿润了。同是天涯沦落人,相逢何必曾相识?

他的脑际浮现起唐代诗人白居易和他的《琵琶行》,耳畔响起了那哀怨的琵琶声。浔阳江头,枫叶荻花,月色茫茫,秋风瑟瑟。他当即写了五首《去妇叹》,其四云:

去矣勿复道，已去还踌躇。

鸡鸣尚闻响，犬恋犹相随。

感此摧肝肺，泪下不可挥。

冈回行渐远，日落群鸟飞。

群鸟各有托，孤妾去何之？

王阳明的笔端，倾诉着无限的同情。连鸡呀狗呀都不忍她的离去，何况人乎？一步一回首，离家渐行渐远。只见太阳也落山了，群鸟在飞着。鸟儿都归巢了，她去何方呢？落寞的悲伤似重重云雾压得他透不过气来。他叹妇人，也在叹自己啊。

另一件事似乎更悲哀，更触目惊心，更让他黯然神伤。

那是到龙场第二年的秋天，某月初三。

阴雨沉沉，天色昏暗。透过篱笆，王阳明望见村落里来了三个人。有人说，这是从京城来的小吏，不知姓名，是到南方上任去的，带着一子一仆，路过龙场，投宿在苗家。

王阳明作为当地的驿丞，理应接待一下，怎么不知道这件事？而且来自京城，亦可闻得些许讯息？

他想去探望，夜深了，未成。第二天一早，他派人去探望，谁知他们更早，已经走了。王阳明心中不免有点遗憾，临近中午有人来报，南去蜈蚣坡上，一老人死于路边，旁两人哭声哀哀。王阳明想，吏已殁也，悲乎；到傍晚，又有人报，坡下已死二人，旁有一人在哭。问了问情况，王阳明判定，那是吏之子亡矣。谁知到了第三天，又有人报，坡下死者三人矣。

王阳明一阵惊悚，悲从中来。怎么回事呢？是劳累过度，还是染上瘟疫，说死三人几乎同时死去了？他们就这样暴毙在天日之下？

他于心不忍，怜其不幸，对自己的童仆说，我们带上锄畚，去把他们安葬了吧。童仆一听，脸有难色，显然不太乐意。

王阳明说：你们知道吗？我们现在的处境就和他们一样，惺惺相惜呀。

一语点拨，童仆恻然感动了。于是，他们一起赶到蜈蚣岭，挖了三个坑，为死者安葬。然后，供了一只鸡、三盂饭，再点了三支清香。王阳明不禁呜咽，告之曰：

唉，悲乎！你们是什么人呢？从何而来，又去何处？我是龙场驿丞，余姚王守仁呀。人说，离家不远游，外出做官也不能超过千里。你们怎么会到这么远的地方来？不至于与我一般吧？我是被贬谪来的，没有办法，你有什么罪过？听说你是个吏目，俸禄不满五斗；如果你躬耕田园，也可自足自食；为什么为了求五斗的俸禄而抛掉自己一条命？犹嫌不够，还要加上你的儿子和仆人呢？悲乎！

幽崖有狐群，阴壑有蛇虺，念你之可怜，我今前来将你埋葬，你好好安息吧。我来这里已经二年，面对瘴毒险境，全凭自己之坚毅，苟且保全，不曾气馁，今天为了你们，我真是悲伤啊。让我为你歌，你且听了！

　　　连峰际天兮飞鸟不通，游子怀乡兮莫知西东。莫知西东兮维天则同，异域殊方兮环海之中。达观随寓兮莫必予宫，魂兮魂兮无悲以恫！

　　　与尔皆乡土之离兮，蛮之人言语不相知兮，性命不可期！吾苟死于兹兮，率尔子仆来从予兮，吾与尔遨以嬉兮，骖紫彪而乘文螭兮，登望故乡而嘘唏兮！

　　　吾苟获生归兮，尔子尔仆尚尔随兮！道旁之冢累累兮，多中土之流离兮，相与呼啸而徘徊兮。餐风饮露，无尔饥兮；朝友麋鹿，暮猿与栖。尔安尔居兮，无为厉于兹墟兮！

可谓声声血，字字泪，椎心泣血！物伤其类啊！
这就是王阳明写的收在《古文观止》里的千古名篇《瘗旅文》的概要。

从中可以看到，经过龙场悟道后的王阳明，其悲悯情怀、人道境界。

五、讲学贵阳

又一年了。元宵节在一场细碎的风雪后降临。

每逢佳节倍思亲。思亲的念头竟是如此之强烈。"乘兴最堪风雪夜，小舟何日返山阴？"

他想起了家人，疼他爱他的祖父、祖母、父亲、母亲，还有妻子以及胞弟。一大家族的人在他眼前晃来晃去。往年的今天，家家都会扎纸灯，一到夜晚，满街华灯，欢声笑语。吃了汤圆，便可去观灯，而今呢，山野里何来满目的灯影呢？有诗《元夕二首》抒怀：

其一

故园今夕是元宵，独向蛮村坐寂寥。
赖有遗经堪做伴，喜无车马过相邀。
春还草阁梅先动，月满虚庭雪未消。
堂上花灯诸弟集，重闱应念一身遥。

其二

去年今日卧燕台，铜鼓中宵隐地雷。
月傍苑楼灯彩淡，风传阁道马蹄回。
炎荒万里频回首，羌笛三更漫自哀。
尚忆先朝多乐事，孝皇曾为两宫开。

他还回忆京城中的佳节情景，怀念值得称道的先朝孝宗皇帝时的升平气象，而今则在炎荒万里之外了。虽然没有热闹的景象，但纸灯还是要做的。于是他与家童一起动手，来了看热闹的苗家朋友。来来来，大家一起做，"蛮奴试巧剪春纱"，乐也在其中了。

过了元宵，贵州提学副使席书来访。

这是王阳明诸多的官员朋友中，值得一书的一位。

席书（1461—1527），字文同，号元山。他比王阳明大十一岁，弘治三年（1490）进士。在当地，也算得一个知名的学者了。听说王阳明在龙场讲学，他专程前来一晤。相互之间，只是闻名，并不了解。

他向王阳明请教，或者说是考问，朱、陆有何异同？他知道，王阳明怀疑朱熹，更欣赏陆九渊。他的这一考题，可谓点在穴中。

谁知王阳明并不正面回答，只是轻描淡写告以自己之悟：圣人之道，吾性自足，不必外求。

翌日复来，又问老话题，王阳明还是那些话。只是增加了一点他求证于五经的结果。

席书听了，似乎有点意会了。

如此来往四五次，（其实贵阳到龙场也挺方便，车马飞驰，几个时辰便能到。）席书忽然明白了。他惊喜交加："圣人之学，重见今天了！阳明点悟，妙在其中。朱陆异同，各有得失，全不必为此辩诘，求之吾性自明也。"

他神情振奋，眼前一亮。王阳明真是不同寻常！这是人中之龙呀。贵州远离京城，文化太落后了，学术氛围稀薄，是需要教化的呀。他立即与毛科作了商量，筹建贵阳书院，请王阳明前来主持！

应该说毛宪副也是一位有识之士，他十分信服王阳明，早有建书院之打算，只因那位太守横生枝节，弄得王阳明一身不快，被王回绝了。有诗为证："野夫病卧成疏懒，书卷长抛旧学荒。岂有威仪堪法象，实惭文檄过称扬。移居正拟投医肆，虚席仍烦避讲堂。兹我定应无所获，空令多士笑王良。"（《答毛拙庵见招书院》）。他说我学问也不好，身体也不好，正要投医去呢。

现在，贵州提学副使席书亲自出面了，而且，言辞切切，一片诚意。王阳明是深有感触的，他不能推辞。

贵阳书院虽然也是民间办的，却明显带有官方支持的色彩。这是王阳明一生中主持的第一个正规书院。这些年来，讲学授徒已经成为他人生的一种方式。

席书一面将坐落在贵阳中心的文明书院修葺一新，一面广招学员。开学的那一天，他亲率州县诸生以师礼对阳明，跪拜在王阳明的面前。

王阳明内心一颤，扶起了他。

从此，他们成为同道好友，情谊益深。他们一起办学，一起研讨，相互设问答疑，常至深夜。直至后来——王阳明的晚年，席书始终不渝地支持着阳明先生……

在大明王朝的西南边陲，一簇圣火熊熊地燃烧起来。

借助贵阳书院平台，王阳明一展自己的心学成果。

他如鱼得水，如马平川，如鸟飞天。

所有的苦难都化成了人生快乐。

消息传到京城，人们睁大了惊疑的双眼，王阳明还活着？他在做什么？讲学。讲什么学？"心即理"，"知行合一"。什么叫"知行合一"？朱圣人不是说"先知后行"吗？他敢与朱熹分庭抗礼？这不是立异好名吗？

对不起，王阳明不理会这一套。

席书也不理这一套，只要"进贤于国"，他不怕"怨谤集于其身"。

天高皇帝远，贵州离京城实在太远了，谁又关心这些虚无的学说？而且，宫廷内的权力斗争更加激烈更加昏暗了，你们先管住自己的身家性命吧。

王阳明醉心在自己的"知行合一"里，挺快乐。

何谓知行合一？

自古以来，"知行观"是一个重要的哲学命题。自先秦以来，各种主张，层出不穷。有"不行而知"，有"先知后行"，还有后来的"知行兼举""知难行易"等等；而王阳明则鲜明提出"知行合一"，可谓是天地新开！他从心的本体论出发，赋予其新的思想内涵。

他解释说：知是行的主意，行是知的功夫。知是行之始，行是知之成。知行合一，自求本体，无支离决裂之病。这是在"心即理"的基础上，心学的新发展。

王阳明又说——

"夫人必有欲食之心，然后知食。欲食之心，即是意，即是行之始矣。……知行之为合一并进，亦自断无可疑矣。"（《传习录中》）

"知之真切笃实处是行，行之明觉精察处即是知。知行工夫，本不可离。真知即所以为行，不行不足谓之知。"（《传习录中》）

"行之明觉精察处便是知，知之真切笃实处便是行。若行不能精察明觉，便是冥行。知而不能真切笃实，便是妄想。……原来只是一个工夫。"（《答友人问》）

"知犹水也，人心之无不知，犹水之无不就下也。决而行之，无有不就下者。决而行之者，致知之谓也。此吾所谓知行合一者也。"（《书朱守谐卷》）

由此可见，知行原是一体，一个功夫。知所以为行者之首，行所以成知之真。知是心，行是理，知行之为一，正如心理之为一，是一个贯通的道理。倘若知行各自分开，便成了"冥行""妄想"。

……

王阳明仿佛游走于思想的自由空间里，一任自己发幽探微……

王阳明心里也很清楚，他的自由空间，是与席书的真诚支撑有关的。

嘉靖六年（1527）丁亥，席书去世。

王阳明"闻公之讣，不能奔哭；千里设位，一恸割心"。写下一篇感天动地的《祭元山席尚书文》，对这位"豪杰之士，社稷之臣"，由衷赞颂："世方沉溺于功利辞章，而公独超然远览，知求绝学于千载之上"；"世方党同伐异，狗俗苟容，而公独卓然定见，惟是之从，盖有举世非之而不顾"；"世方植私好利，而公独世道是忧，义之所存，百折而不回";"世方娼忌馋险，排胜己以嫉高明，而公独诚心乐善"。此大臣之盛德也。

真可谓有情有义如阳明，有情有义如元山也。

就在王阳明奔走于贵阳和龙场之间，醉心于自己的心学讲授之际，吏部一纸文书飞来：擢王守仁为江西吉安府庐陵县知县。

王阳明百感交集。祸也？福也？命也？运也？龙场，这块偏僻落后、人烟稀绝的瘴疠之地，我应该深深地感谢你！你给予我的苦难和平静，寂寞和超脱，清贫和富有，生死之悟和天道智慧，我将珍藏于心，永志不忘！

别了，龙场！别了，那个温暖而潮湿的山洞，那些晦涩而亲切的苗语，还有山呑里的黎明与炊烟！

第八章

志存经国未全灰

一、治理庐陵

正德五年（1510）三月十八日，王阳明到庐陵。正是百花灿烂、万木葱茏的春天。

任命书是在去年年底接到的。残雪未消，新年临近，一番收拾，他告别了学子和苗家乡亲，忽然生出恋恋难舍之情结。他就这样离开这块土地吗？此生还能再来龙场吗？

从贵州龙场出发，经湖南到江西庐陵，要走好多路。那时候，交通不便，主要靠船只。所幸长江水系如网，乌江、沅江、洞庭、湘江直至赣江，一路山山水水，行行止止，每至一地，迎送的学子故交也多。王阳明喜欢山水名胜，有景必游，所以花了不少时间。

除夕之夜，他在舟中吟道：

> 远客天涯又岁除，孤航随处亦吾庐。
> 也知世上风波满，还恋山中木石居。

事业无心从齿发，亲交多难绝音书。

江湖未就新春计，夜半樵歌忽起予。

（《舟中除夕》之二）

可见他对龙场还是深有感情的。而且，做惯了散淡之人，又去从政，好像也没有太多的思想准备。但是，他毕竟是入世的，并不完全消极。另一首诗他是这样写的：

万死投荒不拟回，生还且复荷栽培。

逢时已负三年学，治剧兼非百里才。

身可益民宁论屈，志存经国未全灰。

正愁不是中流砥，千尺狂澜岂易摧。

（《游瑞华》之二）

是的，志未全灰。只要有益黎民，个人委屈又有什么？现在，朝廷把一个小小的江西庐陵县交给他治理了。

这是一个矛盾复杂、疑难棘手、难以治理的小县。

一进衙门，公务杂事如山般压来。

监狱里早已人满为患，积压的案子堆积盈筐，诉讼状纸依然如雪片飞来。讼诉人一听来了新县令，一个个都吵着要见，衙前日日喧声如潮……

苛捐杂税多如牛毛，上面催讨钱粮，下面穷困交迫，常有某乡某村民众成百上千拥入县衙，呼号动地……

庐陵县位于江西南部，为吉安府治所在地。犹如一只巨大的炸药包，端到了王阳明的面前，要他排险除危……

王阳明不能不一一应对。

王阳明不乏治政之才。不要说小小一个县令，即便更重要的职务、更重大的担子压在他的身上，他也会高屋建瓴，运筹帷幄，如烹小菜，治理得井井有条，不失政治家的才能和风度。他的可贵之处在于，他并不热衷于仕途，他自有他学术上的理想和追求。他的理想超越政治，因此他不媚上，不求荣，不在乎自己官位的升迁。有了功劳，他不要封赏和表彰；升了官职，想的是原职退休。如此而已。但是，他又不同于严子陵、陶渊明，他不消极遁世，一旦朝廷把某个担子交给了他，他会义不容辞，认真司职，敢于担当，不惜赴汤蹈火。这是被他后来的人生经历证实了的。这就不简单，备受人们的崇敬。他是真正实践了自己的信条"致良知""知行合一"的典范。他站在一个历史的高度，真正做到了北宋哲学家张载提出的至理名言——为天地立心，为生民立命，为往圣继绝学，为万世开太平。

当然，现在这样评价他还太早。他还有很多事情要做。眼前要做好的就是这个棘手的庐陵知县。

夜深了，王阳明辗转反侧，不能入睡。"雪散小岩碧，松梢挂月新。"慢慢地，他理清了，要解决庐陵问题，必须追本溯源，从根本入手。

根本是开导人心，凝聚人心。

他找来了衙役里正，开始调查体察几个大的案件及各乡贫富奸良之现状。

几天工夫，他先把波及全县迫在眉睫的葛布之案查个一清二楚。

所谓葛布之案，是这样的：正德二年（1507），朝廷闻说江西盛产葛布，为特色品牌，便下诏采办。而庐陵并不产葛布，迫于上峰威严，原任庐陵官吏只好用银钱去他县购买，以应催缴。而银两又无出处，只好向百姓征收，民怨顿起。百姓受了苦，官吏自己也垫赔了钱，才得平息。谁知今年又要催督买办，数量翻增。原来征收的葛布加上杉料、楠木、木炭、牲口等项，已达银钱三千四百九十八两，今年增至一万余两，几乎三倍。更有公差往来，骚扰盘剥，百姓愈加惊悚，众口哓哓，而今旱灾相仍，疾疫大作，比巷连村，能不群情怨忿？

王阳明恻然心动，怨不得百姓啊。他立即提笔秉书《庐陵县为乞蠲免以苏民困事》，递送吉安府和江西布政使司，要求将此项征办，悉数免去。"公移"写得言辞恳切，有理有据，陈说利害，晓以后果。只求上司"垂怜小民之穷苦，俯念时势之难为。若有罪错，止坐本职一人，即行罢归田里，以为不职之戒"。

这一招果然灵验，上司不作批复，也不催缴，居然默认了。他们大概对王阳明有所了解，其刚正不阿、执着于事是出了名的。

王阳明在庐陵的名声倏然大震！百姓奔走相告，喜不自禁。

且慢，本县还有事要做，还有话要说呢。

庐陵素以"善讼、健讼"出名，打官司似乎成了他们的生活乐趣。芝麻绿豆般的小事，诸如某某偷了我三块砖头，某某欠了他两个鸡蛋，都会找到县府来。递不完的状纸，打不完的官司，难道这些都是你们的优良民风？你们不以为耻，反以为荣？从今往后，本县与你们相约，除了不得已的大事，不得动则诉讼。一定要诉的，状书不得扯东扯西，不得超过六十字！违者有罚。

今年逢上灾疫大行，又是旱，又是病，本县体恤你们之艰难。越是危艰，越要守望相助，互为关爱。岂能为了鸡毛蒜皮，寻衅生事，雪上加霜？里正三老，为开国时之旧制，应为德高望重，乡民选你们任此名衔，理应切实负起责任，劝化民风，息事宁人，止讼兴让，岂能袖手旁观？

春耕已临，农事紧催，务望民众，不失时节，我们共渡难关。

王阳明办事果敢，恩威并加，《告谕庐陵父老子弟》的告示，一连数张贴于街市，顿时人心触动，风气大变。

然后，他又着手解决几个具体问题：

推行"十家牌法"，十家为甲，村自为保，防盗安宁。

开辟火巷，防止火灾。已发生火灾多起，伤民甚重。东西南北相邻人家，各自让出尺寸，作了具体规定。

落实水次兑运，不准无理拖延。

驻吉安之军，亦吾之民，应一视同仁，为之破解难题……

半年时间，王阳明把庐陵治理得井井有条，风平浪静。他的身体并不好，肺疾时止时发，全靠药石支撑着。故湛若水后来称之为"卧治六月，而百务俱理"。

当然，王阳明还是不能忘记讲学。

民风改善了，政事太平了，学子们又来了，他的讲学又乐滋滋地开始了……

二、刘瑾伏诛

这一年，又是京城翻天覆地的一年。

四月，宁夏安化王朱寘鐇挑起了叛乱之旗。

明朝真是一个藩王雄立、野心勃发的朝代。这都是朱元璋播下的种子。为了他的子孙世世代代都能享受荣华富贵，他在加强皇权的同时，又实行封藩制，把他二十四个儿子和一个从孙分封在全国各地，让他们"夹辅王室"，并且可以嫡亲相传。这就为大明江山的动荡埋下了火药包。都是朱家王朝的后裔，凭什么我就不能登上皇座？那就要看谁的本事大了。可以说，一部明史，藩王抢夺皇位的战事，与削藩禁藩的折腾，连绵不断。燕王朱棣成功了，他从侄子朱允炆手上抢得了帝位，但这种幸运毕竟是凤毛麟角；而多数谋反者只落得了身败名裂的下场。

现在安化王朱寘鐇亦跃跃欲试。

朱厚照贪玩，但帝座还是要的。他派右都御史杨一清总制军务，率兵征讨；又派太监张永为监事，一道前往。

这个决定，专横跋扈的刘瑾自然是知道的。但是，他没有想得那么多，无非是镇压叛乱。他没有想到的是，这一组合是他的末日即将来临的预兆。

他的凶狠残暴，他的把持朝政，他的为非作歹，早已到了朝野共愤、天怒人怨的地步。人们敢怒而不敢言，都在等待着某一天的到来呢。

但此刻，他把朱厚照哄得团团转。

朱厚照耽于玩乐，懒于治事，那好，朝内大事他刘瑾一个人说了算，他的决定就是皇帝的决定，皇上第一他第二。他是"站着的皇帝"，大臣们给皇帝行大礼时，他站在皇帝的身旁，等于给他也行了大礼，而且还要特地向他致意。

朱厚照喜欢骑射，喜欢女人，那好，他就每天进鹰犬、进歌舞。后宫佳丽如云，武宗还嫌不够，在刘瑾的策划之下，他为武宗建了一个"豹房"。

所谓"豹房"，即在西华门附近建造的一座行宫。有美女，有乐工，也有豹子，都是用来玩的。若是武宗兴起，可以放出一只豹子来，然后挽弓持箭与之斯杀。极过威武神勇之瘾。

然而，豹房里的女人也玩腻了，那就到民间去，到妓院去。或者，让人送到豹房来，一是要年轻，二是要已婚的，已婚的女子更谙风情。怎么刺激怎么新鲜就怎么玩。

武宗为什么喜怒无常，行为怪诞？为什么无后？都与他的性无能有关。性无能导致他的性格变态。别看他花天酒地，玩女人玩得翻云覆雨，花样百出，实在是一个银样镴枪头，可怜的低能儿。据明人王文禄《庭闻述略》记载，正德"初年尝宿豹房，刘瑾等以蚺蛇油萎其阳"。年轻轻的他，由于纵欲过度，早就把那个玩意儿弄坏了。因此，他需要妓女，需要寡妇，需要她们的技巧和经验，因此也就离开不了刘瑾，刘瑾可以满足他。

武宗荒淫奢靡的生活，加剧了财政支出，引起了社会政治动乱。卖官鬻爵、罚米法之类的花招，都不能缓解朝廷出现的种种窘境。许多地方爆发了农民起义，如四川、河北等地，危及社稷稳定。"八虎"内部，也由于争权夺利，发生了明的暗的冲突。刘瑾与张永的矛盾加深，就是一例。

安化王朱寘鐇其实不堪一击。杨一清率领的大军还未到宁夏安化，就被他以前的部下、如今的游击将军仇钺擒获，给杨一清和张永留下了一个密议合力、剪除宦奸的机会。

但是，这个密议还是有危险的，谁能看得清对方的内心深处呢？

张永虽然为"八虎"之一，性格暴戾，手段狠辣，但良知尚未全泯，他早就看不惯刘瑾的横行霸道，胡作非为，偶尔也会说几句公道话。然而刘瑾根本不把他放在眼里，有的是狂妄和蔑视。这让张永生出恨心：看你能狂到几时？

杨一清（1454—1530）原是总制三边都御史，为人刚正，名声颇好，当年"倒刘"的文武百官中，也有他的一份。后果可想而知，他被刘瑾逮捕入锦衣卫狱，经过李东阳的竭力营救，才得出狱。命是保住了，官帽自然也丢了。他去了镇江老家隐居。

安化王叛反，经李东阳推荐，武宗决定立即重新起用杨一清。军情火急，刘瑾连反对也来不及，大军便出发了。

现在，两位刘瑾的对手，远离京城千里之外，坐在一起。

杨一清对张永其实并无好感，当然，也没有如对刘瑾那样的深仇大恨。争取张永，是他的唯一选择。张永也是皇上身边的人。

"叛乱已经平息，也是容易平息的事，而内患如何办呢？"他这样与张永开始谈心。

张永说：内患是谁？

杨一清心里想着，你这个老狐狸，难道还用我说？一边蘸了些酒水在手心写了一个字，展开给张永看："瑾"。

张永笑了："杨先生，这可是皇上身边的大红人，党羽遍布朝野，耳目众多，谈何容易？"

杨一清说："公公也极得皇上信任。除此奸贼，非公公莫属也。如今功成奏捷，班师回京，皇上必向你问军情事，何不趁机揭发刘瑾之罪，陈海内之怨怒，以收天下之心？皇上必听之。公公因此永载史册也。"

张永说："皇上如果不听，如何办？"

杨一清说："必须以死谏之。可顿首伏地而泣，以明剖心不妄之谏。"

说罢，从衣袖里取出文书一纸："刘瑾的十七条罪状，全在上面了，我等出面上诉！"

张永愣住了。杨一清全是有备而来的呀。怎么办？接还是不接？瞬间的沉吟。他的眼前浮现出刘瑾那副骄横的嘴脸，不禁一股正气油然而生："嗟乎！老奴何惜余年不报主哉！"

一场弹劾诛伏刘瑾的决策就这样在宁夏敲定。

一切依计而行。绝密。速战速决。再也不能发生如上次那样的惨剧了。老虎打不死，咬起人来将是疯狂百倍的。

武宗惊呆了。十七条罪状，条条有证有据。他不能不作出决定，先将刘瑾囚禁起来，再往刘之住处查抄。这一回，刘瑾失算了，他正在忙一个什么宴会。等到他清醒过来，已被打入大牢。

查抄出来的东西令人吃惊，武宗也身临其境。

玉玺一颗，穿宫牌五百面，衣甲、弓弩、衮衣、玉带等禁物无数；还有刘瑾常拿在手中以充斯文的那把扇子里竟装有机关，暗藏锋利的匕首一把。当然，还有无数金银珠宝。莫看太监清心寡欲，实则欲壑如海呀。

这一回武宗无话可说了，贪赃枉法，私藏兵器，试图谋反，激起兵变，条条都是死罪。武宗立即命令将刘瑾凌迟处死。

刘瑾被凌迟的场面，可谓轰动京城。凌迟是一种极为惨烈的刑法。据张文麟《端岩公年谱》记载，按大明律，凌迟刀数为三千三百五十七刀，头一日先剐三百五十七刀，剐出的肉片只有指甲般大小，需连剐三日。若罪犯提前而死，刽子手要反坐。可见此刑法之残酷。刘瑾伏刑时，引来了人山人海观看。被刘瑾杀害的那些人家，多以一钱买下从他身上切下的一小片肉，或祭祀被冤死者，或生吞活咽，以泄一愤。刘瑾当然罪大恶极，罪该万死，但以此千刀万剐方式正刑，也可见封建刑法之惨无人道，触目惊心。

杨一清当之无愧被委以重任，先是户部尚书，不久接任吏部尚书。焦芳等刘瑾死党也被一一查办。

朝廷的乌烟瘴气，一时廓清了几许。

此刻，李东阳大大舒了一口气。扬眉吐气。可怜这位不失正直的三朝元老，是如何的委屈，如何的窝囊，如何的忍气吞声啊。他是两头受气，两头挨骂。他只能用一种婉转缓和的方式，与刘瑾周旋，保护了一些忠耿之士。

现在，他也可以心安理得地申请致仕（退休）了。

而此时此刻——朝廷里一场殊死激战硝烟散去的时刻，王阳明正在庐陵开导人心，如鱼得水。

他接到诏命，赴京朝觐。

朝觐是一种例行制度。县、府、州的官员必须三年一次进京述职，朝见皇帝。而且是统一行动。

其中，会不会是因为王阳明原先受了刘瑾的迫害，如今又要重新起用？不得而知。正如王阳明去年年终被任命庐陵知县一样，是否在刘瑾尚未倒台的情况下有人帮了他一把？也不得而知。

有人说，是杨一清帮的忙。他们原先的关系就好。可那时候，杨一清被贬在镇江还未起用，安化王叛乱还未发生呢。杨升吏部尚书也是后来的事。

总之，种瓜得瓜，种豆得豆。王阳明的四十大板大概也不是白打的，忠直之士都记着。果然不久——当年十二月，王阳明升任南京刑部四川清吏司主事。

转了一大圈，官复原职了。

又不久，正德六年（1511）十月，升吏部文选司员外郎。

又不久，升吏部验封清吏司郎中。

主事—员外郎—郎中（即现今处长—副厅—厅长），连升三级。时间跨度也就是一年多一点。

一切都变得顺风顺水。日子相对安定。此刻，王阳明可以在官场施展一番身手了吧？

没有。他心中只装了四个字：讲学传道。

一幅崭新的惬心如意的生活图景将在他的眼前展开。

第九章

江北江南情

一、大兴隆寺之风

十一月的北京，下了一场大雪。房屋、道路、树木银白一片，北海、什刹海结起了厚厚的冰。天气很冷很冷，行人蜷着身子，缩头缩脑。

此时，有一个地方却热气腾腾。这个地方叫大兴隆寺。

大兴隆寺建于明英宗时期，原是为皇家祈福所建。由于工程浩大，支出繁重，弄得劳民伤财，民怨四起。寺院还没竣工，就发生了"土木之变"，英宗被蒙古瓦剌部所俘。祈福成了引灾。

但是，老百姓还是非常喜欢这个地方。进京赶考的举子，南来北往的商家，讲学布道的志士，都会来到这里驻脚，因此，十分热闹。

现在，王阳明也来到这里。

来到这里的一个原因是他的好友湛若水就住在附近，交往十分方便。

四年了，离开京城整整四年了，王阳明又来到京城。眺望着覆盖在白雪中的市井宫阙，王阳明感慨万千。宦海浮沉荣辱，早已过眼云烟。最让他神驰心往的是他的那些好友同志，是曾经有过的谈学论道的热烈气氛。现在，王阳明一回来，大兴隆寺忽然又热闹起来了。

朋友们都来看望他，这四年，流言不断，传闻时起，阳明先生别来无恙乎？

王阳明哈哈大笑，四年的磨炼，他已脱去凡近，游于高明了。他给一位友人的信中说道："诚得良友相聚会，共进此道，人间更复有何乐？区区在外荣辱得丧，又何足挂之齿牙间哉？"

浑厚而透亮的笑声在居所的四壁清脆地撞击着。

当然，最知心最理解他的莫过于湛若水了。

两人又促膝谈心，又把盏对饮，何其乐也，常常通宵达旦。

于是，大兴隆寺便成了他们两人的讲学之地。圣人之学忽然又在京城热了起来。

一日，好友储瓘带来一位朋友，此人名叫黄绾。

黄绾（1477—1551），字宗贤，号久庵，浙江黄岩人。时任后军都事。在京城而言，也算得是王阳明的浙江老乡了。

黄绾亦素有志于圣学，求之朱陆，常日事静坐，听储瓘介绍说："我给你引见一个人吧，王阳明。他到京城了。此公品行端正，造诣深厚，不溺辞章之学，专致于圣门。你若与他相识相交，定然会获益匪浅。不知你意下如何？"

黄绾一听十分乐意。他曾听说过王阳明，但没有交往，亦不知其学，听储瓘一说，便立即让储瓘带他前去拜访。

大兴隆寺。王阳明听着这个比他年轻五岁的新朋友叙说着自己的志向与苦恼，他有点心动。他为黄绾的立志求学和少年气盛而触动。这个黄绾，在王阳明的人生舞台上，不能不说是个重要的角色。他与王阳明的交情，以及他后来在政治舞台上的表现，他的是非曲直，绝非一般，不是三言两语可以说清的，还是留在后面去说吧。

王阳明惊喜相问：圣学久绝，门庭荒疏，你为何有志于此？

黄绾不好意思地说：我虽然有志，实在尚未用功。

王阳明说：人唯患无志，不患无功。只要有志向，何愁不成功？

一番话说得黄绾心里热乎乎的。他立即表示，他亦有志于此道，愿多听学，共同切磋。

王阳明大喜，欣然相问：你认得湛若水先生吗？我的同道好友。学问极高。如不相识，我乐于引见。

翌日，王阳明、湛若水、黄绾三人相会于公馆，顷刻之间，遂成默契，于是共盟而拜，结为好友。

于是，他们日日相聚。

现在，轮到黄绾着急了：先生官授南都刑部主事，岂能终日留在京城，如何是好？

湛若水笑了：你不用着急，我已拜托乔宇大人说与杨一清大人，挽留阳明兄于京城。倘能如愿，岂非可日日相见？

乔宇（1457—1524），字希大，号白岩山人，山西乐平人，时任户部侍郎。

其实，乔宇也是王阳明的好友，当年谪居龙场，王阳明与京中好友书信诗词往来不绝，其中就有乔宇（白岩）和储瓘（柴墟）。《忆昔答乔白岩因寄柴墟三首》中有一首云：

> 柴墟吾所爱，春阳溢鬓眉。
> 白岩吾所爱，慎默长如愚。
> 二君廊庙器，予亦山泉姿。
> 度量较齿德，长者皆吾师。
> 置我五人末，庶亦忘崇卑。
> 迢迢万里别，心事两不疑。
> 北风送南雁，慰我长相思。

一个"春阳溢鬓眉"，满脸阳光和煦；一个"慎默长如愚"，为人厚实澄默。两人丰然之器宇，王阳明是不会忘记的。而且，乔宇也精于学问，曾经互为切磋，十分契合，有一番"贵在专，贵在精，贵在正"的论学。王阳明精到而高深的议论，让乔宇十分钦佩受益。

吏部尚书杨一清接受了乔宇的推荐。一纸吏部公文又下来了，改任王阳明为吏部验封司主事。其时，王还未去南京赴任呢。

那真是喜事呀。湛若水、黄绾、乔宇、储瓘，还有崔子钟、汪抑之等等，一批同道好友为之欢跃。当然高兴的还有王阳明本人。醉翁之意不在酒，在乎山水之间也；阳明之意不在仕，在乎同道圣学也。于是，他索性搬至长安灰厂旁与湛若水右邻居之。

这样一来，几位朋友几乎天天可以相见。饮食起居，日必共之；切磋探讨，各相砥砺。

大兴隆寺，人来马往，高朋满座，热气腾腾。来听学的，来研讨的，来争论的，都有。要比国子监热闹多啦。

一股儒学之风就这样在京城里吹荡起来，犹如八月大潮，汹涌呼啸，成了京都的一番崭新气象。

讲学的就是王阳明和湛若水。

最热心的是黄绾，他已被王阳明的人格和学问所感染。但是，正式拜师却在嘉靖元年（1522）的春天，是执礼而拜的。那是十余年后的事了。

一日，黄绾说："他日，在我的家乡附近——天台和雁荡，应当为二公立两草亭。一为阳明先生，一为元明先生。然后再合而为一，大道归一也。"

吏部有个同僚，叫方献夫（1485—1514），字叔贤，时为吏部郎中，他年龄比王阳明轻，地位却在王阳明之上。听说大兴隆寺讲学如此热烈，便屈尊前来听讲，一听，被征服了，叹道："圣道晦，已有数百年矣，今席一听，双目顿亮。"遂以师礼拜阳明。是年冬天，他引疾乞休，王阳明为之送别，写了四首诗。其中一首云："西樵山色远依依，东指江门石路微。料得楚云台上客，久悬秋月待君归。"（《别方叔贤四首》

之一）可见两人情谊之深。别后又书信往来，继续向王请教。王阳明复信于他，赞其学识"洒然如热者之濯清风，何子之见超卓而速也。真可谓一日千里矣"。

郑一初（1476—1513），字朝朔，号紫坡，官居御史。他长期身体不好，卧病在床，听说大兴隆寺在讲阳明之学，欣然前往，听得如痴似醉，连病也好了几分。后来，他不愿与阉党同流合污，辞官归梓，自筑书屋，潜心治学。自撰一联书之："万卷讲皇王帝霸，格天事业属儒生；四时咏雪月风花，乐地情怀归隐士。"其风骨，颇受王学影响。

有个学生叫王纯甫，甚得王阳明的赏识。在大兴隆寺听了几回课，学业大进，不久去南京上任。与王阳明书信往来，十分密切。但他很苦闷：回家去拜见父亲，常常为一些小事而争吵不断；此番去了南都，又与上下关系不洽。他该如何办？与治学又有什么关联？

王阳明告诉他：不动心而忍性，才能成全。比如冶炼金子，经受烈焰和锻打，才能成为纯粹的金子。而锤炼却是最苦的。我过去也有轻忽世故之狂傲之心，有时虽有收敛，仍是表面的。乃至谪居龙场，百难备尝，亲身体历，才相信孟子说的"生于忧患"之言。无论富贵，无论贫贱，无论患难，都可以锤炼我的心志。

王纯甫听了大受启发，益发用功。然而，他又疑惑起来了，他对王阳明的观点并不完全接受，遂又来信相问：是的，学问以明善诚身，但不知何者谓善？善又从何处得来？今在何处？要明白它，如何用功？从何处进入？它与"诚身"有先后之序否？诚又是诚个什么？

这一连串问号，不仅是他自身的迷惑，也是对王阳明开始发端的心学提出质疑。而且用词遣句，颇多自以为是。

王阳明本来不想回他，怕说不清楚，于他无益，但还是耐心回复了他：夫在物为理，处物为义，在性为善，实皆吾之心也。心外无物，心外无事，心外无理，心外无义，心外无善。……只有从内心体悟，从内心做起，从内心去认识，才能成功。

讨论越来越深入细致，王阳明也越来越体悟到：差之毫厘，失之千里。这是他后来在论学中，经常说到的一句话，无论是对学子，对湛若水，还是对孔、孟、朱、陆。

有两个学生吵了起来，吵到了阳明先生的面前。

一个叫王舆庵，一个叫徐成之。为何争执？

王舆庵认为陆九渊是对的，徐成之则赞同朱熹的学说。也就是说，尊朱？还是尊陆？各说各的理，各诉各的由，谁也不服谁。先生，你说呢？

这是一个十分敏感的话题，也是一个绕不开的话题。

自从龙场悟道以来，不，可以说自从"格竹"以来，他对朱熹学说已经产生了怀疑。他正在形成自己的心学理论：心即理—知行合一—致良知。然而，在京城，在皇权统治的核心，他的一言一行都是敏感的。自明初以来，朱熹的学说，就是王朝的理论依据。他若要否定朱熹，是不是存在着一种风险？

王阳明作出了回答。他是这样回答的：当然是朱熹，而不是陆九渊。这是久已定下的结论。你要去改变它，容易吗？就是你徐成之不去辩驳，王舆庵能改变吗？

这是什么意思？徐成之对先生的这个回答并不满意。这样含糊不清，可以各解其是，先生你是不是暗助舆庵？

王阳明不禁笑了。你们怎么如此求胜？求胜则动气，动气于学问理义何益？心平气和而论，你们两人都有偏颇。依我所见，你们论朱、陆之失，皆有所失；你们论朱、陆之是，亦未全得其所以是。

于是，王阳明给徐成之写了两封长长的信，先分析朱、陆的核心观点，一为"道问学"，一为"尊德性"，而两者之间虽各源自孔孟，却互有得失，也互为渗透。完全没有必要非此即彼，非彼即此。树立一个、否定一个失之于偏。

最后的结论是：

朱、陆两人理论主张虽有不同，皆不失为圣人！今天，朱熹学说，天下之人，哪个不知，谁人不晓？从孩童开始就读朱熹了，早已风行天下深入人心；而陆九渊的书人们读了多少？只因为他的观点与朱熹有异，遭到冷落，犹如美玉蒙尘。今天，我们为蒙受冤屈者洗清诬词，大白天下，岂非好事？朱熹倘若九泉之下有知，亦为心安理得也！

此言一出，京城大哗！

原来，王阳明终究是——尊陆非朱！

可是，谁能知道，这是王阳明多少年来反复思考、反复体悟、反复论证而得出的答案！

首先不能容忍的是一批朱熹的信奉者、研究者、徒子徒孙们，这不是翻天了吗？

其次是六部九卿的一些官员们，你触犯的是大明王朝赖以生存的理论根基。必须警惕啊！

最后还有几位至交好友，如汪抑之、崔子钟、储瓘这样的曾经在他患难时给予同情和支持的人。他们真是痛心疾首！

王阳明又面临一场严峻的考验。学术主张、理论主张，是需要勇气的，有时候它比生死抉择更艰难！

然而，众多学子拥护了王阳明。这无异于僵死而腐朽的潭水中投下一块巨石，沉寂而黑暗的夜空中划开了一道闪电。这是多么新鲜而充满活力的学术空气！众学子仍然趋之若鹜。

朝廷开始动作了，必须要把这些集结的异端邪说者分离。

首先，乔宇离京，在南京任礼部尚书。这是王阳明的一个背景。

接着，志同道合的挚友湛若水出使安南。

再接着，黄绾被人参劾，告病归浙。

最后是王阳明，他也要离京而去了……

大兴隆寺，曾经的风云际会、激扬文字，曾经的藏龙卧虎、谈笑风生，而今又归于沉寂，归于平淡。但是，在儒学发展的历史长河里，它曾经扬起的一簇簇浪花，依然拍打在后人的心坎上……

二、送别甘泉

正德六年（1511）九月，朝廷一纸任命下来了：湛若水出使安南。

安南即今越南。国与国之间的交往差使落在了湛若水的身上，似乎是一种信任和荣光。然而，安南很远很远，比贵州龙场还要遥远。千山万水，云程水驿，不知要受多少苦。这究竟是委以重任还是一种轻薄疏离？天晓得。

湛若水是正德七年（1512）二月七日正式离京的。羁留在京五个月，还要作些准备；当然，也有些拖拖拉拉，若水的心中百味俱陈。

那些日子，王阳明的心中充满忧伤。

天气越来越冷了，朔风吹得街巷尘土飞扬。王阳明一次又一次地去看望湛若水。昏灯残酒，两人默默无言。

两人相处了一年又三个月，人生难得的时光。还有比知己相聚更快乐的事吗？退朝之后，饮食与共，切磋讨论，为的是心性之学。友谊与日俱增，学术不断深入。现在，若水要离开了，能不忧伤吗？

圣学难明而易惑，人生别易而会难！王阳明深深叹息，叹息中不无忧愁。

他写诗《别湛甘泉》相赠，序中在阐述二千余年以来圣学演化日渐凋落支离的现状下，又满怀深情写了自己与湛若水的真挚交往：

> 某幼不问学，陷溺于邪僻者二十年，而始究心于老、释。赖天之灵，因有所觉，始乃沿周、程之说求之，而若有所得焉。顾一二同志之外，莫予冀也，岌岌乎仆而后兴。晚得友于甘泉湛子，而后吾之志益坚，毅然若不可遏，则予之资于甘泉多矣。甘泉之学，务求自得者也。世未之能知其知者，且疑其为禅。诚禅也，吾犹未而见，而况其所志卓尔若此。

则如甘泉者，非圣人之徒欤？多言又乌足病也！夫多言不足以病甘泉，与甘泉之不为多言病也，吾信之。吾与甘泉友，意之所在，不言而会；论之所及，不约而同；期于斯道，毙而后已者。今日之别，吾容无言。夫唯圣人之学难明而易惑，习俗之降愈下而益不可回，任重道远，虽已无俟于言，顾复于吾心，若有不容已也。则甘泉亦岂以予言为缀乎？

（《别湛甘泉序》）

在那些言简意赅的文字中，我们可以听到王阳明发自肺腑的心声。由于结识湛若水，他坚定了自己归向周、程圣人之学的决心；他与湛若水为相知挚友，"意之所在，不言而会；论之所及，不约而同"，共同为圣学献身，死而后已。

湛若水深深为之感动。

过了正月，分手的时候到了。王阳明长亭送别，想起自己被贬龙场时，湛若水也来送行，顿时"我心忧以伤"，"四围山色中，一鞭残照里"。《别湛甘泉二首》其一曰：

行子朝欲发，驱车不得留。
驱车下长阪，顾见城东楼。
远别情已惨，况此艰难秋。
分手决河梁，涕下不可收。
车行望渐杳，飞埃越层邱。
迟回歧路侧，孰知我心忧？

望着车马在尘埃中远远而去，王阳明满脸涕沱。此刻，留在京城的他，感到自己是何等的孤独啊……尽管他隐隐地有一种感觉，他与湛若水在学术上会有歧义，然而那只是学术呀，并不影响他们的友情……

三、与徐爱论学

不久，王阳明也走了。

二月，湛若水离京，三月，王阳明被升为清吏司郎中。同年十二月，王阳明升为南京太仆寺少卿。

官位越升越高，已是正四品了；职权却越来越虚。太仆寺少卿是做什么的？其主要职能是管马。离南京不远的滁州，山清水秀，牧草丰润，朝廷在那里辟了一个马场，养了一大批的马，归太仆寺管理。少卿是个副职，偶尔去看看养马的情况，也就尽职了。一个闲职而已。

其实很好，王阳明不在乎，还有点高兴。政务轻松。他立即打点行装，起程南下，顺道还可以到绍兴省亲，过一个与亲人团聚的春节。当然，这是经过朝廷批准的。

同行的是徐爱。

徐爱（1487—1517），字曰仁，号横山，浙江余姚人。王阳明的第一位弟子，王阳明的主要著作之一《传习录》就是他和几位朋友一起记录整理、编校刻印的。

在王阳明的一生中，有许多真挚的朋友和忠耿的弟子，可以说，他们也是王阳明生命的组成部分。众星拱月，万绿映红，才有王学的灿若云霞。无疑，徐爱是重要的一员。

徐爱又是王阳明的妹婿，情同手足。在王阳明最艰难的时刻——贬谪龙场，离开杭州的时候，他拜王阳明为师，执弟子礼。因此，两人的关系更深了一层。一声互道珍重，已是万重关山。

王阳明去龙场的翌年，徐爱考中进士，赴祁州上任去了。但是他对圣学之研习，从未间断。他与王阳明书信往来，驰书求教，矢志未改。

现在，徐爱升任南京工部员外郎，几乎与王阳明升任南京太仆寺少卿是同时期的。两人相约，同程南下，便道省亲；然后，再返金陵赴任。

一路可以做伴。

航船在大运河上缓缓而行，越往南，越暖和，风也变得温润了。

既是师生又是郎舅的王阳明和徐爱，坐在船中，清茶淡酒，探讨学问，成了人生快事。

当年，王阳明在贵州讲学"知行合一"，徐爱没有在场，而此刻，正是求教的最好时机。而且，徐爱刚入此门时，有点惊骇不定，先生讲的与正统的程朱理学不一样，他总觉得无法进入，徘徊而惶惑。比如以孝悌为例。儿子敬父亲为孝，弟弟敬兄长为悌。

徐爱说："对父亲应该孝，对兄长应该悌，谁都知道，然而，许多人却不是这样做的，这知与行岂非是两回事？"

王阳明笑了，说：这是被私欲隔断了，非是本原。也就是知行没有合一。圣人在《大学》里是这样说的："如好好色，如恶恶臭。"见好色是知，好好色是行，是因为见色时已是好矣；闻恶臭是知，恶恶臭是行，是因为闻臭时已恶矣。

这话如何解释？

好好色。第一个"好"是动词，第二个"好"是形容词。"好色"是好的颜色，比如美丽的女子；"好好色"，是喜欢美丽的女子。美丽的女子一看便知道，这是知；你看见了，喜欢了，便是行。故称"好好色"。而不是见了之后，才又另生出喜爱之心。

"恶恶臭"亦是如此。闻到恶臭是认识，厌恶恶臭是践行。只要闻到恶臭的时候，就已经厌恶了，而不是闻到之后，才又生出厌恶之心。

王阳明接着说："又如称赞某人知孝，某人知悌，是因为某人已经在行孝行悌，方可称之为知孝悌。难道只是懂得说些孝悌的话，就能算之为知孝悌吗？不是的。知痛觉，一定是自己亲自疼痛过，才知道痛；知寒冷，一定是自身受冻过，才知道寒。知与行，怎么能分得开？此便是知行之本体。"

徐爱又问："那为什么古人要把知行分为二呢？"

王阳明说："此正是失却宗旨了。故我说，知是行之主意，行是知之功夫；知是行之始，行实知之成。现在有些人以为必先知然后才能行，一味先求知，待得知后方去行，故终身不行，也便是终身不知。哪里能这样呢？所以我要说知行合一，这才是学术之本体，无支离决裂之病。"

徐爱恍然大悟。先生说得既深邃，又浅显，原来是这个理！

知与行，一个困扰历史多年的学术命题，王阳明用最简单最精练的语言为之概括了：知行合一！一直传至后世，并深刻地影响了一代又一代的伟人和哲人。

然后，他们又论《大学》。

《大学》列为四书五经之首，为儒学之经典。朱熹曾对《大学》作了详尽的注释，一直被视为金科玉律，他归结了"格物是诚意功夫，明善是诚身功夫，穷理是尽性功夫，道问学是尊德性功夫，博礼是约礼功夫，惟精是惟一功夫"。诸如此类，王阳明以为落落难合，并不准确。

王阳明说，差之毫厘，失之千里。精是一的功夫，博是约的功夫。既然明白了知行合一的学说，那么，一句话就可以把这个道理说明的。"尽心知性知天"是"先知安行"者的事，"存心养天性"是"学知利行"者的事。

王阳明用了许多浅显的例子来印证。王阳明的授学总善于比喻，善于以生活中的事例来说明。举一反三，由浅入深，通俗易懂，然而又导向深奥。

徐爱听得如醍醐灌顶，如醒如狂了数日，胸中混沌顿开。醒者，清晰明白，领会了要义；狂者，开怀大乐，不禁手舞足蹈了。

徐爱好快乐呀，什么圣贤难求？圣贤就在身边！阳明先生不就是圣贤吗？先生天资聪颖，为人和善，不修边幅。有的人以为先生年少时豪迈不羁，好作辞赋，又喜欢研习佛、道，便以为他提出的主张只是为了标新立异，有的甚至以为是沽名钓誉。其实不然。先生居夷地三年，处困养静，惟精惟一，已经达到了圣人的境界！他的学问，看似容易，实际高深；看似粗浅，实际精微；而自己，看似已经接近先生的想法了，实际还有距离，深奥无穷！

徐爱是深有感受了。

他决定，要把先生平时教诲的那些言论，全部用文字录下来，可以教化后人，流传于世。这便是史上的名篇《传习录》。

但是，阳明先生却很谦虚，他笑笑说："圣贤教诲人犹如医生用药，都是对症下药，因病立方。要视患者之虚实、温凉、阴阳、内外而时时增减药方。若囿于一方，岂不误人哉？我今天与诸君相互探讨砥砺，若能改化，如病已愈；若以此为训，岂非误己误人？"

当然，这是阳明先生的谦语。

坐在舟中论道是快乐的。徐爱快乐，阳明也快乐，时光也就过得特别快，一点也不枯燥，不寂寞。没几天，就回到了绍兴。

在京城的时候，阳明先生与徐爱、黄绾有约，此番南下，待过了春节，拟同游天台山、雁荡山。先是亲戚朋友聚会，盛情邀留王阳明，拖了一些时日；到五月底，黄绾仍然未能到，他在家乡黄岩，离绍兴其实也不远。这样一来，阳明先生只好与徐爱等人就近去游四明山了。

从上虞入四明，观白水，寻龙溪之源；登杖锡，至奉化雪窦山，上千丈岩。满眼春色，花树繁深。望李白为之赞颂的天姥山、华顶寺，已近天台地界。只是天大旱，农田尽裂，禾稻干枯，不觉惨然不乐。遂从宁波返回余姚。游了整整一圈的四明山。

但是，很快乐。有诗为证：

山鸟欢呼欲问名，山花含笑似相迎。

风回碧树秋声早，雨过丹岩夕照明。

雪岭插天开玉帐，云溪环碧抱金城。

悬灯夜宿茅堂静，洞鹤林僧相对清。

（《杖锡道中用张宪使韵》）

到余姚，黄绾的来信已经到了。他因有紧要的事而未能来。王阳明即给他写了一封回信："此行相从诸友，亦微有得，然无大发明。其最所歉然，宗贤不同兹行耳。"

可见，王阳明对黄绾是深为看重的。黄绾未到，他深以为憾。结伴游山水，自是一种乐趣；而王阳明更在于同道相聚，以山水映照哲理，启悟大道，人生一乐也。

好的是有徐爱做伴。

四、多彩滁州

十月的滁州，犹如一幅色彩斑斓的画图。

满山的枫叶由浅黄变成橙黄、深红，点缀在青山绿水之间，倒映在碧波潭中，分外艳丽。滁州四周环山，风光佳胜，历来为文人墨客流连之地。当年欧阳修被贬为滁州知州，曾写过一篇辞采优美的《醉翁亭记》，流传千古。

如今，王阳明也来到滁州，来到这片山水风光之间。马政清闲，游兴不浅，琅玡山、酿泉水，久负盛名，不能不看。更有意思的是，王阳明一到，一批又一批的学子也都闻讯赶来，前呼后拥，络绎不断，滁州成了学术盛会的集结地。那是怎样热闹而欢乐的情景啊，数百人围龙潭而坐，不分长幼，不分尊卑，为的是向阳明先生求教，与阳明先生同乐。东晋时，有王羲之等雅聚兰亭，曲水流觞，那也就数十人而已，而龙潭雅会的场面则壮观得多了。众学子一面听阳明先生随地讲学，虔心求教，相互高谈阔论，各抒己见；一面饮酒放歌，歌声震荡山谷，群山回响。不少学子情不自禁，干脆手舞足蹈，又歌又舞，乐而忘形了……

夕阳消隐，月亮升起来了，众人仍然不肯散去。良辰美景，人生快事，复何求耶？

学子们高兴，王阳明当然也高兴。他已经四十二岁了，正是人生黄金时光。他的学术思想正在走向成熟。人间没有比志同道合者会聚一起求知论道更让人快乐的了，眼前的王阳明正处在人生最快乐的境地。

他写诗赠予诸生：

> 路绝春山久废寻，野人扶病强登临。
> 同游仙侣须乘兴，共探花源莫厌深。
> 鸣鸟游丝俱自得，闲云流水亦何心？
> 从前却恨牵文句，展转支离叹陆沉。

（《山中示诸生五首》其一）

他又在《龙潭夜坐》中写道："何处花香入夜清，石林茅屋隔溪声。……临流欲写猗兰意，江北江南无限情。"

是的，江北江南，从者如云。为的是寻求人间大道至理。

辰州有位刘易仲，求问："道可言乎？"

王阳明笑了，说："哑子吃苦瓜，与你说不得，尔要知我苦，还须你自吃。"

刘易仲初为一怔，继则省悟，说："我明白了。归去以后，我当更奋发。"

王阳明给他送了一首诗，诗中有句："至道不外得，一悟失群暗。"

道就在你的心中。你悟通了，就得到了。

弟子王嘉秀、萧子玉从遥远的湖南而来，临别时，依然不明儒学与释、道的区别，王阳明赠诗曰：

"王生兼养生，萧生颇慕禅。超超数千里，拜我滁山前。吾道既非佛，吾学亦非仙。坦然由简易，日用非深玄。始闻半疑信，既乃心豁然。譬彼土中镜，暗暗光内全。外但去昏翳，精明烛妍妍……"（《门人王嘉秀实夫萧奇子玉告归书此见别意兼寄声辰阳诸贤》）

王阳明最善打比方。人心好比镜子，镜子蒙了尘垢，怎么能照得见万物？把镜子擦亮了，妍妍美丑自然分明了……

有位学生叫孟源，问："我也静坐。只是思虑纷杂，怎么样强制自己，心也静不下来。怎么办？"

阳明说："思虑纷杂，要强禁也真是禁不得。还是要把心情放松。若思虑萌动，慢慢地克制，不要急躁。心静了，自然清明起来，纷杂之念也慢慢消失了。《大学》所谓'知止而后有定'，即此理也。"

孟源顿时心明眼亮起来。

周莹，浙江永康人，有志于圣学，千里迢迢前来拜见王阳明。

王阳明问：你是应元忠的学生？

周莹：是的。我师曾求教于先生。

王阳明：那你做什么来？

周莹：我的老师说，有心于圣贤之学，甚好，要专心致志，不要再沉溺于世俗。你若不信，可直接去找阳明先生。

王阳明：那你信吗？

周莹：我信。

王阳明：你信为何又来？

周莹：我还不知道入门的方法。

王阳明：你已经知道入门的方法了，不必再问我。

周莹一惊：我生性愚拙，真的不知方法，求阳明先生赐教于我。

王阳明：你从永康而来，多少路程？

周莹：千里之遥。

王阳明：一路可辛苦？

周莹：说真话是千辛万苦。又是舟船，又是步行，六月之夏，烈日如火，仆人也病了，粮也尽了。历尽艰苦，方到先生身边。

王阳明：这么辛苦，你为何不返回？

周莹：为了入门圣学，拜在先生门下，再苦再累，我也愿意。

王阳明：我说过，你已经得到入门方法了。你的心如铁一般坚，你的意志不可摧。这就是入门之法。回去吧，好好跟在元忠身边。学问犹如石灰之锻造。千锤百炼，烈火焚烧，得水而化之。我将备好担石之水，等待你的再来。

周莹跃然而起，心底透亮：先生，我明白了。

天南海北，多少学子慕名而来；跋山涉水，追求学问的热浪一波又一波！王阳明仿佛成了一块磁石，吸引着凝聚着众多学子的求圣之心！

滁州因此也成了一方热土。

正德九年（1514）四月，王阳明晋升为南京鸿胪寺卿。

他要回南京去了。滁州的朋友，众多的弟子，都来送行。一程又一程，不肯离去，一直送到长江之北的江浦。

你们回去吧，王阳明动情了，不由眼眶滋润。

"我们候先生渡了江再去。"学子们依然不肯离去。

王阳明当场写了一首诗：

> 滁之水，入江流，江潮日复来滁州。相思若潮水，来往何时休。空相思，亦何益？欲慰相思情，不如崇令德。掘地见泉水，随处无弗得。何必驱驰为？千里远相即……
>
> （《滁阳别诸友》）

诗写得既动情又理性。送君千里终有一别，重要的还是要做好自己的功课啊。其实，他对弟子如何不眷恋？多少子弟临行，他写了一首又一首的诗相赠；多少朋友告别，他写了一篇又一篇的短文勉励。在《王阳明全集》里，俯拾皆是。他的那支小小狼毫，倾吐了多少语重心长的心声，绽放了多少留与后人的智慧之花！

第十章 百里妖氛一战清（上）

一、受命赣南

在南京的那些岁月，王阳明讲学论道依然方兴未艾，一大批学子又聚集师门，同志相亲，日夕磨砺。本来很清闲的鸿胪寺，忽然热闹起来。这样的景象，在南都，已经很多年没有见到了。

因为有了王阳明，便有了这派学术气象。

但是王阳明的心中却多了一点戒备和思考。

此话怎说？学生多了，是好事，也并不全是好事。天南海北，兵士农商，各色人等，难免鱼目混珠，个性各异。有的诚诚恳恳，孜孜不倦，领悟的是王门的真谛；有的徘徊犹疑，思考求索，也不失求学风度；但有的浅尝辄止，学风虚浮，稍有一点领会，便流荡起来，放言高论；还有少数人流入空虚，有悖师教，则让王阳明深思而忧虑了。这学问之路，真的不是人人可以探涉的。倘若都打着王阳明的旗号，招摇撞骗，可不是一件小事。

因此，他对自己的言论，开始谨慎起来。他不能不谨慎。

比如有两个学生，一个叫王嘉秀，一个叫萧惠，一天到晚，好谈仙佛，津津乐道，唯己而是。王阳明便把他们叫到身边，说："我年幼时，求圣无门，也曾热衷释、道两学。直到后来贬在龙场，历时三载，才悟清圣学之门，原来还得从儒学入手。自悔错用工夫二十年。要说释、道两学，自然也是有东西可以吸收的，但毕竟与圣学不同，其差别有时只在毫厘之间，很不易辨。你们要精心专致，只有笃信圣学，才能分辨出其中的差异，不是肤浅理会、随意演绎可以深得其中的。"

这话说得委婉入理，却很有分量。两位学生，你们不要再误入歧道了。

就在这时，一纸新的任命书又从北京飞来。

此番任命，非同寻常，已不再是虚名闲职，而是真刀真枪了。

王阳明被升任为都察院左佥御史，巡抚南、赣、汀、漳等处。时在正德十一年（1516）九月。

南赣巡抚是做什么的？怎么会落在王阳明的头上？

先要说说农民起义。

长期以来，农民起义如一面鲜红的大旗，指引着、推动着历史的进步。但农民起义也不是万灵之药，它不能从根本上医治封建制度的创伤和痼疾。

而且，各有姿态。有的则根本不能称之为"农民起义"。

比如，有一伙人，也为生计所迫，也是无路可走，于是啸聚山林，占山为王，打家劫舍——他们不是劫富济贫，更不要说是对抗官府，他们富人穷人都要抢，好人坏人都要杀，只要能有所获得，什么人都不分，甚至，奸淫烧杀，无恶不作，横行一方，残害生灵——这样的一伙人，怎能以"农民起义"而冠之？他们是十足地道的一帮土匪。百姓苦不堪言，官府也为之无奈。时日一久，民怨四起，官府只好去征讨，但是官府哪里是他们的对手？他们神出鬼没，稍纵即逝，抢了就走，杀了就跑，弄得官府束手无策。

现在，赣南就面临着这样的局面。大小盗匪各据山头，扰民不安，气焰嚣张，并成掎角之势。

当然，罪魁祸首还是明朝的统治者。正德年间，由于皇帝荒淫无耻，宦奸专权，阶级矛盾日益尖锐，社会哪有不动乱的？

要知道，黎民百姓总要过安宁的日子呀。而几任巡抚，都是吃干饭的，兴师动众而来，垂头丧气而回。他们根本没有办法对付这帮土匪。官兵一进崇山峻岭，土匪早就跑了，地形又不熟，策略又不对。而且山头之间还互相呼应，互相支援，弄得官兵常常首尾不能相顾。拳头打跳蚤，跳蚤没打着，自己的拳头却敲出血来了。时日一久，只得草草收场。当地的匪患，依然如故，气焰日炽。

这样一来，兵部就有压力了。时任兵部尚书的王琼，焦躁之中，想到了一个人。

谁？王阳明。只有王阳明堪当此任。

王琼为什么会看中王阳明？实在不清楚，史料中没有这个记载。除了王阳明曾经在兵部做过主事这么一个小官以外，还有什么呢？少年时，好兵习武之传说？这纯是他个人的事。在工部实习时，曾写过《边务八事》？这纸上谈兵又能说明什么？给人更多印象的是，王阳明是个文弱书生，授徒讲学，传经布道。

但是，王琼信任他。王琼认准王阳明能文能武的才能。不仅认准，而且信任，完全彻底地信任。他说："阳明此行，必立事功。"

有人说：你怎么知道？王琼说：你看着好了。我有此感觉，从不怀疑。

不能不赞叹，王琼有眼光，非凡的眼光。

王琼（1459—1532），字德华，号晋溪，别署双溪老人，山西太原人。二十六岁登进士，历事成化、弘治、正德、嘉靖四朝皇帝（与王阳明同），由工部主事的六品之官，直做到户部、兵部、吏部尚书，为一品大员。特别在正德十年到十五年间（1515—1520），因执掌兵部有特殊功勋，连进三孤（少保、少傅、少师）、三辅（太子太保、太子太傅、太子太师）。王琼的一生做了三件被人称赞的大事：一是治理漕河（运河）

三年；二是任人唯贤，重用王阳明，平定宸濠叛乱；三是总制西北边防，功在边陲。

由于王阳明一生中的重大事功都与王琼有密切关系，所以不能不说王琼几句。

从某个角度说，王琼是王阳明的"伯乐"。但是，他们之间从未谋过面。虽然都姓王，五百年前也算是一家人，但他们之间毫无私交，又属不同学派，日常之间也未必有共同语言，恰恰王琼看中了王阳明的贤能正直和非凡才能，大胆擢用，留下了王阳明赣南平盗及后来平定宁王的不朽业绩，而名垂青史。

那么，王阳明是个什么态度呢？

当然，这是一个建功立业的极好机会。儒学，之所以与佛、道不同，其最根本的一条是入世的，儒者的祖师爷孔、孟，非常讲究"修、齐、治、平"，也是一种积极的人生态度、政治态度，不像佛教道教消极出世。建功立业有什么不好呢？为民除害，为民造福，都是值得历史称赞的。

然而，王阳明不能。他不能接受这个晋升的职务是因为他知道，他的身体无法支撑承受。长期以来，肺疾折磨着他，汤药不能离身，如此一副羸弱的身躯如何去带兵？

也许，他更适合收徒讲学。学生期待着他，学问期待着他，在他看来，这是一种更为崇高的使命。他愿意一辈子为此而孜孜不倦，穷追至死。

十月，他写了一道奏疏，题为"辞新任乞以旧职致仕疏"。翻成白话就是——要求辞去新职并以原来的职位退休田园的奏章。

在奏疏中，他委婉陈词：

> 臣才本庸劣，性复迂疏，兼以疾病多端，气体羸弱，待罪鸿胪闲散之地，犹惧不称；况兹巡抚重任，其将何才以堪！夫因才器使，朝廷之大政也；量力受任，人臣之大分也。……

况臣疾病未已，精力益衰，平居无事，尚尔奄奄；军旅驱驰，岂复堪任！臣在少年，粗心浮气，狂诞自居，自后涉渐历久，稍知惭沮；逮今思之，悔创靡及。……伏愿陛下念朝廷之大政不可轻，地方之重寄不可苟；体物情之有短长，悯凡愚之所不逮；别选贤能，委以兹任。悯臣之愚，不加谪逐，容令仍以鸿胪寺卿退归田里，以免负乖之诛。臣虽颠殒，敢忘衔结！

所有的言辞是说，我有病，我无能，如此重任，我挑不起，应该选真正的贤能来担任。

没几天，圣上复谕来了：不准！

在此同时，还发生了一件事：都御史文森因不愿受命去平定另一个地区的匪盗横行，也是因病上疏，被皇上斥为托疾避难，延误国事。这对王阳明是一个不小的压力。

而且，吏部新的公文又下来了："奉圣旨，既地方有事，王守仁着上紧去，不许辞避迟误，钦此。"

这一回，王阳明不能不受命南下了。

他写了一份例行的《谢恩疏》，即刻起程。

他成了巡抚大人。

二、初试牛刀

年底之前，王阳明顺道回到了绍兴。他的家已从余姚迁到绍兴。

一家团聚，自是喜气融融。祖母岑太夫人九十六岁了，已是风烛残年。王阳明望着祖母的满头银发，不禁心酸。自己经年在外奔波，几次上疏乞归家园侍奉老人，皆不得允。他感到愧疚。

父亲也老了。自从贬至南京，王华不久也便告老回乡。但是他十分关切自己儿子的一举一行，为之牵心挂肚。现在见着，自然是非常高兴。

在绍兴，王阳明会见了众多的兄弟姐妹、叔伯子侄，王家是个望族大户人家，亲戚众多，他的好几个弟弟、侄子，亦都是他的学生。无论顺逆，俱是休戚相关，常有书信往来。王阳明也一一相问，关心他们的学业和前程。

夫人诸氏一直是跟在他身边的。夫人端庄贤惠，内向，很少言语。她精心照料着王阳明的身体，饮食起居，每天操心不已。唯一使她不安的是，结婚二十多年了，竟然没有怀上孩子。她深感有愧，几次劝先生纳妾，可以延续香火，王阳明就是不肯。他没有这个心思。倒是父亲急了，决定为守仁立个继子。选的是王阳明的三叔易直先生的孙子，王守信的第五个儿子，并亲自为之办了过继仪式。

于是，王阳明有了一个儿子，名正宪，字仲肃，年八岁。诸氏去世后，王阳明又娶了夫人，生了一个儿子，便有了亲嗣，成了百年之后的承继纠纷之源。

此是后话。现在，王阳明对儿子正宪也作了殷殷的勉励。

朝廷的任命是有时限的，何况军情火急。王阳明在绍兴不能久留。大家都盼望他在家里过个团聚之年，然而，皇命在身，不能怠慢。住了几天，他便动身了。

所谓南、赣、汀、漳，简称赣南，是一个特别的行政区域。罗霄山、武夷山、南岭的余脉在这里汇集。崇山密林，隘道峻险，交通闭塞，生产落后，治安自然混乱。几个省都管不了，管不好，都不想要它，所以，成了一个特别的区域。

南:江西南安府;赣:江西赣州府;汀:福建汀州府;漳:福建漳州府。还有湖广的郴州府和广东的韶州府等地。那时候的湖南、湖北称湖广。

地域并不小。一批匪盗在此盘根错节，多年经营，形成了规模，最著名的有四股:

詹师富、温火烧，盘踞在福建之漳州;

黄金巢、卢珂，盘踞在广东之乐昌、龙川;

池仲容，盘踞广东之大帽、浰头；

谢志珊、蓝天凤，盘踞在江西之桶岗、横水。

此刻，王阳明心中的激情被点燃了。身负重任，慷慨赴战，昔年的经国方略又在胸中涌现。他要以自己的一副病体和一腔热血，抒写报国雄心。

舟马劳顿，日夜兼行，一日来到万安。

万安位于赣江上游，离赣州已近在咫尺。此处，山势险要，江流湍急。为赣江十八滩之一，素有"惶恐滩"之称。文天祥的诗句"惶恐滩头说惶恐，零丁洋里叹零丁"，"惶恐滩"说的便是此处。

忽然有人来报：数百流匪正在沿途抢劫，其势汹汹，前面商船皆不敢进。

王阳明身边的人一听，都吓坏了。先生身边只带了三四十个人，离上任之地赣州虽说已很近，毕竟还没有到，公文也没递出去，巡抚之位尚未接管，兵马粮草尚未筹划，一股"不速之客"已经来临，先生安危如何不令人担心？

王阳明抚掌一笑，面不改色，风趣地说：一股毛贼已经来临了吗？来送见面礼了吗？还是让我小试牛刀？

众人面面相觑。

王阳明说：不急不急，让我来想个办法吧。

他让所有的商船都靠在一起，联结成方阵，隐去商品，扮作战船；而他自己的官船则竖起巡抚大旗，迎风招展，又让几十个卫士随从手执兵器，排成阵势，沿岸而行。一时，战鼓齐鸣，蔚成气势。

王阳明自己身披氅袍，站立船头，威风凛凛……

毛贼们顿时目瞪口呆，这是从哪里杀出来的官兵队伍？胆小的早已作鸟兽散，留下一些则跪地求饶："我等本不是贼匪，只因饥荒连年，无法安家糊口，只求官府饶过我们，救灾赈济！"

王阳明走上岸来，当即宣告："江西灾情，本府已知情。我会妥善安排赈济。念你们饥寒所迫，又是初犯，不予追究。回去之后，当好好谋生，度过荒年，不得胡作非为，若仍然从恶，本府决不饶恕！"

众流贼一听此言，连忙拜谢不杀之恩，然后一哄而散。

有人评说：此兵法以少胜多，虚张声势也。

正月十六日，王阳明到了赣州，正式开府议事。

面对数千里方圆的崇山峻岭、穷山恶水，以及盘踞其中的惯匪巨寇，这个仗该如何打？王阳明陷入了深深的思索。

他开始调查、勘察、分析、部署，抓紧备战。

有三件事必须要做。

第一件事是选练民兵。

要与山匪决战，首要的任务必须建立一支能打善战的军队。军队从哪里来？靠过去调集狼兵的办法不是好办法。所谓狼兵，是广西境内地方土司所统养的精壮士兵之特称。这些士兵，凶狠顽劣，作战勇猛，但军纪松弛，极难控制，常常成事不足，败事有余。且从边远省份调兵，往返经年，旷日持久，耗时耗银，浪费军饷。常常兵才调到，土匪已逃之夭夭，散潜山林。这样的结果早已被以前几任巡抚的行动所证实。

他决定不调狼兵，自行组建。他移文命令四省（江西、福建、广东、湖广）兵备，在所属的打手、弩手、捕快中挑选骁勇绝群、胆力出众者，每县多的挑选十余人，少的也要八九人；如果挑选不出则招募，组成精悍队伍。具体指标为，江西、福建两兵备，各选五六百名，广东、湖广两兵备各选四五百名。

如此一合计，一支二千精兵队伍即可组成。其中优秀者，则为将领。除此之外，各兵备再挑选一些精兵，三分之二留守当地，三分之一作为军队之候补，备用。即日起，立即投入训练，听候征调。

第二件事，加强地方治安，施行"十家牌法"。

王阳明刚到赣州，兵事尚未部署，山匪早已悉知内情。这使王阳明十分诧异。山匪的情报信息竟如此快捷，莫非在府内潜有耳目？这使王阳明顿时警觉起来。

他开始考查四周之人。

一个老隶，常日满脸笑容，点头哈腰，十分殷勤。有的时候，奉承得过分了，让人觉得有点伪。他对王阳明的军事部署似乎特别敏感。

王阳明终于认准了，召他入室。谈话才几个回合，老隶即乱了语言，慌了手脚。做贼总是心虚的，他岂是王阳明的对手？

王阳明一一追问下去，原来城中竟还有这么多的眼目手脚。一网打尽。

这件事给王阳明触动很深。内奸不除，岂能对外？他立即推行"十家牌法"——这个曾在庐陵施行过并见效验的地方保安法，灵得很呢。

其法：编十家为一牌，开列各户籍贯、姓名、年貌、行业，日轮一家，沿门牌审察，遇到形迹可疑之人，即报官追究。如有隐匿，十家连坐。

如此一来，散乱的赣州城内倏然井井有条，牵一发而动全身。

第三件事：筹措军饷。

兵马未到，粮草先行，这是兵家常识。这粮草那里去筹？王阳明也是煞费苦心。朝廷没有带粮草米，赣南地区连年灾荒，百姓哪堪重负？官府银库也是有名无实，能有多少储备？

有了，拿盐商开刀。

明朝的盐商是一个富得冒油的行业。尽管朝廷食盐经营有严格的规定，经营者必须拥有专利执照——盐引，支盐有专门的盐场，经销有不可逾越的地域，要缴纳一定的税收，按法办事等等，但是，盐商仍然收入巨丰。每逢灾年，百姓于水深火热之中，而盐商依然明月清风，日子好过得很。哪个人可以不吃盐呢？而且，其中弊端仍多，逃税漏税也成为瞒天过海的事。

而眼前，王阳明查询到，越境私贩广盐的事屡见不鲜。

好，我就来一个一箭三雕，一举三得。

他作了一个详尽的明文规定，让贩盐既有利可得，也不能有暴利，有的税收则加倍。经与各省巡抚协调，报与朝廷，狠狠地得了一笔银两，充作军饷——这样一来，打起仗来，粮草不是可以高枕无忧了吗？

王阳明很书生气。王阳明一点也不书生气。

他现在不是在做学问，不是躺在石棺里悟道，不是在瑯玡山对酒放歌。他现在面对的是刀光剑影，你死我活，流血成河。——虽然，他是不忍的，但他没有办法，没有办法摘下"赣南巡抚"这顶帽子。他更要对得起大明江山，万民社稷，保一方平安。

这就是"知行合一"吗？

是的，知行合一。

那就动手吧。一切都准备好了。

三、首战漳南

王阳明把首战选在漳南，攻打詹师富。

詹师富盘踞闽南山区，已有十余年了。他凶狠残暴，老奸巨猾。经过十余年的经营，一支队伍已颇成规模。大小山头，连结成网，据险把守，气焰十分嚣张。

王阳明？不是那个整日讲学论道的一介书生？历来与官员交战，都以官兵草草收兵为终，你王阳明难道长了三头六臂不成？詹师富不禁哈哈大笑起来。

当然，他也并不轻敌，立即作了周密的部署。

王阳明之所以选择詹师富作为首战对象，也是因为他的气焰实在太嚣张。江西、广东、福建交界之处的几股匪首串联一起，互相鼓噪，互相观望。首战显得尤其重要，不挫一挫他们的气焰，整个平盗战役如何能胜？另外，相对来说，闽南地区比较孤立，不像其他几处的匪穴毗连呼应得更加紧密。按照分而击之的原则，自然先要打闽南。

正月十六开府，备战紧锣密鼓，加速进行。才过一旬，即议进兵。王阳明发了几道军令，一是命广东、福建兵备即速派兵合围，二是周密部署战役，以设伏兵于间道出击为妙。

随即，他亲带兵马进屯长汀、上杭。

途中，他即兴吟了一首诗，记录了带兵入漳的情景：

> 将略生平非所长，也提戎马入汀漳。
>
> 数峰斜日旌旗远，一道春风鼓角扬。
>
> 莫倚贰师能出塞，极知充国善平羌。
>
> 疮痍到处曾无补，翻忆钟山旧草堂。

（《丁丑二月征漳寇进兵长汀道中有感》）

先遣部队指挥为覃桓与县丞纪镛，兵至长富村，与匪部遭遇短兵相接。一场恶战，斩获颇多。匪部立即退至象湖山把守。覃桓与纪镛乘胜追至莲花石，与匪部对峙。

王阳明大兵在后，按理说，要等王部与广东官兵到了以后，统一部署，实施设伏兵马、间道出击的计谋，而覃、纪则以小胜为喜，求胜心切，正面追击，结果落入了詹师富的埋伏之中。

好一场厮杀！覃桓、纪镛马陷泥潭，被贼兵乱箭射死。一时，官兵大乱，死伤无数，大多退回上杭。

王阳明板着面孔，脸色铁青。坐在议事的军帐中，他问众将，为什么会惨败？下面的仗该如何打？

诸将议论纷纷，一片聒噪。

有的说，我们低估盗匪的实力了，他们兵强马壮，又稔熟地形，据险而守，我们轻举妄动，才陷入了包围。

有的说，对付这批盗匪，非有狼兵不可，应立即去广西请调狼兵合围。

有的说，眼下不宜再进兵，应待秋后，集中兵力再行剿举。

很多人交口同声。所有的议论都士气萎靡，斗志不振！

王阳明轻轻地咳嗽了几声，倏然大家安静下来了。王阳明开口了。

我们的兵力少吗？我们有二千多名精兵。

再去调狼兵吗？日久路遥要耗时耗银几多？

知道为什么会受挫吗？战前我已决策，因为匪盗据险而守，只宜出其不意，掩其不备，拟用三国邓艾破蜀之计，从间道而出。若贼兵果然盘踞持重，难以兵克，则用充国破羌之谋，分兵击之。覃、纪两人，小胜即忘乎所以，不从部署，岂不兵败？

兵宜随时，变在呼吸，胜负之算，间不容发。我们能因受挫而沮丧、而回师、而坐待、而自懈吗？不能！王阳明斩钉截铁地说。兵贵神速，兵贵士气，奋怯可为勇，变弱可为强，利在速战！

众将哑言了。

当然，还得有计谋。不是死拼硬打。

王阳明的计谋是——

立即依众将所言，放出舆论，回兵退师，待秋后再举。然后将一部分老弱病伤装作回师样子返程，并将主力隐蔽起来。

立即派曾崇秀等人潜入山区，窥探匪敌虚实。

二月十九日，夜深雾重。王阳明将精锐部队兵分三路，悄悄进行，逼至象湖山各个隘口。

此刻，詹师富已欣喜若狂，忘乎所以。王阳明已退兵了吗？探子说，亲眼看到他们退兵了。要待秋后再调狼兵来吗？是的，秋后，还要大半年。

詹师富得意忘形大笑了三声：点起灯火，摆酒庆功！

没有比土匪的庆功酒喝得更畅快的了。大小山头，一片狼藉。猜拳行令，拍桌打凳，摔破酒碗发起酒疯来犹称老子酒量天下第一！

这位詹师富呢，酒才饮到七八分忽然想起一桩事情来了。

他有一个特殊的嗜好，喜欢吸女人的乳汁，而且要直接吮吸。据说可以补身长寿。半个月前，他在凤城掳到一个年轻漂亮的少妇，正在哺乳期间，便不管人家的死活，将其掠到山上。少妇又惊又吓，哭得死去活来，然而怎能逃得出魔鬼的手心？几天下来，少妇便被他驯服了。他捧着那个雪白的宝贝，又是吮，又是摸，又是蹂躏，十分得意。这几天战事一忙，早将此事搁在一边。现在，战斗胜利了，王阳明也快要逃回去了，心情分外地好，他要去补补身子了。

他跌跌撞撞回到山寨房内，如饿虎扑羊一般，扑向脸色青白的女子。

拂晓时分，忽然门外人声大哗。报道：王阳明已攻进隘口！

詹师富大惊失色，这是怎么一回事？他被弄得晕头转向，不知所措，连忙穿衣操刀，奔出洞外，只见部下个个醉态如泥，仓皇四逃……

隘口已失，退至山顶，詹师富命众匪滚木飞石，以死拒战。

王阳明则亲临指挥，奋勇鏖战。

从清晨到中午，漫山遍野，杀声震天……

贼寇大败，四散逃走。官军乘胜追击。

此时，两省增兵亦已到了，从四周包抄过来……

贼首詹师富、温火烧、黄狸猫，当场被擒斩首……

王阳明立即指挥部队，扑向大小山头，务求全歼……

此役从擒获匪首到平定闽南全境内的大小山头，全歼匪贼，烧毁匪巢，捣平匪寨，共耗时三月，据统计，斩获匪徒二千余人。

紧接着，福建兵备率部攻破长富村匪巢三十余所；广东兵备率部攻破水竹、大重坑等匪巢一十三所，俘获辎重钱粮无数。

从此，横行漳南十余年的匪患彻底荡平。

首战告捷，王阳明即差人向朝廷飞报奏捷，并将福建金事胡琏等立功人员一一奏明。

三月以来，正值天旱无雨，百姓翘首以待，心如油煎。王阳明为此曾作过《祈雨辞》："呜呼！十日不雨兮，田且无禾；半月不雨兮，川且无波；一月不雨兮，民已为病；再月不雨兮，民将奈何？……"又作《祈雨》诗："夜起中庭成久立，正思民瘼欲沾裳。"真是忧心如焚呀。他曾站在城南之楼上，俯望遍地干旱，为百姓求过雨。果然，此刻下起了雨，但是雨量不大，犹以未足。

现在，班师回到上杭，忽然间大雨倾盆，一连三日，百草树木浸润在一片雨中，郁郁葱葱，勃勃生机。百姓高兴呀，欢舞雀跃，纷纷来到城南行台前。

这是阳明先生带来的及时雨呀！王师若时雨呀！

人有提议，行台之堂，当命名"时雨堂"。并邀王阳明为之文。

王阳明也高兴，他怎么会不高兴呢。他知道，百姓的喜悦，不单是天上降下的雨，更是担惊受怕山匪肆虐的日子终于结束，从此可以过上太平的日子了。

他欣然命笔《时雨堂记》。

我乃何德之有，敢叨其功？然而，乐民之乐，喜民之喜呀。不能无记。

又写了三首《喜雨》诗，有诗句云："山田久旱兼逢雨，野老欢腾且纵歌。莫谓可塘终据险，地形原不胜人和。""南亩渐忻农事动，东山休共凯歌闻。正思锋镝堪挥泪，一战功成未足云。"

真是欢天喜地呀。

但是，喜欢中也有忧愁。

眼前各山头匪巢虽已剿平，若有遗孽残党逃遁山谷间，数年之后又死灰复燃如何办？

赣南诸地，匪盗相串，军情瞬息万变，每事每役必向朝廷请奏，误时误事如何办？

各省之兵，编制不一，组织体系混乱，为调兵遣将带来极大不利，又是如何办？

还有更重要的，百姓的生活如何解决？

一个又一个问号，在王阳明的心中不断拷问。一个真正的军事家，是不能满足于眼前某个战役的胜利的。他必须着眼整个战局，胸中有宏伟战略，手中有精兵良将随时可以调遣，方能纵横于复杂的赣南地形，一鼓全歼所有匪敌。

一个又一个的构思谋略在胸中形成。

他奏设平和县。仗虽然打完了，打胜了，为长久之计还要管理还要防范，这是政权建设之要事。河头为诸匪巢之咽喉，在河头设县，最为合适，可以长治久安；可以移兵于河头之侧枋头，枋头为河头之唇齿。后来奏疏为朝廷所批准。从此，福建有平和一县。

他奏请给予令旗令牌，便宜行事。这道奏折上得有点大胆，说白了，他要求有更大的权力，调兵遣将，赏功罚过，哪一件不需要有权力的支撑？没有权力如何做成大事？王阳明要权力，不是为权力而要权力，更不是为权力而图私。带病上阵，浴血奋战，连性命都难说，要权力图什么私？他胸中装着的是社稷江山，黎民百姓，战略全局。

朝廷能批准吗？皇帝腐败，只图自己享受。关键自是内阁和兵部。

内阁首辅是杨廷和，应该说是开明的；兵部尚书是王琼，则更不用说，王阳明就是他力荐推举的。但是，他们两人合在一起则不免微妙。官场终究是官场，其中的奥妙，永远是远离他们的人无法预料的，只有他们自己知道。

但是，杨廷和这一回显得宽宏大量。支持剿匪是国家大事，这一点，他是清楚的；王琼和王阳明现在还没有到威胁他存在的一步，他也是清楚的。虽然，王阳明的报捷奏疏里，归功于兵部，没有提及内阁，令他有些微隐隐的不快，但这也许是一种疏忽，亦无关紧要……

于是，王阳明的这道奏疏，在王琼的极力支持下，终于批下来了：钦给旗牌八面，便宜行事，改巡抚为提督。

这使王阳明很高兴。他拥有了一种很大的权力，他可以一展抱负了。也就是说，有旗牌在身，可以先斩后奏，可以任意用兵，可以做很多事。他要的就是这个名分。

他立即大刀阔斧对部队的组织体系进行了重新编制：

每二十五人编为一伍，伍有小甲；

五十人为一队，队有总甲；

二百人为一哨，哨有长，协哨二人；

四百人为一营，营有官，有参谋二人；

一千二百人为一阵，阵有偏将；

二千四百人为一军，军有副将，临事而设。

他又对小甲、总甲、哨长、协哨、营官、偏将、副将如何选拔、如何产生、拥有如何的权力和责任，作了一一规定。军队实行层层管理，逐级负责，令行禁止，上通下达，一气贯成。

一台精密而高效的战争机器，因此而铸成。

那些大小乌合之众，流寇草王，还能是王阳明的对手吗？朝廷里那些只知俸禄、不知战争为何物的文武百官是王阳明的对手吗？

历史将会放声大笑。

后来曾国藩、袁世凯都效法王阳明。

四、攻心为上

王阳明把第二战役选在广东北部的乐昌、龙川。

由于有了第一战役的胜利，大大震撼了盘踞在乐昌、龙川一带的黄金巢和卢珂，这里的打法就不一样了。兵贵随机应变。

王阳明决定先作招抚。

不是不能打，能招则招，避免血流成河不是更好吗？

他写了一篇长长的告示，题为《告谕浰头巢贼》，大约的意思是：

……天下最大之耻辱，莫过于被人称之为盗贼；人心共同之愤怒，莫过于身遭盗贼之劫掠。如果有人骂你们为盗贼，你们一定愤然而怒。如果有人烧你房屋，劫你财产，掳你妻女，你们必定恨之入骨，宁死必报。现在，你们正是这样做了，天下岂不愤怒？人同此心。

也许，你们也是不得已而为之。或是为官府所迫，或是为大户所侵，一时打错念头，误入其中，陷之甚深，不敢回来。你们的苦情，也可体谅怜悯。但是，也是你们任性而为，走错了道路。想当初，你们走上邪道，是生人寻死路，尚且想去就去；现在，我要你们改恶从善，是死人求生路，为何反而不敢？你们久染恶习，杀人放火，早已无廉耻两字；而我们，乃正人之心，无缘无故杀一鸡一犬尚且不忍，何况人命关天？要知道，轻易杀人，冥冥之中要遭报应，殃及子孙，何苦而为？我每当思念及此则终夜难眠，惶惶不安。

现在，我要为你们寻找一条生路。你们若改邪归正，既往不咎，可以重新做人；若冥顽不化，则不要怪我兴兵讨之。我也是不得已而为之。不是我要杀你们，是天要杀你们。若说我全无杀人之心，那是我在骗你们；若说我一定要杀你们，也绝不是我的本心真愿。比如一父母同生十个儿子，八个从善，两个作恶。而且还要害八人，做父母的怎么办？必定除去两人，才能使八人得以安生。同为亲生儿子，何故必欲除去两子？不得已也。我与你们，现在正是如此之关系。如果这两个儿子能悔恶回善，父母会不高兴吗？父母一定会原谅他们所犯的过错。这是为父为母的本心啊。

我知道，你们上山为匪，其实日子也不好过，所得无多，温饱局促。何不以自己现有的精力，用于农耕商贾，过正正当当的日子？优游轻松，务于正业。非得你现在这样担惊受怕，东逃西窜，心神不宁？既要怕官府剿围，又要怕亲友相轻，可谓众叛亲离。这有什么好呢？

你们如能听我的劝告，改邪归正，我即视你们为良民百姓，决不追究前恶；如若奉劝不听，一意孤行，在绝路上越走越远，则不要怪我无情。我将南调两广之狼达，西调湖湘之士兵，亲率大军，围而攻之。一年不成，可于两年；两年不成，可于三年。你们之财力有限，我之兵粮无穷，你们就算是有翼之虎，能逃得出天罗地网？

呜呼！百姓为我之同胞，你们也是我的同胞，如今你们听不进我的真心抚慰，而一定要我动刀动枪，兵刃相见，岂不痛心？痛哉，痛哉，行文至此，不觉潸然泪下。

告示一经写好，张贴的张贴，散发的散发，很快就到了匪首黄金巢和卢珂的手里。

他们顿时陷入了彷徨徘徊之中！

手下喽啰，早已一传十，十传百，一片窃窃私议，军心浮动。

王阳明说的是真的吗？他果真能饶过我们吗？

汀漳的杀声犹响在耳际，负隅顽抗的结局似乎也是分明地放在眼前，我们不能求一条活路吗？

王阳明强大的政治攻势，不，应该说是攻心战术，弄得乐昌、龙川两地盗匪一片骚动，人心惶惶！恰如风中败楼，摇摇欲坠。

黄金巢与卢珂心动了。与其战死，不如求生！他们率众来投。

王阳明坚守诚信，一个不打，一个不杀。

不费吹灰之力，两地匪巢悉数平定。

真的不费吹灰之力吗？酷热的夏夜，王阳明坐在灯前，忍着肺病复发的痛苦，汤药伴身，呕心沥血，殚精竭虑，毛笔蘸着浓浓的墨汁，蘸着他的心血，一笔一画，一点一捺，写下这篇告示。别看它洋洋洒洒，一泻千里，声情并茂，这些文字都是用心血煎成的呀。

他把力气都化在攻心上了。

朝廷表彰来了。鉴于王阳明的功绩，升一级，赏银二十两，纻丝二表里。

哈哈，这是二十两白银可以赏得了的吗？留给历史的是意味深长的。

第十一章 百里妖氛一战清（下）

一、三战横水

秋风起，万山红遍。霜叶似火一样在雨雾中烧着。

赣州行辕府内，王阳明才喝了诸氏夫人给他熬的汤药，又站在案前，眉头紧蹙，细细揣摩着桌上的军事地图。

夫人要他休息一会儿，他手一挥，无法休息。

这第三战役应该怎么打？颇费思量。

按湖广巡抚都御史陈金之意见，集三省之兵力夹攻桶岗。他总觉得不妥。桶岗、横水，还有一个左溪，三地匪徒互为串通，荼害三省，其患害虽同，但地形、势力却有异。如何各个击破更为有利？这是王阳明思考得最多的问题。

以湖广言之，桶岗为匪之咽喉，而横水、左溪为之腹心；以江西言之，横水、左溪是为腹心，而桶岗则为羽翼。横水的形势更重要。而桶岗的东部还有三浰。若光打桶岗，则进兵于两寇之间，背腹受敌，势必不利。而先打横水，可以循序渐进，步步为营，免匪贼夹击。当然应该先打横水。王阳明下定了决心。

他立即部署，分定哨道，指授方略，并密令于十月己酉进兵。

指挥郏文率兵千余，自大庾县义安入；

知府唐淳率兵千余，自大庾县聂都入；

知府季教率兵千余，自大庾县稳下入；

县丞舒富率兵千余，自上犹县金坑入；

他亲率精兵千余，自南康进屯至坪，直捣横水，与诸军会合。

命副使杨樟、参议黄宏，监督粮饷，以应其后。

是月初七，各哨齐发。初十，进兵至坪。

大兵压境，还须讲究谋略。匪徒据险守隘，滚木礌石严待。王阳明亲自带领兵马乘夜色逼近贼巢三十里处，一面伐木立栅，开堑设沟，装出长久驻扎的态势。一面派遣部分官兵率善登山者四百人，攀崖而上。

十二日黎明，他率兵直至十八面隘，离匪巢已近在咫尺。骤然间，炮声如雷，烽烟四起，铳箭齐发。战斗就此打响。

谢志珊，号征南王，祖籍广东潮州，自幼好强，逞凶霸道，以义气闻名。犯案后逃到赣南横水，占山为王，气焰嚣张。

谢志珊哪里想得到官兵来得如此之快？刚刚得到的情报，王阳明还在安营扎寨，忽然如神兵天降，让他措手不及。他连忙下令迎敌。谁知已攀上高处的四百名官兵居高凌空，滚木飞石，杀声如雷。造成上下夹击，贼兵惊溃失措，根本摸不清战情，以为四周全被包围，纷纷弃险而逃。

这一仗打得很激烈，也打得很顺畅。谢志珊当场被抓获。

王阳明令部下将大小山寨，尽付一炬。

谢志珊被押进行辕大帐内。

王阳明：知罪吗？

谢志珊不服：你用的是计谋。摆开战场，可以拼个你死我活，血流成河！

王阳明猛地一拍桌子：血流成河有什么好？天下生命最可贵，人是父母生下来的，你就这样轻视生命，如同儿戏？

谢志珊无话可答了。

王阳明问：开战之前，我亦曾命人将告示付与你，为何不愿接受我的招抚？

谢志珊：我活不下去。

王阳明：你活不下去，也不让别人活？

谢志珊还有什么话可说呢？

王阳明说：你是一个有本事的人，可惜用错了力气，走错了路。我问你，怎么会有这么多的人跟着你？

谢志珊：只要义气相投，我必交之。或痛快喝酒，一醉方休；或助其急难，解其困苦。如此一来，没有人不归顺我的。

王阳明不再问下去了，手一挥，令人将谢志珊推出去，斩了。然后，叹了一口气说：官场、文场、匪场，以义取人，岂有异哉？

横水、左溪已破。王阳明乘胜挥师进兵桶岗。日夜兼程，风雨无阻，才三日，长驱百里，便将桶岗围得水泄不通。

众人请战，要求王阳明立即下令攻打。

王阳明沉吟半晌，终于没有同意。

乘胜追击，是为一鼓作气；但是，现在的士兵，实在是太疲乏了，几乎没有喘过一口气。俗话说，强弩之末，不能穿鲁缟（丝绢）。现在，核心山寨已被围住，急什么？不能急。何况，连日阴雨绵绵。

王阳明下令部队休兵养息，严阵以待；一面派人上山协议招降。

山寨中，一片混乱。匪首蓝天凤沉着脸，一言不发，听着大小头领两种不同的意见。

一种意见主张降。王阳明的告示已经写得清清楚楚，投降了可保性命安全。王师来势汹汹，兵力强壮，岂是他们的对手？再说，黄金巢与卢珂不是有了先例？

另一种意见则更激烈，反对降，主张战。其中有一部分人员是从横水、左溪溃逃过来的，说桶岗的地形远比横水的山势来得峻险，而且粮草充足，可守可攻，千万不能成了阶下之囚，任人宰割。

是的，要说地形，桶岗的地形可谓天险。方圆数里，犹如一个巨大的脸盆倒扣，是谓台地；而四周的峡谷又都是高山峻岭，青壁万仞，连峰参天，深林绝壑，不见日月，围起了天然的屏障。

蓝天凤犹疑难决。

谈判继续着，一天又一天；秋雨也滴滴答答地下着，一天又一天。

十一月一日。忽然大雨，天地混沌一片。山上的谈判正在磨时间，结果未晓。

王阳明忽然下令：全线出击！

经过几天休养生息的士兵，早已养足了精神，在当地向导带领下，从上章入口，冲向匪巢——这几天来，王阳明早已探得此处的地形，唯锁匙龙、葫芦洞、茶坑、十八磊、新地五处可攻入，而上章一路更为便捷，宜兵马进入。所谓最峻险的山，也总是有道可入的。

蓝天凤哪里会想得到，在这大雨滂沱的时刻，在这谈判尚无结果的时刻，王阳明居然会攻打进山。

人说王阳明用兵奸诈。奸诈也？妙计也？

孙子兵法云：兵不厌诈。

检验战争的最高标准是胜利和失败。

在战争面前，只有迂腐文人才信信义。千万不要忘记，战争是最大的政治，是流血的政治，是你死我活的政治！

战斗当然打得很艰苦。雨中激战，双方各有死伤。

到了中午，天倏然放晴了，太阳明晃晃地悬在万山丛中。真是好兆头。王阳明下令战鼓齐鸣，发起总攻。一时，漫山遍野，杀声震天。

最终胜利属于王阳明。全歼敌寇，荡平桶岗。

蓝天凤已悔之不及。

大捷之后，王阳明又做了几件事：一是指令各路军马，分路出击，搜索大小山寨及逃逸匪兵，务求一网打尽；二是立即上疏，建议立崇义县，以控战后局面；三是留下小量兵马于大庚县城内，以防死灰复燃。

然后，胜利班师。

当然，他也免不了游览一下路过的奇山异水，如通天岩的奇丽风光，还饶有兴趣地吟几首诗作。其中有和太守邢珣的诗句："兴师正为民瘼甚，陟险宁辞鸟道斜。"可见他大捷之后的欣喜心情。

二、平三浰

入赣之初，朝廷曾经有议：三省合兵，夹攻大举。

王阳明对这八个字的战略方针是不能同意的。赣南山区，地形复杂，山岭溪谷，险隘密布，且匪贼众多，各据山寨。大兵团打跳蚤，耗时耗力，收效甚微。等你的大兵调齐，他们早已化整为零，遁入深山，抓到的也就是一些老弱病残而已，根本不能挫其主力核心。过去历次的围剿难道教训还少吗？

所以，他上了一道《进攻疏》。不但提出要"相机而发，一寨可攻，则攻一寨；一巢可扑，则扑一巢。日剪月削，渐尽灰灭"，而且还提出要求便宜行事，充分给予权力，由他负总责。在王琼的支持下，朝廷同意了他的疏奏。前文已经说过。

战斗一场接着一场，胜利一个接着一个，捷报一次接着一次飞向京城，证明了王阳明的战略战术都是无比正确的。

现在，只留下最后一个匪巢了——粤北三浰。

他必须成功。他是一个追求完美的人。

然而，怎么打才能保证成功呢？年轻时读了多少兵书秘诀，分析过多少历史上的典型战例，怎样做才能应用于眼前兵刃相见的实战？

他把一双细细的眼角微扬的眼睛眯成了一条缝。身边的人知道，这是他最煞费苦心的时候了。

三浰为上浰、中浰、下浰之总称，位于粤北和赣南的交界处。这里有一支强大的土匪武装，大头目叫池仲容，又名池大宾。此公从小练得一身好武艺，棍棒剑枪，无不精通。他原是广东龙川的一家大户，三教九流，无不交往。谁知被仇家诬告，官府受了贿，处理不公，他一怒之下，与弟弟池仲安带了几名家丁，将仇家大小一一砍死，逃到三浰落草为寇。经过十余年的苦心经营，队伍越拉越大，实力越来越强，官府亦惧怕他几分。他自封为王，伪封官职，什么总兵、都督、知县之类他可以随意任命，俨然成了一个山高路远的"小皇帝"。

王阳明把他作为最后一个目标来攻打，是有道理的。一是三浰离赣州最远，远在千里之外；二是池仲容的实力为众寇之首，不能轻举妄动；三是三浰地理形势进退自如，更为凶险复杂。

还在攻打横水的时候，王阳明已经留了一点心。决不能让池仲容来支援横水、桶岗，所以，他派人送去招抚的告示，还有牛羊酒肉。他还不知池仲容的真实底细，他需要先稳住他。

池仲容轻蔑一笑："我等为盗已非一年，官府来招也非一次，有几次是真心的？有几次是可以信任的？"

但是，很快传来消息，王阳明果真厉害，汀漳已平，卢珂、黄金巢已被招抚，横水、桶岗也面临灭顶之灾，他不觉有点警惕惧怕。

派兵支援桶岗是不可能的，他不会做这样的傻事。何不来个假和真打，探其虚实，伺机而行？

他为自己的这个高明主意而得意。他装作高兴地接受了王阳明送来的招抚告示和牛羊酒肉，并派他的弟弟池仲安带领二百士兵前去投诚。

他让弟弟带去问候，带去"诚意"，还带去一个特别的要求，就是他不能容忍卢珂。他与卢珂历来不合，卢珂投诚的消息让他愈加激怒。你王阳明信了卢珂，就不可能相信我。

他这是一箭多雕啊。最底的一步，弟弟还可以做个内应。

他下了强硬命令，厉兵秣马，加紧备战，准备决一死战。

池仲安来到赣州王阳明的总督大院。一切按他哥哥池仲容的吩咐，依计而行。

王阳明很高兴很热情很客气地接待了池仲安。

正在此时，卢珂到来。已经真心投诚的卢珂，听到三浰正在磨刀霍霍的声音，前来禀报；同时，还把原来池仲容封他做"金龙霸王"的官爵印信一并送来。

大堂上，王阳明勃然大怒。他把惊堂木一拍：与我把卢珂拿下了。

这回轮到卢珂目瞪口呆，惊惶失措了。我是真心来归顺的呀，你王阳明也是真心招抚我的呀，怎么突然翻脸了？

幕后，池仲安正坐着。这是王阳明的安排。池仲安对大堂上的话儿听得清清楚楚。

王阳明：我信池仲容，乃真情实意，你胆敢前来离间，损我信誉，公报私仇，与我棍打三十，打入大牢！

卢珂顿时气坏了。他甚至不想解释了。你王阳明怎么是如此一个无情无义无信用的小人？他心里的一腔怒火怨恨正要发作，忽然感到诧异了：不对，怎么这三十棍子打下来就像羽毛刮过一样，毫无感觉？这葫芦里卖的是什么药？

很快，他就清楚了。在关入大牢后，王阳明派人与他交了底，他要智赚池仲容，用的是苦肉计，他让卢珂暂时忍一忍委屈，配合他的计谋。三十大棍当然是假打。

卢珂这才放下心来。他依王阳明的计策而行。

一个夜晚，来了两个探监的，卢珂并不认识，却料到了几分。这分明是池仲容派来的人。他大骂王阳明不守信用，他与他誓不两立，唯等死而已，如此等等，让来人颇为相信。

数天后，池仲安提出要回山。王阳明同意了。周瑜放走蒋干，是三国群英会中最为精彩的一笔，王阳明岂有不知？今天，他要效仿周瑜了。

池仲安回去向池仲容报告了他的所见所闻，看来，王阳明是真心的？

这一下，池仲容犯疑了。

池仲安又说，王阳明说，合适的时候，请你也去聚聚。

我才不去。他是诱我入瓮。池仲容并不好骗。

腊月二十日，春节临近。王阳明命大街小巷张灯结彩，欢度春节。又，为庆祝横水、左溪、桶岗战役大获胜利，摆酒庆功，慰劳将士。并放出舆论，匪乱已平，眼前的池仲容亦已归顺，百姓可以过平安的好日子了。

池仲容听到这个消息，心中的石头终于放下了。

原来山上绷紧的备战之弦也开始放松了。

此时，王阳明又印了大量的历书，四下分送，以示过一个平安之年，历书也送到了三浰。

送历书的人叫黄表，颇有胆识。他见池仲容得历书甚为高兴，便说："本来卢珂早已被王提督斩首，近日来他大呼冤枉，说要反的不是他卢珂，而是池仲容，提督大人如若不信，等着瞧吧，他池仲容敢来赣州吗？当然不敢。他若敢来，我宁愿受死；他若不敢来，正好证明他心里有虚，招降是假的。"

这番话黄表说得不轻不重，若和风细雨，而在池仲容听来却如响鼓重槌，一句句都敲在他的心里。

好吧，我去。我去会会王阳明。池仲容一口答应了：大丈夫能屈能伸，赣州有否伎俩，我也需亲往勘探。

他带了剽悍壮士九十三人，来到赣州。是时十二月二十三日。

王阳明得到消息，大喜。连忙紧急部署，暗暗调兵，力求秘密，直扑三浰……

这真是一场好戏。王阳明把池仲容安排在祥符宫住下，设盛宴招待他。

酒席间，王阳明问池仲容："你如今已是我的子民，你的随行人员，不住驿馆而守教场，还在怀疑我吗？"

池仲容被将了一军，有些惶恐，连忙说："不敢不敢，听凭大人吩咐。"

九十三人全部住进驿馆。真的是请君入瓮了。

然后，王阳明安排了每人一套青衣油靴，让其穿上，教之习礼。这些汉子做惯了土匪强盗，从来不拘礼节，如何能学得了，驿馆里闹得一片乌烟瘴气，几位啰喽早已忍耐不住："大王，回山去算了，让咱来受如此鸟气！"

引来许多路人观看，个个感叹："这不是养虎遗患吗？王大人怎么会想得出来？"

次日，池仲容请求回山。

王阳明哪里肯？说："除夕已近，往返费劳，不如过了春节再走。"

于是，说定正月初三回山。

初二傍晚，王阳明设宴为池仲容辞行。

那个晚上，用来做驿馆的祥符宫灯火通明，人声鼎沸，猜拳行令，大碗喝酒，一片欢声。啰喽们以为回到山上，放荡尽性，仍然可过快乐的日子，个个喝得烂醉如泥，东倒西歪……

此刻，王阳明真的犹疑了，神思如风雨之舟摇摆不定。杀？还是不杀？直搅得他心神不宁。他从来是个果敢的人，敢作敢为，说一不二。今晚，作这个决定，为何如此艰难啊！……

杀掉他们，背一个奸诈的罪名，换来了社稷太平，百姓安定，减低双方死伤，三浰平定……

不杀他们，放虎归山，自然贻害无穷，将换来更多的恶仗要打，血流成河，他对得起他的部下、他的子民吗？……

杀！他终于战胜了自己，在心中狠狠地作了决断。

一声令下，伏兵四出。池仲容和九十三个匪徒，顿时化为九十四缕青烟……命殒气绝。

王阳明也倒下了，眼前金星闪烁，身疲力乏，眩晕起来。他恶心，直呕吐，他的酒量很好，但今晚的酒喝得不多，都被他暗暗泼了，现在吐出来的都是黄水……

他让手下收拾宫内残局，自己躺到了床上。

这是南征以来整整一年所没有碰到过的场面和心情。他问自己，我怎么啦?

他终于吐出几个字来:破山中贼易,破心中贼难啊!

每个人的心中,都会有大大小小的不同形态的贼。

这就是善恶的恶。

倏然,他清醒了。饮了一碗清水,即命几位要员来到身边。明天,紧急出兵,直指三浰!

……三浰被团团包围。王阳明让卢珂也带一支兵马,他受了委屈,应该让他立功。王阳明让一百名精壮,穿了被诛杀的匪徒们的服装,上面有血迹更好,扮作溃败回来的样子,率先叩破敌营的山门……

当然,这一仗打得比任何一仗都顺畅。敌方群龙无首,池仲安充其量只是蠢包而已。

然后,又一鼓作气,攻下九连山。

班师的路上,百姓沿路相迎,顶礼膜拜。

天晴了,阴云散了,为患数十年的匪害从此平息了。王阳明此后在赣南一带被立了生祠,家家供像祭祷膜拜……

他的心情终于好了起来。骑在高头大马上,观望着黎民百姓欢欣鼓舞的样子,心中的阴云早已散尽。从九连山回道途中,顿时豪情并发,吟下一首气壮山河的诗作:

> 百里妖氛一战清,万峰雷雨洗回兵。
>
> 未能千羽苗顽格,深愧壶浆父老迎。
>
> 莫倚谋攻为上策,还须内治是先声。
>
> 功微不愿封侯赏,但乞蠲输绝横征。

(《回军九连山道中短述》)

是的,在这短短的诗行中,寄托了他多少殷切深情;土匪暴乱的源头,还在朝廷啊。不要再向百姓横征暴敛了。我的功劳是微不足道的,而黎民百姓的安危,要时时刻刻挂在心头啊……

三、乞放归田里

赣南平匪，历时一年有余，到第二年的四、五月，全境主要匪巢皆已荡平，祸及百姓数十年的匪乱终于平息，四省边界地区，恢复了前所未有的宁静。

王阳明感到很累。此时，他已经四十七岁。距龙场悟道，岁月如水，已整整十年。

他怎么会不劳累？重任在肩，丝毫不能松怠。每天处心积虑，劳思过甚；每逢大仗，总是身先士卒，跋山涉水，长途行军，指挥在第一线。他的身体羸弱，靠汤药支撑着。

六月，王阳明生了一场大病。

赣州的夏天十分闷热，王阳明盖了一条薄被还觉得冷。一连数天，昏昏沉沉，卧床不起。咳嗽，咯血，双颊的红晕如敷了胭脂一般。王阳明心中还有一丝清醒：莫不是我难逃此劫？

诸氏夫人在一旁安慰着。其实她的心如火一般烤着。前些日子，先生的病情还要吓人。为了治病，他们曾经求过许多郎中，都无济于事。后来，一位朋友引荐一位道长来为阳明先生看病，说出一味单方，叫作"獭肝磨成粉末，白木耳汤拌送"。又说，獭肝，最好取自浙东四明山中的旱獭，效果尤佳。四明山是先生的家乡余姚的名山，前些日子托人去办，现在也带到了。夫人喂先生服下，果然效果很好。

夫人说："先生，你已经好多了。前几天你连话也不会说，服了药，不是一天天好起来了吗？"

王阳明点点头，是好一些了。

到了半夜时分，王阳明竟然要坐起来。

夫人问他做什么？

王阳明说：你给我点灯，我要写奏疏。

奏疏？你性命要紧，还是奏疏要紧？你已经写了多少奏疏，怎么还没写完？夫人坚执不让。

是啊，行军途中，先生已经写了多少奏疏啊，攻治策略要疏，报捷请功要疏，添设县治要疏，乞休致归要疏，连疏通盐法也要疏……写不尽的疏呀。那些冗长而繁琐的报告，王阳明写得文采斐然，丝丝入扣。战斗的经过要一一描述，斩获的贼首要一一报告，他的部下，那些知府、知县、参议、推官、指挥、千户等等一个也不能少，将他们的功劳报告给朝廷，以求嘉奖，唯独没有自己。

自己也是有的，那是要乞休的报告。他已经写过几次了。

然而朝廷哪里肯同意？一次次回敕：不允。

不但不允，还要晋升、荫子。嘉奖词是："王守仁升右副都御史，荫子锦衣卫，世袭百户。"

王阳明不能受，他实在不想要这份嘉奖。他想得很明白，自己拖着这副病体，还要那些虚荣做什么？而且，一想起他的老祖母和老父亲，他恨不得立即飞到他们的身边去探望，所以，他现在要写一份《辞免升荫乞以原职致仕疏》。也就是说，要求免去晋升和荫子，求以原职退归田园养身。致仕，辞官退休也。

夫人没法了，只得点上灯盏，磨好墨，铺好纸，扶他起来，让他又坐到案边。

王阳明蘸了蘸墨汁，写道：

……现在，我的病已月深日重，各种汤药都喝过了，收效甚小，每天潮热咳嗽，疮疽痛肿，手足麻痹，几乎成了一个废人。昔人说，绵弱之才，不堪重任；薄福之人，难与成功；我是两者兼有。唯望皇上体谅我，怜悯我，念我带病讨贼所备尝之苦，哀我忍死待罪不得已之情，准许我在旋师之日，放归田里，我虽然想保全自己的残命，也图日后再报效社稷。即便我的性命难保，臣也感恩泉下，不忘衔结之报。这是我哀切之恳求！……

言辞委婉恳切，字里行间全是哀鸣之声。

然后，快马飞送京城。

十月初二、十二月二十九日，一连来了两道圣旨。

一道曰："王守仁帅师讨贼，贤劳懋著，偶有微疾，着善调理，以副委任。所辞不允。该部知道。钦此。"

一道曰："王守仁才望素著，累次剿贼成功，升官荫子，宜勉遵成命，不准休致。该部知道。钦此。"

圣旨颁给吏部，然后由吏部再敕告王本人。

王阳明接到第二道圣旨，已是正德十四年（1519）新春。春节刚过，元宵未到，他归心如箭，却得不到批准。于是，提起笔来，又写了一道《乞放归田里疏》。

然而，又有什么用呢？在朝廷看来，王阳明只是客套而已。不少大臣连妒忌都来不及呢，你还装君子？他们哪里知道王阳明真的病体刻骨，几番昏眩，且祖母老夫人命悬一线，父亲大人也是风前残烛，急待他前去见上一面。王阳明忧心如焚，苦不堪言，朝廷有谁会去体察？

兵部尚书王琼呢？王琼当然是信任王阳明的，只是他太考虑社稷的安危了。他好像算准了一样，赣南平定以后，新的战事又将爆发，不能没有王阳明。他对他的部下应典说："我将王阳明放在江西，奏准皇上给予便宜行事，不但为的是剿平赣南乱匪，倘若另有事变，若无便宜行事之旗牌，将如何办？"他真有点神。

然而，王阳明却苦了。平乱战役已经胜利了，却仍让他拖着病体留在赣南，不让他走。

四、濂溪书院

病稍愈，王阳明又忙碌起来。

他很无奈，朝廷不允许他退休田园，他只能继续待在赣州，但他不消极，不无为，他深知，要让黎民苍生安居乐业他还有许多事情要做。

他要着手于整治。

三个县是必须要设立的。江西的崇义、福建的平和、广东的和平。只有建立县治,纳入政府管理,才能抑止匪盗的滋生,才能长治久安。他一次次上疏,陈说要害,据理力争,终于得到朝廷的批准。

"夜起中庭成久立,正思民瘼欲沾裳。"(《祈雨二首》)

民风不淳,才有匪乱之兴。教化民风,是何等重要!

他推行十家牌法,互为联保。他要移风易俗。他亲拟《告谕》,广为张贴,晓喻百姓:

百姓穷苦已甚,还要争相淫侈,岂不是加重自己的困苦?这些久年形成的陋习必须改变,一时做不到,慢慢做起来;全部做不到,一件一件做起来。从今往后,治丧不得用鼓乐,提倡厚养薄葬;做佛事亦得适度,不必投财钱于无用之地;有病宜求医,不得听信邪术,专事巫祷;嫁娶婚礼,丰俭要据自己的家境,不得攀附索取,使聘礼妆奁为重负;不得大摆酒席,广宴宾客,连日连夜,奢靡显阔;亲友交往,提倡诚心实意,不得虚饰送礼,计较礼节名目;街市乡村,不得迎神赛会,百千成群。凡此种种靡费之举,毫无益处。有不听从者,十家牌邻相互监察,相互约束;严重违抗者,十家均罪。

应该说,这些规定,并不是王阳明的发明,在儒家思想里,勤俭节约是作为一种美德宣扬的;历朝历代清明的皇帝和官吏,也倡导这些社会风气。王阳明之所以将此作为整治赣南社会风气的切入点,是因为在当地百姓中,相互攀比、挥霍浪费的风气已很盛,为此造成的倾家荡产、妻离子散,已经成为匪患的源头之一。

治标必须治本,标本兼治。

当然,还要发展农耕,让百姓自食其力。

还要解决柴米油盐。盐是很重要的。近一年半时间的平匪,盐商是帮了大忙的。由于有盐税才有丰足的兵饷;由于有盐税,才让穷苦的百姓没有兵饷的负担。王阳明曾经向朝廷进疏要求解决广盐入赣的问题,朝廷只同意三年,三年是不够的,三府之民,长苦乏盐。要使赣南百姓受惠，必须成为永久的规定。他又上疏。终于让朝廷批准。柴米油盐，是万家百姓的生命线呀。

"忧民无计泪空堕。"他为百姓能过平安的日子，已经竭尽心思，忧之欲泪了。

要彻底改善民风，还得兴办学校，重在教育。于是，在设学这件事上，他实施了一系列措施，改某些寺庙为学堂，聘请一些优秀人才来当教师，明确社学要以歌诗、习礼、读书为内容，要让贫寒子弟都有上学的机会……

一时，赣州及周边一些府县，呈现出一派风气渐正欣欣向荣的气象。习文、效礼之风日盛，成为史上的佳话。

仿佛磁石吸铁似的，众学子又一个接着一个从全国各地奔到赣州来了。听说阳明先生平盗已班师，学子们又可相聚王门，切磋学问，个个欣喜万分。

进士梁日孚携家眷赴京，路过赣州，泊了船只，来拜王阳明为师。阳明其时正在忙军旅之事，劝梁离去，谁知第二天又来了，王复劝其回，第三天又来了。梁的手下及家人都说，北上京城，路又远，时间又紧，你待在这里，半途而止，不是大苦了吗？日孚笑曰：我虽有大苦，也有大乐，拜阳明先生为师，是我人生大乐也。

阳明先生又劝日孚回去，彼时军命在身，一战就得数月。谁知两个月后，王阳明旋归，而梁日孚竟然还等待着！他让家人们先归故乡，自己静心等着先生，王阳明深受感动，这是圣学的魅力！

还有欧阳德、邹守益、薛侃、何廷仁诸人，先后均为进士出身，有的为拜见阳明先生，连会试也不去参加了；有的拜师王门，如醍醐灌顶，不愿为官；有的听了阳明先生的讲学，兴奋得把自己的兄弟、子侄动员而来，举族拜在王的门下。

四方学者如涌，巡抚之府早已容纳不下，于是王阳明办了一个书院，以周敦颐的号命名，称之为"濂溪书院"。

有了濂溪书院，讲学如入妙境。

讲什么？当然是讲圣学，王阳明的圣学便是他正在创建的心学。

心学与理学虽同属儒学，还是有区别的，如何澄清这个区别？最典型最根本的差异是对《大学》的诠释。《大学》是指示入道之方。

好吧，那就得从《大学》做起。

《大学》是由孔子的学生整理的孔子关于"初学入德之门"的讲解，是儒家最重要的文献。朱熹对《大学》作了注释，称之为"章句"，他还为《大学》写了一篇序，是对《大学》的基本认识。历代刻本时，都把它们放在一起。朱熹对"致知在格物"一说，特意做出了自己的解释。他说：

"格，至也。物，犹事也。穷至事物之理，欲其极处无不到也。"

嫌此不足，又在后面补充了一段话：

"所谓致知在格物者，言欲致吾之知，在即物而穷其理也。……是以大学始教，必使学者即凡天下之物，莫不因其已知之理而益穷之，以求至乎其极。至于用力之久，而一旦豁然贯通焉，则众物之表里精粗无不到，而吾心之全体大用无不明矣。此谓物格，此谓知之至也。"

从此，"即物而穷其理"便成为"格物"的基本论断。

王阳明不同意这个论断。

他把《大学》的古本刻了出来。他用自己的独立思考来解释。那是因为他觉得他走不通这条路。他对经典有不同的理解。

他认为，朱子之说，实际上是先"析心与理"为二，然后走"心外求理"的道路，这种学术道路，或者说认识观，虽然可以扩充人们的知识，但是要想借此达到"吾心之全体大用无不明"的圣者境界，无疑是水中捞月。于是，他放弃了"心外求理"，转向"心即理"的认识路径。这是一种真正贯彻"天人合一"理念的认识路径。通俗地讲，就是把天看成一个大的人，把人看成一个小的天，天理的全部资讯都凝结在人心之上，人要想认识天理，只要澄心静气，觉悟到"真我"，即"良知"，便可证悟天理。据此，王阳明提出了自己对"格物"的新解。他说："然欲致其良知，亦岂影响恍惚而悬空无实之谓乎？是必实有其事矣。故致知必在于格物。物者，事也，凡意之所发必有其事，意所在之事谓之物。格者，正也，正其不正以归于正之谓也。正其不正者，去恶之谓也。归于正者，为善之谓也。夫是之谓格。"（《〈大学〉问》）

他要学者达到圣者的心灵境界。

刻古本，有点类似于读原著。这样，他就弄出了两个《大学》。不仅如此，他还刻了一本《朱子晚年定论》。

什么叫晚年定论？

王阳明搞来许多论证，说朱子到了晚年，已悟到自己旧说之非，痛悔极艾，甚至觉得这是自诳诳人，罪不可赎。世上所传的那些集注、章句，都是他的未定之说，现在，他想改正，但已来不及。

王阳明为此写了一篇序文，以示同道。

王阳明这一招厉害。

两年前，还在留都南京的时候，王阳明也讲朱熹——这是一个绕不开的话题，由于讲得太多太细，招来了异议。——要知道，坐着听课的人不一定都是赞成心学那一套的，他们都有自己的脑袋，都有一定的学识，都会从王阳明的学术主张里去辨是非、明道理。朱子学说又是国学正统，有的人哪里能容忍你的标新立异，另有主张？一时，环攻质疑很让王阳明尴尬。

现在，你们该清楚了吧。

以子之矛，攻子之盾。以朱子自己的话来否定自己。王阳明最后说，他的心与我是相通的。

哲学的争论实在是太深奥了，何况是古典哲学。我们还是仁者见仁，智者见智吧。也许，我们不能完全肯定王阳明有悖朱子的一些论断都是正确无误的，它仅仅是闭门思悟的一种内心活动。但是，这些艰苦深入的思考，无疑极大地丰富了儒学思想的库藏，反映了不同学派的学术风格。我们不妨把它看成儒学思想丰富多彩的园林景致吧。异花奇草，各呈其美。

五、痛哉徐爱

八月赣州，闷热，多雨，溽暑相煎。

一条噩耗从浙江家乡传来：徐爱死了。

这真是一道晴天霹雳，几乎把王阳明击倒了。

人生的大悲痛，心灵的大悲痛，有谁能解？有谁能知？

其实，徐爱是去年（正德十二年，1517）五月十七日去世的。患痢疾而暴卒，甚惨。《年谱》记载有误。因为关山重重，路遥万里；因为王阳明戎马倥偬，战事吃紧，家人没有把这个消息及时告诉他。现在，徐爱停厝新葬，不能不告。

王阳明失声痛哭，两天两夜哽咽着不吃一点东西。诸氏夫人及学生都劝他，吃一口吧，先生身体羸弱，怎可以不进食呢？呜呼，"我虽有无穷之志，只恐自己活不长，想把事业托付与曰仁，谁知他已先我而走了。现在，是你的事业由我来承担了。"想到这里，才勉强吃了一点东西。

徐爱是他的爱徒，又是他的妹夫，亲上加亲。自从南京返回故里，家乡一别，已经近两年了。其间，徐爱曾来信告他：在家乡附近雪溪之畔已买好田地，为践昔年在南都之约：就云霞，依泉石，追先贤之遗风，求学术之真趣，洒然而乐，超然而游……他们约定，在山水之间构建房屋，终生为伴，谈经论道。这是他们最大的乐趣和向往！为此，他写了两首诗，题为《闻曰仁买田雪上携同志待予归》，字里行间，全是对今后理想生活的憧憬。而今，曰仁已经走了，走得如此猝然、如此惨苦，怎不叫他悲痛欲绝？

一幕一幕往事，在王阳明的脑际中浮现出来。

当年徐爱从湖南衡山归来，告诉了王阳明一件事，说自己的寿命不能长。

阳明先生很诧异，问：何故？

徐爱说：我游衡山，梦见一老僧拍拍我的背说，看公子貌相，温恭良善，当与颜回同德；只是身子骨薄呀，怕与颜回同寿。我吃了一惊，一觉醒来，这是什么意思？这不是咒我短命吗？

阳明先生听了说：梦也，不必当真。

徐爱说：果真如此我也无奈，命也。我只愿早日先归泉林，与先生一起，听从先生之教诲。朝有所闻，夕可死矣！

呜呼！我只当是梦也，谁知竟被梦中！痛也！

王阳明打起精神，写了一篇《祭徐曰仁文》。把自己的极度悲伤之情，倾吐于文中。

曾记得，我与曰仁相约，早回绍兴阳明山麓，只二三知音够矣，讲道明志，椁其终生。时朝廷命征南赣，也曾想转道家乡，坚卧不出；曰仁说：先生不可。今对先生之学众议方炽，先生且一行！待你完事归来，我们等着你，等着你的归来，同赴阳明山麓！现在，我可以回来，你的人在哪里呢？

吾言之，而孰听之？吾倡之，而孰和之？吾知之，而孰问之？吾疑之，而孰思之？呜呼，天丧予也。丧我也罢，何故丧吾的曰仁哉？

那些时日，王阳明真的痛不欲生。

天下只有一个徐爱，而没有第二个徐爱。

六年之后，王阳明回到故乡，与学子数人，专程去徐爱的墓前作了奠祭。又写了一篇深情的短文，一祭。此时先生已得"良知"之说，故文中有句深情相问："良知之说兮闻不闻？"令人怆然唏嘘。

徐爱临死之前，在做一件事。这是一件很有意义的事。他把阳明先生的讲学语录、书信往来收集起来，要刊成一本书，曰《传习录》。可惜，他才起了一个头，便杳然西去。王阳明的学生陆澄、薛侃接过徐爱手中未完的事业，继续把《传习录》编了下去。当年八月，薛侃刻成《传习录》，其中一卷为徐爱所录，一卷为陆澄所录。数年之后，阳明先生的另一位高足钱德洪又编了一卷，集中了陈九川、黄直、黄修易、黄省曾、黄以方等多个学生的收录，合成完整的《传习录》。

《传习录》是阳明先生的代表作，是心学研究的主要文献依据。

"传习"一词出自《论语·学而》："曾子曰：吾日三省吾身，为人谋而不忠乎？与朋友交而不信乎？传不习乎？"最后一句的意思是，对老师传授的知识，是否经常复习了呢？

是的，这是学子们虔诚的心声。

因此，徐爱功不可没。虽然，他只是起了一个头。他在序言中说：

先生对于《大学》中"格物"等观点，全以郑玄作注、孔颖达作疏的《礼记·大学》为准，即朱熹等大儒们认为是误本的那一版本。开始听说时，我十分惊骇，并有怀疑。后来，我殚精竭虑、再三比较，再向先生请教，才明白先生学说像水之寒冷，如火之热烈。才相信百世之后有圣人也不会怀疑其正确。先生睿智与生俱来，他为人和蔼坦荡、平易近人、不修边幅。人们只知道先生年轻时豪迈不羁，曾热衷于诗词文章，受过佛、道的熏陶，初闻他的学说，以为是标新立异、荒诞不经，孰知先生在贬居贵州的三年之中，处困养静，历经艰险，修身静虑，精纯的功夫已经超凡入圣，进入了绝妙的境界，归入中正之旨。

我日夜在先生门下修习，聆听他的教诲，认为先生的学说刚接触时感到浅易，而越是深入，越觉高深精妙。十余年来，竟未能窥见到边缘。世之君子，有的与先生仅一面之交，有的还未好好听先生的教诲，便对先生妄加揣度，随心臆断，这怎么可能真正理解先生的学说呢？从游之士，闻先生之教，往往得一而遗二，只见牝牡骊黄，而不识千里马之本质。所以，我把先生平日的教诲尽悉记录下来，以示同志，共同考核订正，方不负先生之教诲。

诚哉徐爱，善哉徐爱，温者徐爱，恭者徐爱！怪不得阳明先生如此钟爱，如此痛哭。"朋友之中，能复有知予之深，信予之笃如曰仁者乎？"

第十二章 甲马秋惊鼓角风

一、宁王谋反

正德十四年（1519）的春夏之交，天气异常燥热。从三月以来，就没有下过一滴雨，赣江两岸的满畈禾苗，几近枯死。百姓心中的愁苦，令王阳明十分不安。

令他不安的还有他的家事。消息传来，老祖母岑太夫人病危，已经奄奄一息。他心煎如焚，恨不得插翅飞去。祖母是何等疼爱他呀，从小至大，那慈祥的脸容日夜温暖着他，日夜浮现在他的眼前。他竟不能为她端一碗水，喂一匙药。他不禁失声痛哭。

父亲也年老了，卧病在床，也需要他去探望。如今，赣南的剿匪已获全胜，漏网之鱼究竟是少数，各省的兵伍均已返回，令旗令牌亦已悉数上交，（这是一个十分敏感的话题，仗打完了，旗牌不能久留身边，否则，你跳进黄河也洗不清。）该处理的公务也都处理好了，为什么还不让我走？几次上疏，乞求省归，朝廷就是不肯。怎么这样冷酷无情呀。王阳明不由生出怨艾来。

他知道他的所有奏疏都枉费了心机，现在，只有一条办法了。他要给兵部尚书王琼写信。

他对王琼是敬重的。王琼独具慧眼，看重王阳明，付重任于他，他是明白的。可以说，整个朝廷之中，也只有王尚书最信任他。

信中说：

> ……今老父衰疾，又复日亟；而地方已幸无事，且蒙朝廷曾有"贼平来说"之旨，若再拘缚，使不获一申其情，后虽万死，无以赎其痛恨矣！老先生亦何惜一举手投足之劳而不以曲全之乎？今生已移疾舟次，若复候命不至，断亦归逃，死无所憾！老先生亦何惜一举手投足之劳而必欲置之有罪之地乎？情隘辞迫，渎冒威严；临纸涕泣，不知所云，死罪死罪！
>
> （《上晋溪司马》二）

你看，话已经说到这个份儿上了，可见王阳明内心是如何的煎熬和激愤！

他说，我的父亲病衰已极，赣南的兵事亦已平息，朝廷也曾说过"贼平来说"的话，你们还要把我捆绑在这里，我愿意以死来抗之！我的这点要求，对于老先生来说，仅是举手之劳，为何不肯成全我呢？我今已经候在船上，如果朝廷敕命不来，我逃也要逃回家去！即便一死无憾！老先生为何不肯行举手投足之劳呢？非要我获此死罪呢？……

但是，王尚书依然不肯，回信来了，还要他留在赣南。

究竟为何？其实，大家心里都清楚。江西南昌几乎成了一只火药桶，说什么时候爆炸就爆炸了。

南昌有个宁王，宁王叫朱宸濠。朱宸濠蓄谋不轨，朝野共知。

果然，六月十四日，宁王叛反。

朱宸濠的祖上叫朱权，乃太祖皇帝朱元璋的第十七个儿子。朱元璋封藩的时候，把他封在内蒙大宁，为宁王。朱权很不满自己的边陲冷落。

靖难之役，朱棣从侄子朱允炆手里夺得皇位，曾借助过骁勇善战的朱权的力量；可是事成之后，朱棣悔去平分江山之约，又不肯把苏杭宝地封给朱权。朱权只好到了南昌。从此，宁王一脉在江西世代相袭。

宁王这个称号传到朱宸濠的手上，已是数代之后。

朱宸濠的父亲宁康王，中年无子，看中了一个歌伎，颇有风姿，接回宫中，人称冯娘娘。冯娘娘有了身孕，临盆之日，康王在后花园午休，忽见一条黑色蟒蛇半空而降，一口将一名宫女吞噬，又直扑他来，他一时惊醒，出了一身冷汗。其时，一只猫头鹰正在园内号叫不止……

宫人来报，冯娘娘产下一子。这个儿子便是朱宸濠。

一切都是不祥之兆。

因此，康王不喜欢这个儿子，岂但不喜欢，简直就是厌恶，便不让住在宫内，将他养在宫外。

朱宸濠一天天长大了。仿佛长在一个仇恨的天地里，他从小便有一种阴冷、多疑的个性。他也读书，通诗词，常以文白饰；他好强，不示弱，略通武艺；他行动轻佻，毫无威仪。

康王一死，他坐上了宁王的宝座。

他喜欢结交一些江湖术士，有个术士叫李自然，投他所好，说：大王异相，非常人也。

朱宸濠一听，喜不自禁。

李自然又说：大王知道吗？城东南有天子气！

天子气！这话说得他怦然心动。一切都是一种非常之兆。

朱宸濠把眼光放到了京城。当今皇上朱厚照，排起来自己也是他的上辈了。这个皇帝像皇帝吗？荒唐。只知道女人和玩乐。而且无子。他的身后留了一个巨大的悬念：谁来承继大统？

一种欲望在朱宸濠的心中膨胀，犹如一颗种子迅速在心田发芽、生长……

当然，他知道，要实现这个欲望并不容易。安化王朱寘鐇被人用铜缸盖住活活烤死的故事发生在不久前。这可是拿性命做买卖的事。

但是他想当皇帝的欲望犹如朱厚照想玩各种女人的欲望一样已经上了瘾了，绝不回头。九五之尊真是太诱人了，简直让人梦寐以求，垂涎欲滴！

于是，他开始脚踏实地地做几件事。

第一件事是笼络京官，建立关系网。

他笼络的对象不是一般的小官小吏，他的胃口很大，要么不做，要做就要做顶级的。他要买通皇帝身边的人，比如最得宠的太监，拥有最高权力的大学士，等等。

他的第一个目标是刘瑾。刘瑾那时候没倒台，一言九鼎，权倾朝野。利用江西驻京衙门，二万两白银送到了刘瑾面前，刘瑾眉开眼笑。有什么事不可以帮忙的？王爷尽管说好了。

宁王要的是护卫。驻京衙门里的亲信为他代言。

所谓护卫，原是朱元璋搞的，每位藩王可以拥有一定的护卫权，即有一支少则数百人、多则数千人乃至上万人的护卫部队，一旦京城有事，可以即发勤王。朱棣上台以后，深感其弊端，护卫等于养虎遗患，一道诏令，把护卫权撤了。

没有护卫权，如何招兵买马？尽管宁王朱宸濠暗地里已经有了一些兵马。

不就是要个护卫权吗？刘瑾哈哈大笑，他显示出浩大的气度，笔一挥，批了。

一块金灿灿的"御赐护卫营"匾额又挂上了宁王府。

他的第二个目标是先当兵部尚书后为吏部尚书的陆完。吏部太重要了，为六部之首，所有的地方和京城的官员奏折，都得从吏部转呈。

果然，陆完的骨子没有几两重，才几个来回，几番礼数，就投入朱宸濠的怀抱。从此，一些参宁王不轨之疏，全被陆尚书扣下，而赞颂宁王贤孝之类的奏折，一直被送到了皇帝的面前。

朱宸濠的第三个目标就是杨廷和。好啊，他连杨廷和也敢笼络。杨为当时内阁首辅，即如宰相，其位之重，可想而知。而且历史证明，杨廷和基本上是个好人，是个好官，他的一些清明政绩都记载于史书。然而，也收了宁王的礼。

在杨廷和看来，区区礼金，又算什么？大原则他是有的，什么事可做，什么事不能做，什么话可说，什么话不能说，他心里一清二楚。宁王不过是拉拉关系而已，倘有麻烦，睁一眼闭一眼也就是了。他太聪明世故了，没有想到朱宸濠会造反。殊不知，吃人家嘴短，收人家手软呀，这块带骨头的肉他是鲠在咽喉里了。

朱宸濠很得意，黄金白银真是万灵之药，谁不喜欢？可惜，得意没多久，刘瑾就倒台了，护卫权又被收了回去。

朱宸濠急了，没有这块金字招牌，如何办得了大事？他决不气馁，接着再来。又把目标看准了皇上身边的大红人太监钱宁。

果然，在钱宁的帮助下，当然，还有陆完的汗马功劳，护卫权的大匾又一次挂上了南昌宁王府。

被朱宸濠收买笼络的京城官员还有好多，恕不一一举例。就这样，一张严密的关系网逐渐织成。京城里一有风吹草动，宁王焉有不知？对付起来畅通自如。

朱宸濠做的第二件事是招兵买马，建立武装。

有了皇封护卫牌照，朱宸濠的胆子陡然增大。他加快了筹集兵马、打造武器、收罗船只、备储粮饷等动作。

他招募的主要对象是大盗、小偷、水贼、地痞、流氓等亡命之徒。他原本与这些人就有关系，其中著名的代表人物是闵廿四、凌十一、吴十三等大盗首领。一直横行在鄱阳湖上。一听他们的名字，便可以看出这是一些什么样的角色。朱宸濠早与他们勾结，劫财于江湖。

为什么会重用他们？朱宸濠颇有见地。他们都是一些亡命之徒，偷、抢、杀、掠，手段极其凶狠，这样的人用来造反，冲锋陷阵，堪称一流。

才几多时，队伍迅速扩大，先是二万三万，接着超过了五万，达到八万，号称十万大军。

朱宸濠的第三件大事是收罗人才。他深知，依靠凌十一、闵廿四之流只能冲冲杀杀，成不了大事。要与官兵周旋，还得有军师、师爷；要登基称帝，更得有文才的人辅佐。

有才能的人总是有的。早就臭味相投的刘养正、李士实成了他未来的左右丞相。

刘养正，中过举人，素有词文名，摇唇鼓舌，颇能迷惑人。

李士实，一个致仕御史，早已退职在家，老气横秋，自命不凡。

两个落魄官员加文人，好高骛远，志大才疏，很善于做幕僚的角色，便被宁王一眼看中了，俨然成了卧龙凤雏。

朱宸濠似乎感到还不够。他嫌刘、李名气太小，他还要一些更有名的人来支撑他的造反事业。想来想去，便想到了唐伯虎和王阳明。

先说唐伯虎。

自从会试事件之后，唐伯虎心灰意懒，万念俱灰。书是不会再去读了，仕途是不会再去想了。做什么去？只能醉生梦死了。他游荡于风尘女子之间，醉卧于花前月下，以"风流倜傥"自居。

忽然间，宁王派人来请他。他有点意外，有点受宠若惊。宁王如此看得起我？士为知己者死，他连第二句话都没有，就去了南昌。

进了王府，他的感觉又不对了。说是让我来辅导王妃琴棋书画，做个伴读而已，怎么王府里一片杀气腾腾？处处是刀光剑影，时时在谈兵论马，宁王要做什么？仿佛有一场天大的阴谋正在这里孕育。这是在开玩笑？这是要掉脑袋的。唐伯虎毕竟是个聪明的人，他立即意识到自己处境之危险。

必须立即离开。然而，已经上了贼船的人怎能轻易得以落船？他已经知道了王府内好多秘密，宁王能放他走吗？

终于，他想出了一个办法。他先痴，后呆，再装疯。装疯装到何等不雅的程度，就不必细言，反正，已经让朱宸濠看不下去了。晦气！朱宸濠重重地吐了一句话：送他回老家！

唐伯虎逃出虎口，继续他的风流倜傥去了。

再说王阳明。

此时，王阳明的声誉早已鹊起，经过赣南平匪，名声更是大震。

如果能让王阳明投到宁王麾下，何愁大业不成？

如果让王阳明仍然待在赣南，离南昌近在咫尺，其麻烦与威胁，不言而喻。倘若举兵起事，谁也不用怕，只怕王阳明。

这是刘养正与李士实的分析。也是两位谋士最杰出的贡献，最睿智的眼光。

朱宸濠听进了，深深赞同。他似乎觉得王阳明唾手可得，除了他身为宁王之外，还有一层关系，他的妃子娄素珍，是娄谅的女儿，当年王阳明曾向娄谅求师问学，这点情分也非寻常。

他派刘养正去访王阳明。

两位读书人原本相识，又是宁王派来的，岂能不以礼相待？王对刘的礼数十分周全。可惜，他们是两股道上跑的车，伦理观念、人生追求天壤各异。因此，王阳明对刘养正的谈话分外谨慎。

"宁王尊师重道，有汤、武之资。他对先生非常赏识，非常敬仰，很想听听先生的讲课，以求正学。"刘养正不愧善言，一番开场白，便把来意巧妙地说明了。

王阳明笑了："王爷能舍去王爵，屈尊于我？"

刘养正："阳明兄，王爷真的十分看重你。几次与我说起，要举荐你来任江西巡抚。"

王阳明："不敢不敢，我哪敢作非分之想？"

刘养正话锋一转："宁王贤啊。对比当今皇上，耽于巡游，少理国事，如此下去，怎么办啊？"

王阳明一愣，一个十分敏感的话题没想到来得这么快。

刘养正接着说："难道世上没有汤武（商汤、周武王）吗？"

这就是说，应该有人起来造反了。

话说到这个份儿上，王阳明不能没有态度了。

他平静地："汤武再世也得有伊吕。"伊吕即伊尹、姜子牙。

刘养正："有汤武就会有伊吕！"

王阳明依然不动声色："有伊吕还怕没有伯夷叔齐吗？"

这是一段有关商代政治人物的典故，弦外之音十分鲜明。王阳明怎能可以没有态度？一场含而不露的唇枪舌剑，彼此都摸清了对方的心理。

但是，客面还是要的。宁王毕竟还没举事，还是宁王，岂可怠慢？一个台阶总是要给的。

王阳明说："这样吧，我一时忙于公务，不能分身，为宁王祝寿，总是要来的。宁王要听讲学，我让我的一个学生先去，他的学问很好，可以代表我。"

这个学生，就是冀元亨。他成了王阳明心头永远的隐痛。

冀元亨（1482—1524），字惟乾，武陵（今湖南常德）人。他对王阳明忠心不二，堪称学子中的楷模之一。他受命于师，随刘养正来到南昌宁王府，真的与宁王大谈起儒学来，格物致知，修齐治平，引经据典，摇头晃脑。其中不乏晓以利害的暗喻，弄得朱宸濠啼笑皆非。

冀元亨说的，无异于劝强盗放下屠刀，立地成佛。

谁要你说这些迂腐透顶的东西？朱宸濠不禁有些恼怒。如此痴呆，我要你做什么用？立即作出决定，让冀元亨回去。当然，他也给冀元亨一些礼金，以示奖励。

冀元亨分文不愿受，又转赠宁王手下的一些人了。然后，他乘舟返赣。

朱宸濠忽然觉得，这样放走他岂非暴露了我的大事？立即派人追捕，已经来不及了。

冀元亨回到王阳明身边，把所见所闻一一作了报告。归结到一点：宁王反心已昭然若揭了。

王阳明说："你的祸来了。快走，到我的家乡绍兴去，去做我的儿子正宪的老师吧，教他读书，避一避风头。"

冀元亨走了。此后，风波迭起，灾祸横生，留下一串令人惋痛的话题……

王阳明心里是一清二楚了，朱宸濠叛反在即！

此时，他不禁为孙燧担忧了。孙燧将如何面对？

孙燧（1460—1519）字德成，号一川，余姚人。中进士后，历任刑部主事、郎中，后又任河南右布政使。正德十年（1515），升为右副都御史，巡抚江西。

南昌是个敏感之地，当官的都不愿去。为什么？宁王反心日炽，早有传闻。身居巡抚，自然摆脱不了与宁王的交往。你是攀附还是远避？哪一条路都是荆棘。孙燧之前任，已经有两人被杀，两人罢归。让孙燧去，无疑是把他推向火坑。

孙燧到了南昌，果然发现了宁王的种种疑迹。宁王府挂了"御赐护卫营"的匾额，紧打兵器，操练习武，刀光剑影，几乎没有了忌讳。秉着一身正气，他一连上了七道疏，向朝廷报告宁王的形迹，然而，每道疏都被吏部陆完之流压卜，犹如石沉大海，连一丁点水花都没有。

王阳明与孙燧的关系自然不一般，都是余姚人，已属难得；都为巡抚，一个在南昌，一个在赣南，相邻就职；他们原来就是好友，从小认得。历史将告诉人们，孙燧的克星是宁王，宁王的克星是王阳明。

命运无情而有情地这样安排着。

王阳明赴赣州上任时，路经南昌与孙燧见了一面。

老乡好友相聚，本来是一件十分高兴的事，此时此地，忽然多了一份苍凉。他们谈家乡，谈亲情，也谈国事，谈公务，还有，那个绕不开的话题……

孙燧的神色很凝重。

怎么办呢？王阳明再有智慧，也解决不了这位朋友的这道难题。难道可以弃职而走？

"我只能守土有责，从容赴死。"孙燧这样说，似乎没有任何选择。

"德成兄，保重！"王阳明拉着大他十二岁的孙燧的手，深情地说。

王阳明离开巡抚大院时，看到了西边的残阳，惨淡又浓烈地浸染在如血一般的云霞里……

那一道如血般的晚霞还烙在王阳明的心头上。

宁王紧锣密鼓地动作，引起了一个人深深的担忧。此人便是娄妃。

前面已经说到，娄妃本名娄素珍，是娄谅的女儿，十五岁选入宁王府。娄妃容貌清丽，自不必说；她的才学也十分出众，自小得益于父亲的教诲，诗词笔墨，书画琴棋，无一不通；更难得的是她贤淑端庄，品德纯正，而且深明大义。民间流传，她进了王府以后，还关心民间疾苦，每年清明季节，让人在东湖搭台，她亲自去唱农歌，勉励农夫早日耕耘，勤于农事。

几年来，宁王的举动愈来愈露骨，他要做什么？谋反吗？娄妃的心紧缩了。为了收住宁王的一颗心，她煞费了苦心。先是用自己的长发蘸了墨汁，以表现书法为名，写了两个斗大的字：翰屏。又勒为碑，立于王府院内。

翰屏，取于《诗经》之"大国维翰，大宗为屏"。意思说，宗室分封为藩，当为国之屏卫，岂可有异图？

宁王几乎不当一回事。

接着，她又作了一幅画，画的是樵夫采樵，画面甚怪，两头柴薪，大小不一，落款处题了一首诗："妇劝夫兮夫且听，采樵须是担头轻；昨宵雨过苍苔滑，莫向苍苔险处行。"其用意已是十分明显了。苍苔险路是行不得的呀，危及身安呀。

朱宸濠哪里听得进去？

于是，便点破窗纸，直抒己见。她坚决反对宁王如此举动。苦谏不听，她只好跪地泣求："王爷万万不可，到时悔之晚矣！"

宁王怒了。你妇道人家知道什么？竟敢来管我的大事？一怒之下，令人将娄妃禁于"梳妆楼"（又名"观音亭"）。

民间还有传说，云娄妃曾委婢女给唐伯虎送去枣、梨、姜、芥四种果蔬，暗喻"早离疆界"，助唐逃离。当然，此传说版本诸多，有说是劝孙燧的，还有说是劝王阳明的，不一而尽，权当故事听吧。

但是，娄妃反对宁王谋逆却是记于史书的。

二、碧血宁王府

朱宸濠把响动弄得如此之大，造反已成公开的秘密，朝廷如何反应？

朝中大多官员都被宁王收买了，浑浑噩噩，充耳不闻，只有一个人清醒。

此人即是王琼。

心地坦然的王琼身为兵部尚书，自然知道自己的责任重大，他早就注意宁王的举动。他执意留王阳明在赣南，就是为了应对宁王的不轨。否则，王阳明写信给他，求他帮助其返家，真是"一举手一投足"之劳，他为何不允？

密报又来了，有人报告，鄱阳大盗凌十一劫狱逃跑，已投在宁王手下，气焰甚狂。

王琼立即下令，责期追捕。

朱宸濠慌了，这可是一个不好的信号。

他立即让人连上奏折，称他之贤孝为天下少有。奏折一直递到了正德皇帝的面前。

去年，正德皇帝朱厚照一直在北方折腾，数次出巡，以杨廷和为首的一些朝廷官员再三劝谏都听不进去。年初，又想到南方去出巡，造成了三月二十日，一百零七人跪在午门劝谏的事件。事后，朱厚照心里想，毕竟百官为了我好，我就退一步吧。现在宁王的事又奏到了他的面前，都说宁王贤且孝。

他惊奇了：夸知县是为了升知府，夸侍郎是为了升尚书，夸藩王是为了什么？……

贴身的太监张忠一听，机会来了——其时，武宗身边的几位宠信正在内讧，相互攻讦，恨不得立即置对手于死地。武宗宠太监钱宁、伶官臧贤，张忠心中一直有恨，他依附武宗的新宠江彬，目的也是为了倾轧钱宁。现在，打击钱宁、臧贤的机会就在眼前。

他装作极其虔诚又极神秘的样子轻声对武宗说："陛下，荐宁王贤，其实是讽刺陛下不贤。"

武宗一惊："什么意思？"

张忠接着说："宁王蓄意不善。钱宁、臧贤暗通宁王，谋为不轨，已非一日矣。"

武宗："竟有这等事？"

张忠："现有证据，宁府派来的坐探，就住在臧贤之家，来往十分密切。"

武宗大吃一惊，让他想起一件事来。

他非常宠爱臧贤是因为臧是一个可爱的戏子，带了戏班。一日，他幸臧家，臧贤拿出一只金丝宝壶为皇上斟酒。宝壶精泽巧丽，十分夺目。皇上便问："此壶从何而得？"臧贤说了实话："是宁王爷送我的。"

回宫之后，他把此事告诉了宠妃刘美人。

刘美人笑笑说："为何宁王爷献给臧贤，而不献给皇上？"

武宗一愣，心里留下一个结。

现在听张忠一奏，感到情况不妙，立即派人去臧贤家查询。

搜查的人回来报告：臧贤之家装有隔层机关，打开橱门，内通夹弄，宁王府派来的坐探，从此处逃走。

武宗惊呆了。

那个逃走的坐探名叫林华。

正在此时，御史萧淮送来一份长长的奏折，历数宁王包藏祸心、招降纳叛、私造兵器之种种不轨行为。听了令人惊悚。

皇上勃然大怒。

朝内大臣一时惶惶不安，谁能摆脱干系？杨廷和、陆完，一个个各怀心事，不知如何是好。现在，他们才觉得王琼曾经对他们说过的这句话之分量了：宁王如此放纵，你们还要给他送护卫，闯出大祸，你们吃得消吗？

武宗作出决定，派驸马都尉崔元等人立即去南昌，革去宁王护卫。当然，诏敕写得比较委婉：

"萧淮所言，关系宗社大计，朕念亲亲，不忍加兵，特遣太监赖义、驸马都尉崔元、都御史颜颐寿往谕，革其护卫。"

年轻的正德皇帝，天生一副好奇爱玩的性子，堪称天下第一纨绔。但是，他还有另外一面。他还没昏庸糊涂到江山可以奉送他人的地步，他也知道是非，明白利害，清楚大局，敢于决断。要不，他的皇座如何坐得住？

但是，他的这个决定非同小可，一石激起千层浪，风波将会骤然而至。

王琼是深深地预测到了这一点，他立即作出一个部署：

时值福建三卫军人进贵等人协众谋反，王琼立即命人快马下令王阳明前去处理，并嘱可"便宜行事，以待他变"。

什么意思？这就是变相的令牌令旗。他让王阳明可以随机应变。

回来说京城。宁王的坐探林华，从臧贤家逃了出来已知情况不妙，忽然听说朝议宁王事件，武宗下令革去宁王护卫，传言纷纭，添油加醋，又不清楚底细如何，紧张慌乱已让他分秒不安，他连忙起程，奔向南昌……

于是，便有三路人马先后紧急南下：

一路是皇上传旨，革去宁王护卫；

一路是兵部传谕，命王阳明处理福建兵事；

一路是宁王的亲信，回南昌报告京城变幻……

南昌，宁王府。

一切如往常。朱宸濠的造反事业正在按部就班有条不紊地进行着。

刘养正、李士实虽然才能平庸，但是纸上谈兵还是有一套的。举事的日期也已初步定下，八月十五，乃是秋闱大试之日，举国上下的目光都集中到考试上，正是起事的最好时日。再过几天——六月十三日，是宁王的生辰，应该好好庆祝一番，借机也可以试探一下南昌三司一些官员的态度。

宁王朱宸濠生辰的正日是六月十三日，而庆贺宴请却有三天。按俗例，生日前一天为暖寿，只是家人亲族的聚会；正日一天，则鸣炮启门，行正式寿礼；第三天则为谢宴。

林华是十三日的下午才赶到宁王府的。其时，宁王府正是鼓乐喧天，车马盈门，最为热闹之时。

满脸喜气、兴致正高的朱宸濠被刘养正、李士实两人请进了内室。林华气急喘喘、高度紧张地汇报了京城风云突变。

犹如一盆冰水浇在他们三人的头顶！

情况火急，刻不容缓。驸马崔元一行这些天就要到来。

怎么办？

三个人仓促决定，事不宜迟，迫在眉睫，明天起事——明天是谢宴之日。

六月十四，江西南昌的巡抚、都布按三司官员如期前来。

孙燧一进王府，立即感到气氛与昨日不同，一种无形的令人压抑的气息弥漫在四周。

鼓乐齐鸣，奏的是"喜千春""千秋岁"一类。忽然，乐声变了，乐工竟然奏出了"飞龙引""风云会"的音调了。

官员们吃惊了，面面相觑，这不是为皇上寿诞奏的乐曲吗？怎么宁王也敢用？大家议论纷纷。

只见朱宸濠走了出来，示意乐工停奏，众人安静，顿时鸦雀无声。

他说话了："今天，有一件重要的事情要宣布。你们知道吗？昔日，孝宗皇帝为太监李广所误，抱养民间婴儿，使我朱家香火断绝，已十四年矣！"

啊？！众人目瞪口呆了。

朱宸濠接着说："现太后传我密旨，令我起兵监国，共伸大义。不知诸位肯从我否？"

孙燧知道这一天终于来了，一声冷笑，厉声责问："太后密旨，可否一观？"朱宸濠："太后密旨，岂可轻易示人？我只问你，我现在进兵南京，你肯保驾否？"

孙燧大声回答："天无二日，国无二君。此为大义，不知其他。"

朱宸濠顿时大怒，一声令下，将孙燧绑了！

且慢！一声怒吼，按察司副使许逵跳了出来："孙都御史乃朝廷命官，谁敢动他？"

朱宸濠又一声怒吼：绑了！

将孙、许两人拉出去，斩了！

碧血辕门，义薄云天。霎时，天忽阴噎，满城惨淡！

没想到事情来得这么快，在场的大小官员吓坏了，惊呆了，哗然一片。朱宸濠当即要他们一一表态。不从的，下狱的下狱，杖打的杖打；胆怯的吓得发抖，不敢声张；卑劣的立即附逆，甘为爪牙……

宁王立即宣布，登基起兵！

三、起义兵讨檄

宁王起兵叛反，王阳明正奉敕去处理福建叛军，六月初九启行，十五日到了丰城。

出发前，他正在为该否赴南昌宁府拜寿而踌躇。按理说，宁王逆反之前，还是堂堂正正的明室亲王，为其祝寿，当在情理之中。谁能保证他日后必举旗造反？然而，形迹又是非常明显了，与孙燧面晤时，那悲怆的心情，如血的晚霞犹在眼前，他岂甘于前往？

正在此时，王琼的密令飞马传到：去福建处理叛军。

王琼要比坐探林华、驸马崔元都来得快。而且，弦外有音：便宜行事，以待他变。

这倒是免赴南昌的最好借口，赦命在身。

他立即起程，日夜兼行。船又是从上游到下游，顺流而下，一帆风顺，很快就到了丰城，当地称黄土脑，离南昌只有百余里了。他本该在此小憩，向东转道，直赴福建。谁知眼前景象，令他吃惊，逃乱之民汹涌而来，一派仓皇。知县顾泌慌慌张张迎了上来，告：朱宸濠已反，孙、许被害。

尽管一切都在意料之中，王阳明还是觉得，这个消息来得快了一些。

他该怎么办？

又一个人生转折关头来到眼前。

望着暮色苍茫的江水，王阳明来不及深思，果敢地说："走，回吉安去。"对，回吉安，细作商量。

但是，船夫却不肯行了。

为什么？时值南风呼啸，江水逆流，船只怎么行得起？

王阳明回到舟中，对着苍天祈祷，我王阳明誓死报国，天公岂能不助？

说话间，南风果然停了，船已可缓行；然而，船夫依然不肯。王阳明大怒，拔剑出鞘，船夫才被迫回程。

暮色已深，船走得很慢。此时，传言宁王已闻讯派追兵前来。王阳明即让舟船停航，与随从雷济、龙光两人及家人，跳上一叶扁舟，星夜往吉安而去。

果然，追兵到了。朱宸濠原以为王阳明会拜寿来的，却未见他来，忽又得到消息，他已调转船头回去了。情况不妙，立即派人追赶。然而，王阳明的渔船早已消失在茫茫夜色之中。

蜷缩在低矮的船篷中，王阳明的心情不平静。

他本可以去福建处理兵变（这是一个小小的兵变，不足与宁王叛变相比较），他奉了朝廷之命，平叛与他无涉。说无涉，是因为朝廷没有给他这个使命。你满腔义愤、兴兵勤王，朝廷未有成命，也会成为一个擅自行动的口实。朝中那么复杂，规矩那么繁多，你岂不是自找麻烦，自讨苦吃？

而且，他没有一兵一卒，一草一粮；剿匪时的那些部队，早已返回各省各府各县。原来征用的盐税、军饷亦已了结。

他还能带兵勤王吗？他要勤的这个王，当今皇上朱厚照也，说心里话，他并不欣赏。岂但不欣赏，还令他"懔骨寒心"。天下乱成这样，奸佞猖狂如此，谁的责任？你还整日游玩不止，民心岂能不骚动？

但是，他更鄙视宁王。朱宸濠并无什么杰出的才能，招降纳叛，蝇营狗苟，草菅人命，已让他不齿；为了一己野心，居然不顾百姓安危，不守藩服，滥杀大臣，滥烧战火，睥睨神器，起兵谋反，更让他愤恨。

天下大义何在？人性良知何在？士子气节何在？他不起兵谁起兵？

王阳明下了决心。

深夜，到了临江。知府戴德孺听到消息，喜出望外。他此时正忧心如焚，不知如何是好，王阳明一到，仿佛来了救星似的。他连忙迎接先生入城住下。

王阳明的用兵有几个招数：一是神机妙算；二是未雨绸缪；三是攻心为上；四是狡诈专兵；五是不按常规出牌。古代兵书上的"声东击西""围魏救赵""火烧连营"等等，都被他活学活用了。这也是一种"知行合一"。

现在，当务之急是什么？

他分析了朱宸濠三条战略方向：

一是兴兵北上，直取京城，速战速决，如此一来"宗社危矣"，此为朱的上策；

二是沿江而下，攻进南都，南北分治，版图亦分裂矣，此为中策；

三是坐据南昌，瞻前顾后，步履缓慢，此为下策。

因为下策利于王师调兵，合围歼之。

王阳明需要筹兵的时日。然而，怎样才能拖住宁王呢？哪怕五天十天也好。宁王能听你的指挥吗？他的脑子进水吗？

王阳明坐在戴德孺的书房里，起草了一纸公文，公文的意思是：奉朝廷圣旨，已调动两广、湖、襄的十余万兵马分别出师，合围南昌，又命广西狼达官兵四十八万直赴江西，一举歼灭叛军，如此等等。

然后，一式数份，抄写誊正，即速散发全省。

朱宸濠很快获得了这些公文。

公文显然是虚假的，哪里会有这么多的兵马？稍事分析，可信度极小。然而，生性猜疑、做贼心虚的朱宸濠还是被惊住了。怎么来了这么多的官兵？……

十八日，王阳明到了吉安府。吉安就是王阳明当过知县的地方，县名叫庐陵。知府伍文定大喜过望。

伍文定是一个非常强悍的人，虽为文官，却略通武艺，一年余跟在阳明先生身边转战赣南，打仗打出了锐气和勇气。王阳明称他为"果捷能断，忠勇有谋"之人。他也信服阳明先生的指挥若定。朱宸濠叛反，他虽有勤王之心，却缺乏统帅，如今阳明先生回来了，仿佛得了定海神针，岂有不摩拳擦掌之理？他将成为王阳明平叛最得力的助手。

吉安成了平叛的指挥中心。

王阳明开始静心思考他的行动。朝廷的王师不可能即速南征，这是他看准的；他必须会同伍文定，尽快调集兵粮，招募义勇，迅速集结起一支队伍；朱宸濠虽然还待在南昌城内，何时出兵很难预测，他应该火上添油、雪上加霜再下一招。

这一招当然很阴毒。两兵相交，你死我活，不能不阴毒。他写了两封私人密信，一封是给刘养正的，一封是给李士实的。

信上说，你们给我的密信均已收到。你们能取得宁王的信任很重要。要严守机密，注意安全。一定要说服宁王进攻南都。一待我们起兵，里应外合，一举全歼宁王，胜券定然在握。届时我替你们向朝廷请功……

这两封密信由"奸细"分别送往南昌，而故意被宁王的手下擒住。

朱宸濠读罢密信，顿时大怒。他本想立即召进刘、李二人，面质处理，忽然一想，会不会是王阳明的离间之计？如果是离间计，可不能上了大当。但如果是真的呢？又不能不防……这样一来，多疑的他真的是左右摇摆，举棋不定了。终于，他想了一招，先将此事掩盖着，试探一下刘、李两人的出兵策略及神情形貌……

刘养正和李士实还蒙在鼓里，一听宁王征询他们的意见，不约而同地提出：必须立即举兵直捣南京……

朱宸濠的心紧缩了，果然！果然与信上所说无二。他的脸上掠过一丝阴笑，不置可否。刘、李两人倒诧异了，这是与宁王一直商议好的战略举措，宁王怎么阴了脸呢？

当然，他们三人之间还会有许多细节故事，无关紧要就不细述了。

宁王举步不前，果然中了王阳明的"奸计"，为王阳明赢得了筹集兵马的宝贵时间……

六月十九日，即王阳明到吉安的第二天，他铺纸提笔，写下了七个字：飞报宁王谋反疏。

这是他做了大量应付燃眉之急的事后，写给朝廷的第一道正式公文。

公文列举宁王叛反之情势，他不去福建返回吉安之缘由，以及他在吉安做了起兵的各种准备，请示起用当地官员和筹集兵马与粮饷各种措施。

正在他殚精竭虑部署起兵之际，一封家书送来。

祖母岑氏太夫人病逝。

他一阵心痛，一阵咳嗽，吐出一口血来。

忠孝难以两全呀。自古的哲言此刻竟强烈而残酷地印证在他的身上。他遥对故乡，落下了两颗混浊的老泪……

二十一日，他用颤抖的手，又写了两道疏。

一道是《再报谋反疏》——他怕前报中途有故，再加一道。

一道是《乞便道省葬疏》——此时，他还未正式接到平叛之任命，他多么想赶回老家，跪在老祖母灵前，一哭为诀，以谢她老人家自幼鞠育之恩啊……

然而，这怎么可能呢？

数日后，兵部回命来了："着督兵讨贼，所奏省亲事，待贼平之日来说。"

他还有什么话可说，心中一股悲凉油然而生。但，很快被眼前严峻的现实挥去了。

七月初一，伍文定的手下捉获了宁王遣派的赵承芳和季敩。

赵承芳系南昌府学教授，季敩原是赴广西任职去的，路过省城，值宁王寿宴，受命去庆贺，这一去便惹出了祸端。宁王起事，赵、季两人皆因妻、女被宁王禁囚，无奈上了贼船，受命前去丰城、吉安、赣州等地张贴伪榜，传布檄文，俱被抓获。

王阳明一一审理清楚，将他们暂押大牢。

初五，王阳明又写了一道《奏闻宸濠伪造檄榜疏》。最后一段话，可谓披肝沥胆，慷慨陈词，倾吐了王阳明一腔悲愤的心情：

> 臣闻多难兴邦，殷忧启圣。陛下在位一十四年，屡经变难，民心骚动。尚尔巡游不已，致宗室谋动干戈，冀窃大宝。且今天下之觊觎，岂特一宁王；天下之奸雄，岂特在宗室？言念及此，懔骨寒心。昔汉武帝有轮台之悔，而天下向治；唐德宗下奉天之诏，而士民感泣。伏望皇上痛自刻责，易辙改弦，罢出奸谀以回天下豪杰之心，绝迹巡游以杜天下奸雄之望，定立国本，励精求治，则太平尚有可图，群臣不胜幸甚。……

细读这些文字，令人感慨。朝中能有几人敢如此赤胆忠心、斗胆直谏？谁能如此放言批评当今皇上，要他"痛自刻责，易辙改弦"？他们只知道勾心斗角，互相攻讦，想的是自己头上的那顶乌纱，怕的是政界诡谲，自身安危，与王阳明的忠耿境界，真是天壤之别。

四、南昌之役

宁王朱宸濠错过了半个多月的最佳时间，等他醒悟到北方王师未动一兵一卒，南昌依然如故，安然无恙，而刘养正与李士实也根本没有内奸的痕迹时，悔之已迟了。

他知道中了王阳明的缓兵之计。

而这半个月，对于王阳明来说，是何等的重要。他要做的几件事都已做完，他已经筹集到近二三万兵马以及粮饷，广东、广西、福建、湖南几个省的靠近吉安的府、县，还在陆陆续续带兵过来。

七月二日，朱宸濠立即发出号令，兴师北上。

他留下宗支、亲信棋条与万锐守南昌，给了他们一万余兵马。自己则与李上实、刘养正，带兵六万，号十万，舟马并发，浩浩荡荡，直下鄱阳湖。

略南康，克九江，直指安庆。一路上，势如破竹！

毕竟，他操练的兵马已有数年之积聚了。

南康与九江的大小官员不堪一击，有的守土失责，有的弃职而逃，大多贪生怕死，亦有附贼从逆（后来王阳明让部下一一查明，上奏朝廷处置），库银均被叛军抢去，印信亦掠的掠，失的失。百姓惊惶，四散逃命，城里城外，乱成一团。

但是，安庆却并不好攻打。

安庆知府叫张文锦，此人骨子甚硬，决心与城共存亡。一起守城的还有守备都指挥杨铣及指挥崔文，死守的决心与张文锦一般坚强。

安庆作为南京上游的门户，自古为军事要冲，地理位置实在太重要了。倘若安庆失守，必然危及南京，王阳明最担心的后果即要发生。

然而，硬骨头的张文锦与杨铣、崔文拼死守住了。

领头攻打的自然是凌十一与闵廿四。两位盗首如今都受命先锋，锐不可当，骄气凌人，又有南康与九江的胜利战绩，更不把张文锦放在眼中。谁知一交手，伤亡惨重！在对方强大的火炮和弓箭的抵抗下，他们束手无策，城池久攻不下。

宁王发怒了。一个安庆都攻不下，何言南京？

太师刘养正为宁王献了一策。他带来了一个叛降官员叫潘鹏，潘鹏是安庆人，与杨铣是同乡，还有点沾亲带故。让潘鹏进城劝降，陈说厉害，可算一招。

朱宸濠同意了，潘鹏入城。

潘鹏难道不了解杨铣？当然是了解的，但他们之间有旧谊，有亲情，没有十分把握，至少也有五分。然而，潘鹏失算了。杨铣不但没有领情，而且翻脸不认，一刀便把潘鹏结果了。杨铣犹不解恨，又将他碎尸千刀，骇人听闻地把尸骨从城头上丢下示众。

张文锦闻言犹不解恨，又把城中潘鹏的亲戚家人一一逮住，砍的砍，关的关，一时满城风雨。

杀鸡儆猴。当然这一招实在让人胆战心惊。

安庆城内，一时士气大振。

宁王闻讯暴跳如雷，再攻打！拼死攻打！

刘养正、李士实两人毕竟奸才，劝宁王说：万岁，不能再强攻了，伤亡太重了。不妨换个战略？

什么战略？

何不直取南京！

此招阴毒。宁王的脑子开始冷静了，说，我们好好谋划一番。

宁王攻打安庆久持不下之际，王阳明的兵马已经有些规模了。

半个月来，王阳明张贴檄文，广募义兵，照会邻府，兵源开始集结。虽然临阵磨刀，来者多为乌合，毕竟也逾两万。于是，编队划伍，日夜操练；又抓紧筹集船只，打造兵器，一支士气高涨的军队已赫然在握。

伍文定心急，见王阳明声色未动，便按捺不住而进言："阳明先生，该是出兵的时候了。"

王阳明淡淡地说："不急。"

伍文定：那要等到到什么时候？

王阳明：再看看。

伍文定没话可说，他虽然着急，但他必须听从王阳明的指挥，并不全在谁官大官小，因为他太信服王阳明了。先生用兵如神。

终于，到了该出兵的时候了，一次重要的军事会议在吉安府内召开。

王阳明在分析了局势后说："我们就要出兵了，你们说说，是攻打南昌呢，还是支持安庆？"

众人议论纷纷，但意见是一致的：支持安庆。

理由很简单：南昌是一座坚固的城池，贸然攻城，能否攻下还很难说；而安庆正在危急之中，张文锦还能守几天令人担忧，我们现在去驰援，必然可以全力歼之，而且打击的是朱宸濠的主力部队。

王阳明说：不然。只能攻打南昌。为什么？南昌在安庆的上游，我们越过南昌去打安庆，南昌一出兵就会断了我们的后路，尤其是粮草，我们就会前后受敌。如果先打南昌，朱宸濠必然回救，既解了安庆之围，又让他首尾不能相顾。此即"围魏救赵"。

众人都服了。

黉夜发兵，十五日会兵于临江之樟树。其时，袁州、瑞州、赣州等地的兵马亦陆续到来。

王阳明召开了一次声势浩大的誓师大会，申布朝廷之威，再暴宁王之邪，同仇敌忾，众志如山，不获全胜，决不收兵！

士气已如干柴烈火一般熊熊燃烧。

十八日兵马到了丰城。

王阳明编了七哨人马，攻打南昌七门：

第一哨，吉安府知府伍文定，攻广润门入；

第二哨，赣州府知府邢珣，攻顺化门入；

第三哨，袁州府知府徐琏，攻惠民门入；

第四哨，临江府知府戴德孺，攻永和门入；

第五哨，瑞州府通判胡尧元、童琦，攻章江门入；

第六哨，新淦县知县李美，攻德胜门入；

第七哨，中军赣州卫都指挥余恩，攻进贤门入。

余下有关州县通判谭储、推官王玮、知县李楫、王天与、王冕等旁夹攻击，以佐其势。

王阳明胸有成竹，一一部署停当。末了，又令奉新知县刘守绪、典史徐诚领兵四百，从间道夜袭新旧坟厂——何为？此地为宁王伏兵所在，专备为省城之援。

很快传来消息，新旧坟厂已破。

十九日兵发市汊，将南昌团团包围。

令下：一鼓而附城；二鼓而登城；三鼓而不克，诛伍（士兵）；四鼓而不克，斩将！

二十日凌晨，一声令下，万炮齐发。

城中守备，自然很严，滚木、灰瓶、火炮、石弩、机毒等兵械无不毕具。然而，怎抵挡王阳明的兵马如天兵而降。又有新旧坟厂的溃败之卒逃回城中，更增添了宁王守部的惊惧。

顷刻南昌守兵土崩瓦解，宜春王栱条、伪太监万锐等宁王官员全部被擒。宫中眷属，纵火自焚，延及周边居民。王阳明随即命部下分道救火，安抚百姓。又搜获原被劫的大小印信九十六颗。原来胁从的一些官员皆自首投罪，一一处置，等候发落。

南昌之战，以全胜收兵。

五、火烧连船

南昌城破，令朱宸濠大吃一惊，这一惊非同小可，他是气急败坏，六神无主。

果然中了此句谶言：王爷此番举事，可谓无所顾忌，只忌王阳明一人。

王阳明难道真是他的克星？他又恼又恨，急令大队兵马返回，要与王阳明决一死战。

然而，李士实和刘养正竭力反对。

他们说，陛下，此时此刻，你不能再返南昌，只有直取南京，登上大位，方为上策。

宁王哪里听得进去？他的肤浅，他的平庸，他的自以为是，决定了他颠覆的命运。他的对手不是朱厚照，而是王阳明。他哪里是王阳明的对手？

当然，他还是有些实力的。史料描述，大兵回程，风帆蔽江，前后数十里，不能计其数。

王阳明面对的肯定是一场恶仗。

恶仗也有巧的打法，这是王阳明的军事智慧。

他早作了周密的安排。双方的兵马直逼黄家渡。两岸对峙。

这才是与宁王的主力交锋——真正意义的第一仗。

王阳明是这样部署的：伍文定作为先锋冲在前，余恩继其后，邢珣则绕到贼兵的背后，徐琏、戴德孺从左右两翼设伏。

二十四日清晨，两兵相交。宁王兵马气焰十分嚣张，锋芒毕露。伍文定与余恩按阳明先生之计佯作败退。宁兵的先遣部队紧追不放，其气甚骄，与后续部队如链断裂。他们没有想到，他们已经钻进了阳明先生设置好的包围圈，就像钻进了一个密不透风的布袋。

然后，伍文定、余恩掉转头来，前后左右，合力围剿。

一时，杀声四起，漫山遍野，短兵相接。贼兵自然大溃。

这一仗打得痛快。

战争告诉人们，打仗需要有武力的人，敢冲敢拼；打仗更需要有智慧有文化的人，以谋略取胜。没有计谋，光凭匹夫之勇，能取胜对方吗？

宁王的兵马损失惨重，他退到了八字脑。

朱宸濠深知，他是无路可退，无路可逃了。现在，他还有一些实力，不会亚于王阳明，如果接下来这一仗再惨败，他只有死路一条。

他拿出了所有的金银珠宝，光灿灿的堆满船上，令凌十一、闵廿四之流双眼发绿。死跟宁王为什么？还不是为这些宝贝吗？现在，宁王发话了：带头冲锋者，赏千金！受伤者，赏百银！所有的珠宝，都赏给你们！但是，必须打胜！

他还下了一道令，令九江、南康守城的部队倾巢而出，合击八字脑！

士气真的被点燃了，就为了这些光灿灿的真金白银。

八字脑这一仗是在二十五日白天打的，打得十分惨烈。一片杀声中，伍文定的队伍开始混乱了，死伤不少。而且又是逆风，风助宁王，炮火弥天，风烟滚滚。眼看就快守不住了。

伍文定深知王阳明兵法之严，他呼地拔剑出鞘，直指地上，大喝了一声：

"以此为界，退回者立斩不赦！"

真的有几名士兵还是逃跑，伍文定手起剑落，一连斩了七八个士兵，血流一摊。众人被吓住了。迎面是呼啸而来的敌兵，前面站着手持利剑，怒目而视的伍知府。

士兵们清醒了，横竖都是死，要死也要死在敌兵的刀枪下。他们掉转头来，重新抖擞精神，冲了上去……

忽然，一发石炮轰了过来，顿时烟火熊熊。烟火烧在伍文定的胡子上，伍文定纹丝不动，仿佛成了一座雕像。史书云："火燎鬓，不为动。"

士兵们顿时受到感染，更勇猛地冲了上去……

谁能挺住，谁就是胜者！

王阳明心事重重地站在一个低低的山坡上。双眉紧锁，双目迸出两道如冰的冷光。厮杀声、刀剑声、火炮声响在耳边。自开战以来，他还没有这样忧虑过。仗打得如此激烈，生死存亡，就此一战。他亲临前线，生死与共。细雨飘下来了，淋湿了他的衣甲，他像一座山样屹立着。他的心里十分清楚，只要他站着，士兵们就退不回来。也许，此时就是他殉国的时刻了，他依然如山而立。此刻，他在寻觅一个目标，一个重要的目标，事关战役胜负。对，就是这艘船！他要寻觅的就是这艘船！他终于捕捉到宁王这艘船的位置，立即命令火炮手开炮。

一炮打中了宁王之舟。

这真是关键的一炮，舟中顿时火起。

宁王吓坏了，连忙跳上另外一舟逃走了。

主帅逃跑，人心涣散，全线崩溃。

所谓"斩贼首"为兵法之要，实践证明。

当天，宁王退到了一个叫樵舍的地方。

樵舍位于南昌与鄱阳湖之间，赣江流到这里，分几条支流注入鄱阳湖，河水如网，湖河相连，利于水战，进退自如。

宁王把所有的船只都集中起来。十余年的积累，他的船只无论数量和质量都要优于王阳明部队。烟波茫茫中，他看到自己的船只，风帆蔽江，俨然如水上城垛，他不禁有点得意。单凭这一点，足可与王阳明抗衡。你有几条破船？

为了重整旗鼓，一展军威，他命令把所有的船只连锁起来，结为方阵。

明朝中叶，《三国演义》的故事早已家喻户晓，"火烧赤壁"为《三国演义》之精华，老幼皆知，朱宸濠难道没听说？他一定是脑子进水了，把最简单的军事常识都丢到九霄云外。

而且，连东风也不要借，那天正好是南风，风势朝宁王的船只吹去。

王阳明轻轻一笑，实乃草包一个！

他连夜作了部署：火攻。

兵分四路：邢珣击其左；徐琏、戴德孺出其右；余恩等分兵四伏，候机而发；伍文定则负责准备柴火工具，正面火船攻击。

这一仗，也许会打得很轻松，很潇洒。

二十六日晨，宁王在一艘大船上上早朝——虽然说南京尚未攻克，登位大典尚未隆重举行，可是君臣之礼早已在宁王和李士实、刘养正之间实施。万岁、陛下之类的称呼，早已让朱宸濠耳顺心悦。

为了提高士气，震慑军心，朱宸濠今天要杀几个人。昨日八字脑一仗，一败涂地，根子在于"三司"各官未以死相拼，坐观成败，不杀不足以为戒。

"万岁不可。"刘养正不同意，"现在正是用兵之时，杀将怕要动摇军心，不妨迟些再作计较。"

李士实却认为宁王的决定是对的。现在已是千钧一发之际，重病须用重药！李士实这样认为。由此引发争论。那些摇唇鼓舌之徒，说起话来，一套又一套，博引旁征，只恐说得不长不见其理……争论是越来越激烈了。

忽然间，有人来报：火！大火！

众人朝船外一看，不好，大火熊熊一片。

接下来的故事自然比较简单：当年曹操大败于赤壁的情景又在鄱阳湖重现。

大火连天。浓烟滚滚。鬼哭狼嚎。溃不成军。

朱宸濠这才明白：大势去矣！

他沮丧地瘫倒在座位上，眼前一排嫔妃宫人跪地泣别。

他看到了娄妃。自己曾经深情钟爱过的多才多艺的娄妃，昔日的神采已经憔悴。为他的逆反她曾苦苦死谏的声音犹在耳旁，而今，悔之晚矣。

他哀哀地叹了一口气：昔有纣王听妇言而亡，我今不听妇言而亡！

娄妃纵身一跃，跳湖而去。留下《绝命诗》一首：

画虎画龙叹旧图，血书才了凤眼枯。

眼前十丈鄱阳水，流尽当时泪点无？

嫔妃们也一一跳湖……

宁王慌乱之中，换了行装，躲入一小船冲出火海。

"哈哈，我等候你久矣！"装扮成渔夫的知县王冕横势而出，宁王被生擒活捉。

活捉者，还有世子、郡王、将军、国师、元帅、参赞、指挥等数百人，自然包括李士实、刘养正、吴十三、凌十一、闵廿四之流。少数逃窜者，亦于次日击溃。

一网打尽，全胜收兵。

朱宸濠押回南昌时，万众轰动，沿街观望。曾经骄横一时不可一世的藩王，成了霜打白菜，蔫然耷拉着脑袋。

他的目光与王阳明相接。

朱宸濠的目光是复杂混浊的，而王阳明的目光则是清冷明亮的。

还有什么话好说呢？

朱宸濠："此我家事，何劳先生如此费心呢？"

王阳明只是冷冷地看着他。他一定想起了孙燧，还有那如血一般的晚霞，如晚霞一般的血。

朱宸濠开始乞求："削我护卫，贬我为庶民，可否？"

王阳明："有国法在。"

朱宸濠绝望了，哀哀地说："悔不听娄妃之言，乃有今日。自始至今，她一直苦谏，我未能采纳。她已投水，只求先生能打捞遗体，好生安葬。"

朱宸濠的这一点要求，王阳明答应了。

因为她贤，深明大义。还因为她是娄谅的女儿。

尸体果然在黄家渡被人打捞上来，竟然逆水而漂至。全身衣衫皆用针线密缝，严裹其身，妇人之道也。王阳明十分感慨。他想到了自己的诸氏夫人，起兵吉安时，她不也是立志殉夫吗？倘若王阳明军事失利，她将严裹其身，引火自焚。她的房屋里堆满柴薪。她曾这样对王阳明表示过。

现在，夫人一直跟在他的身边，好好的。

那位曾经非常天真可爱的小女孩则杳然而逝。

残酷的战争将戕害多少无辜的生命！

王阳明当即作出决定，善葬娄妃，她无罪。其葬地选在南昌德胜门的左侧，碑曰"明故宁王庶人娄氏之墓"，直到现代才毁去。

平定宁王叛乱，对于朱宸濠来说，六月十四日仓促起事，七月二十六被生擒，只有四十三天时间。十余年的蓄谋，毁于一旦。对王阳明来说，六月十八日吉安动议，七月二十七日结束战斗，只有三十九天时间。

他手无寸铁，身无皇命，以天下大义为重，处变不惊，临危不惧，一腔热血，慷慨赴义，以少胜多，以弱胜强，表现了他卓越的军事才能。

他以充沛的诗情，振笔奋书，写了一首《鄱阳战捷》：

甲马秋惊鼓角风，旌旗晓拂阵云红。
勤王敢在汾淮后，恋阙真随江汉东。
群丑漫劳同吠犬，九重端合是飞龙。
涓埃未遂酬沧海，病懒先须伴赤松。

诗中有旌旗鼓角之豪情，也有蔑视群丑之愤慨，更有归隐山林之向往。

　　群丑为谁？含义是丰富的，可以说是宁王之流，也可以说是朝中那些奸佞小人。

　　因为，平叛的战斗结束了，一场更大的风暴又来临了。王阳明虽然有所预料，但是，他决没有想到，这场风暴会来得如此猛烈。从某种意义上说，这场生死考验几乎把他推到了悬崖绝境。

第十三章

余波汹汹

一、武宗南下

正德年间的大明王朝，真可谓是个绚烂多姿的大舞台。各类人物，极具个性，色彩鲜明，粉墨登场，扮演了一出又一出精彩好戏。比如说朱厚照，大明王朝诸多皇帝中有谁像他这般活法的？他的奇思妙想、别出心裁，他的贪图玩乐、任性胡为，堪称一绝；又如太监刘瑾，其凶狠毒辣，一手遮天，在太监行伍里又能有几个？又如朱宸濠，想当皇帝简直想疯了，挑起造反大旗，凶焰不可一世，谁知几下子就成了阶下囚，结果了自己的性命；当然，还有王阳明，没有他，这台戏就唱不下去，江山真的变成乱局，但是，他的个性又是非常特殊的，不按常规出牌，才让这台戏跌宕生姿，丰富多彩。都是几百年才能出一个的人物。

回来说事。朱宸濠叛反的消息传到京城，便像滚沸的油锅里泼了一桶冷水，炸得朝廷一片沸扬，一片惊惶，个个呆若木鸡。

文武百官惶惶不安，惊恐失措，各怀鬼胎，噤若寒蝉。

谁没有受过宁王的好处？白花花的银子谁不喜欢？宁王的最大本事就是善于把银子撒到角角落落。如今又该怎么办？

众官员聚会于左顺门，一个个相互观望，你看着我，我看着你，谁也不敢说什么。说什么都犯忌，都会招致不测之祸，甚至连牵名带姓地说几句朱宸濠已反了也不敢。更说不上慷慨激昂，义愤填膺；说不上立即部署起兵去平定。谁能去平定？

只有王琼，兵部尚书，他胸有成竹，坦然而笑："朱宸濠素行不义，居心叛逆，时已久矣。现在他仓促举乱，也没有什么可怕的。我早就安排好了。"

"你安排什么了？"众人问。

"我安排都御史王守仁据于上游，你们看着好了，必定能生擒之。"

说得轻巧，有那么容易的事吗？没有几个人能相信他的话。

历史证明，王琼的结论是对的。不能不佩服他的眼光和韬略。

于是，王琼立即动议上疏：下诏削去朱宸濠宁王的藩位，正贼名。

同时，又上了一道举全国之兵合围征剿的疏：

御史俞谏率淮兵赴南都；

御史秦金率湖兵进发南昌；

王守仁率南赣之兵由吉安发南昌；

而南京、镇江、杭州等地守备则加强兵力各自镇守，遏制贼冲。

当然，这只是全国范围的战略方案。王琼也知道，远水岂能救得近火？实实在在冲在第一线的还是王阳明。

奏疏到了朱厚照的手里。

谁都不会想到，他非但没有惊忧（按理，最应惊忧的是他，朱宸濠的最终目标就是冲着他的宝座去的），反而极度兴奋，这不是一个天赐良机？他终于可以名正言顺地去江南游巡一番了。

他要带兵亲征。

上半年发生的那些事儿还历历在目。

那时候，他刚从北方出巡回来，渡黄河，驰边关，风烟万里，其乐趣是难以言说的。只是没有去过南方，闻说南方的风情更诱人，岂能不去？二月二十五日，他下了诏，出巡南方。没想到遭到了百官的竭力反对，简直是声浪如潮。身为皇上，不好好坐朝，整年整月在外游荡，朝廷成了什么？大学士杨廷和等力谏，六科都给事中邢寰、十三道御史王度等等上疏力阻，一拨又一拨，让他头疼心烦。一怒之下，他便让那些不知好歹的罚跪的罚跪，廷杖的廷杖，坐牢的坐牢，如此折腾了几个月，哈哈，现在真的好机会来了，宁王事发，孤家亲征平叛，你们也敢反对？

他下了圣旨：

令总督军务威武大将军镇国公朱寿统率大兵前往征剿。

朱寿者谁？就是他自己。他自己封自己。

"再有犯颜来奏者，治以极刑不宥。"他下了死命令。

不想此时，王阳明的捷报到了。宁王朱宸濠已活捉，叛乱已平。

真是大煞风景，扫了兴趣。如今该怎么办？

最为得宠的江彬献言："陛下，元凶虽擒，余党未尽，不捕必为后患。陛下可以照旧出兵。"

一句话说得朱厚照心头大喜，对，余党未尽，照旧出兵。捷报暂先按下不发。

于是，一支浩浩荡荡的大军出发了，武宗身披银光闪闪的铠甲，骑着高头大马，前呼后拥万余兵马，好不威风！时在正德十四年（1519）八月二十日。王阳明是在七月二十六日活捉宁王的。

朱厚照做了威武大将军，副将军便是江彬。由于他是边将出身，去年来一直陪在皇帝身边出游，又善谗言，甚得皇上欢心，副手自然非他莫属。他趁机在朱厚照面前进言，揭发锦衣卫指挥使钱宁勾结宁王的罪行，十足的内奸，武宗一声令下，便把钱宁打入大牢，钱宁的职务便落到了江彬的身上。

在大明王朝激烈的权力斗争中，不能忘记一条的是，铲除奸佞，光靠忠耿之臣的力量还是不够的。正义的力量在那时的背景下，常常是很微弱的。还有一种情况是权奸之间狗咬狗的争斗，刀光剑影，你死我活。利用这样的力量也是一种高明。当然，也有他们自相残杀的。江彬除了钱宁，就是一个典型例子。

江彬此时翻手为云，覆手为雨，得意极了。皇上对他言听计从。但是皇上没有想到，江彬也是心怀叵测的，也是与宁王暗通款曲的，只是没有钱宁受贿多。江彬竭力鼓动皇上南下，心里自有盘算，他不到第一线去，如何能得到保护自己的主动权？他是不是还有另外的阴谋呢？许多历史之谜至今未解。

同行的还有张忠、许泰，带领一支先遣部队。

张忠也是一个坏得头顶生疮、脚底流脓的太监；许泰的身份是安边伯，十足的为虎作伥、狐假虎威的小人。

这三个人一结伙，够王阳明招架的了。

为什么？里面的文章太多了，慢慢道来。

一起出征的还有一个人，此人即张永。张永也是皇上信任的一个太监。这是一个非同寻常的角色，不能等闲视之，他将如何表现，我们也留在下文表述。此时，他的职务叫提督军务，也属先行一路的。

而杨廷和则留在京师，处理朝廷的日常工作。他虽然提防着王琼，也不欣赏王阳明，但收到捷报还是很高兴，毕竟江山稳固，百姓免离乱之苦，还是为臣之要。他是清明的，只是劝阻不了武宗。

一场新的更为激烈的风雨来临了。王阳明知否？心理准备如何？

当然，还有一些插曲，犹如戏剧里的小丑插科打诨让观众捧腹大笑的表演。

小丑就是皇帝朱厚照。

临行之际，他是答应了宠妃刘美人的，带她一同南下。这位刘美人，原是太原晋府乐工杨腾之妻，乐户刘良之女，由于姣美妖媚，善歌舞，武宗一见便喜欢上了，也不管她是否已经嫁人，纳为宠妃，人称"美人"。刘美人饮食起居必与偕行，所以南下是一定要带走的。她也并不妨碍他的寻花问柳，美人吃起醋来另有味道。但是，美人微羞，不能动身。皇帝答应她，到了临清改为水路时再来接她，以刘氏的一支玉簪为凭。谁知出了卢沟桥，皇上便把玉簪丢了，他是太兴奋了。连忙派人去接，刘美人死活不肯来。没奈何，只得皇上亲自回宫去接，如此一来一去，反复数次，又花了十多天时间，臣子们莫名其妙，还不晓得什么缘由。

直至十一月，他们才到了淮安的清江浦。离南京已经不远了。

然而，朱厚照又不肯走了。为什么？清江浦好玩，清江浦的鱼多，乘小船去捕鱼乃当地一绝。何况，身边还有刘美人，也高兴一乐。

朱厚照不会知道，这个地方对他来说，是个忌地。即便此次安然无恙，下次也是难逃一劫的。

就这样，沿着大运河，浩浩荡荡，一路南下，一路吃喝玩乐，到了南京，已是十二月底，寒风呼呼凛骨了。

按下武宗到南京不表，江西这一边早已是黑云压城风雨交晦了。

张忠与许泰作为先遣部队，长驱直下，九月就到了江西。

与江彬分手之际，他们是有密约的。

密约之一，必须把朱宸濠一干犯人提获到手。只有拿住战犯，才能论功行赏，才能掌握主动权，更主要的是销毁罪证。江彬是太清楚这一点了。

密约之二，要取得武宗的欢心，必须把朱宸濠放回鄱阳湖中，让武宗亲自活捉，只有这样，才能书写完美的历史。

密约之三，王阳明如果不听话呢，那就要使出更阴毒的招，必须置之于死地。

王阳明怎会知道核心集团内幕之黑暗？他只知道皇上要南下亲征。南下亲征做什么？宁王早已被擒，几万兵马南下，要吃要喝，要加重地方多少负担？受害的还不是百姓？八月十七日，他写了一道《请止亲征疏》，劝皇上不要南下，途中亦不安全。臣将逆贼宸濠一行，亲自解赴京阙，由皇上审处，不是更好吗？

当然，这样的奏疏早被江彬之流压下了。

王阳明待在南昌，忧心如焚，坐立不安。

流言纷纷传来，先遣部队张忠、许泰即将到南昌，他们前来索要战俘；还说，朱宸濠必须放回鄱阳湖让皇帝亲捉，等等，虽是流言，却全被印证为实。

王阳明愤怒了。荒唐何极！这不是一场儿戏、一场闹剧吗？

秋风起了，落叶萧萧，枯叶在院子里无所归依地打转。王阳明忽然觉得一阵悲凉。他该如何做呢？他现在遇到的麻烦要比对付宁王还要大。

忽然得到乔宇传递来的信息：张永一行已到了杭州。

乔宇现任兵部尚书，是他的好友；王琼则成了吏部尚书，位子更重要了，自然因平定宁王有功。

现在说到了张永。

这位张永，真不是一般的人物。想当年，谁敢与刘瑾叫板？那得具有何等样的勇气？在大义的召唤下，他与杨一清联手，除了这个不可一世的巨奸。当然他也出于私利。他就是这样一个交织着良知和私心的人物，在当时腐朽的太监队伍里，已属难得。

能不能把朱宸濠等要犯交给他呢？如果他能收下，就可以阻止皇上南下江西。而且，杭州离南京不远。而且，可以让人放心。

当这个主意渐渐成熟起来的时候，王阳明算了算日子，时间已经很紧了，他必须立即行动，做好押送囚犯的细密准备，立即出发。

那一天，是九月十一日。月色昏黄，夜雾蒙蒙。他连夜起程，经东乡，过弋阳，到了广信。

三匹快骑从后面追到，果然是钱宁、张忠派来的人。

原来，王阳明前脚才走，许泰、张忠后脚就到了南昌。一听王阳明押着宁王走了，气急败坏，立即命人追赶，要截住宁王。

事情来得这么紧急，没有回旋的余地。他唯一的选择就是抗旨。

抗旨，是要杀头的！

王阳明是最清楚不过的了。然而，身上流着浙东志士血液的王阳明，岂肯趋小附奸？他没有别的选择。

来人傲慢地睨视了一下王阳明，说：我是奉许副总兵之令，前来提取叛犯朱宸濠一行的。

王阳明淡淡一笑：请转告许副总兵，押送囚犯，事关重大，不能有一丝闪失，王某理应亲自解押，直送南京，请大人放心。

来人吃了一惊：王大人莫非要抗旨？

王阳明故作不明，说：这抗旨两字，从何而来？

来人说：实话告诉你好了，这是皇上的旨意，皇上要将朱宸濠放回鄱阳湖重捉，你敢不从吗？

王阳明心中陡然一寒，果然，流言是真的！如此荒唐的事情，也只有当今的皇上才能做得出。如果再这样折腾下去，局面如何收拾？江西百姓如何生活？热血顿时涌动起来。

不行。他应该力阻。劝奉皇上，早日回兵。朱宸濠不能交给许泰。抗旨抗定了。

来人只好悻悻而归。

从此，王阳明将面临一场更大的灾难性的考验。他面前的道路忽然显得格外地血腥和惊险。这批权奸岂能放过你？

二、群丑漫劳同吠犬

王阳明深知事态严重，星夜出发，过玉山、驻草萍，忽然得到消息，王师已到徐州、淮北一带。连忙马不停蹄，乘夜向杭州进发。

离开草萍驿，他在壁上留了两首诗——《书草萍驿二首》。

其一

一战功成未足奇，亲征消息尚堪危。

边峰西北方传警，民力东南已尽疲。

万里秋风嘶甲马，千山斜日度旌旗。

小臣何尔驱驰急，欲请回銮罢六师。

其二

千里风尘一剑当，万山秋色送归航。

堂垂双白虚频疏，门已三过有底忙。

羽檄西来秋黯黯，关河北望夜苍苍。

自嗟力尽螳螂臂，此日回天在庙堂。

诗句是苍凉的。心情更苍凉。诗句如低回的秋风，在壁上鸣咽。宁藩已擒，皇上还要亲征南下，劳民伤财，民不堪负。他以螳螂自嘲，螳臂岂能挡车？面对庙堂强大的政治势力，他只能黯然自嗟；对社稷民生的担忧，对朝廷腐败的愤慨，全都倾吐在诗句中了。

数日后，到了杭州，正是三秋桂子季节。

他求见张永，获得了张永的同意。

两人的内心是复杂的。对于张永来说，他深知接见王阳明之敏感。皇上带兵南下，阳明献俘北上，构成了一组强烈的不可调和的矛盾。他是承认王阳明的，承认他的不可磨灭的功勋。遍观朝野，能有几人有如此之忠肝义胆，如此之文韬武略？王阳明乃旷世奇才。然而，现在他面对的是皇上，而不是朱宸濠。皇上之旨不可拂，皇上之心不可测。更何况群奸在侧，人情汹汹，一个个讨皇上欢心的背后是利己图私，居心回测。王阳明的到来，对他来说是凶还是吉？他不能不考虑慎重。

对于王阳明来说，这是最后一招了。得失成败，全在此举。毕竟，张永除害刘瑾，给天下的人留下了好口碑，但他是否愿意帮助自己？是否肯接下朱宸濠？如果不愿意又该怎么办？这一连串的问号像一把把沉重的锁挂在他的胸间，他必须看张永的脸色来解答。他们从来没有见过面，从来没有打过交道。深浅安危，实在难测。

两人面对面坐在行辕之中，静静地，有点凉。寒暄之后张永发话了，他问：王大人到此有何贵干呢？

王阳明直陈己见：张公公，江西百姓，久遭宁王之苦。现在叛乱方平，又遇大旱，百姓之困苦，自不用言。如果大军南下，兵饷粮草巨大，地方百姓如何担负得起？到时候，倘若又激起民变，天下必将大乱，社稷何保？苍生何辜？

对于这番话，张永无懈可击，他深以为是。

张永的这个态度，王阳明感到很重要。"永深然之"，不是其他几个权臣可以做得到的。

他感到了希望，接着说：张公公，我把朱宸濠交给你，让你去南京献给皇上。劝皇上回兵京都，此江西幸甚，百姓幸甚。

张永默然良久。献俘邀功，请封受赏，谁不愿意？许泰、张忠之流恨不得立即将朱宸濠拿到手中呢。然而，这个朱宸濠又是一只烫手的山芋，弄不好，又会生出麻烦来，他该如何处置？他想了想，说："我此番奉命南下，是因为群小围于君侧，须调护左右，以辅圣躬，并非为邀功而来。我也有我的难处。倘若顺着皇上的旨意而言而行，事情总是可以挽回的；倘若逆了圣意，激起群小围攻，只怕无救于天下大事矣。"

王阳明觉得张永这番话是真心话，是实在话，是通情达理的。有他这番话，他放心了。

其间，王阳明也透了一点信息：宁王原来与朝中百官频于往来，颇多瓜葛，查到了许多信件、账单，现都付之一焚了。王阳明说得轻描淡写，毫无痕迹。

张永则说：这样也好，这样也好。可见先生之大度。

张永内心是否有点复杂的东西，只有他自己知道了。

末了，王阳明说自己身体羸弱，想在杭州西湖净慈寺休养几天，养养自己的病。张永也说好的。

于是，王阳明便把朱宸濠一干要犯，全部交给了张永。

走出张永的府门，王阳明大大地松了一口气。

他想，即便有些小风浪，也无关紧要了。

王阳明想错了。事情并没那么简单，后头的风浪还大着呢。

果然，江彬派人到杭州来提取朱宸濠了。

来的人不是一般人，是个锦衣卫千户，手中拿着威武大将军（即皇上）的金牌。

王阳明闻说，连出迎都不肯，朱宸濠已交付张永，还有什么事与我相干？

身边的一些官员苦劝阳明先生。那怎么可以？好歹也是皇上（此时还在临清玩）派来的。

王阳明说："父母有错，做子女的也得听从吗？"

没奈何，还是接待了这位千户。

千户的架子就大了。他是皇上身边的人，锦衣卫的，见惯了各色场面，一个小小的王阳明自然不在他的眼里。他万万没有想到，王阳明的态度会如此冷淡。王告知他，朱宸濠已交付张永了，你们要人可以找张永。这么说，那就得空手而返了？

有个官员怕王阳明吃亏，便对阳明说："千户大人这里得送一点礼，一是规矩，二来也可让事情缓和一点。"

王阳明并不买账："一定要送吗？"

官员说："要送的。"

王阳明说："那好，送五两银子吧。"

官员说："五两？这怎么拿得出手？"

王阳明："只可五两。"

官员无奈，按王阳明吩咐而五两。

锦衣卫千户怒了。我千里迢迢赶到杭州，战俘没有取到，五两银子就可罢休？平日里，千金百金是受得多了，你竟用五两银子来应付我？这分明是一种侮辱。

他把银子一推，二话不说，拂袖而去。

翌日，他按规矩来辞行。他本想丢一两句话给这个王阳明的，让你好好掂量掂量，谁知王阳明先一把拉住了他的手，脸上是有笑容的，说：

"没有想到，真的没有想到。我是惭愧极了。昔日我也曾下过你们的锦衣狱，但没有见到过重义轻财有如千户大人这般的。昨日薄礼，大人不纳，令我愧惶。我没有什么专长，只善作文字。他日写起文章来，我一定为你颂扬，让大家知道锦衣卫里也有像你这样品格的人。"

说完，又拜谢。

这位千户大人一时竟无所适从。喜也不是，怒也不是。执礼也不是，拂袖也不是。心里当然是恼怒的。他竟然被王阳明戏弄了。

回去见了江彬，他添油加醋狠狠地发泄了一番。

江彬气坏了。王阳明把朱宸濠交到了张永的手里，他视我无人吗？谁都知道，与他勾得最紧的是许泰和张忠，而不是张永。

王阳明，应该有好果子吃的了。别以为你是立了功的。立了功照样可以变成获了罪的，获死罪的。

你王阳明竟敢抗旨？你有几个脑袋？你吃了豹子胆了？

第二条，你究竟与朱宸濠是什么关系？不妨细细查一查。不相信查不出什么来。只要有一点蛛丝马迹，是可置你于死地的。欲加之罪，何患无辞？

顷刻之间，王阳明成了江彬这个利益集团的头号对立面。

阴谋如一块巨大的黑云迅速孕育而成。

阴谋与阳谋的最大区别在于，阴谋是阴险的，卑劣的，见不得阳光的。

一封飞马密信到了许泰的手里。已到江西的许泰心领神会，立即行动。一时，山雨欲来风满楼。

一查，问题一大堆，条条是死罪。

其一，宁王历来赏识王阳明，曾派刘养正前去联络，并许愿，荐王阳明为江西巡抚，而刘又是王之好友；

其二，王阳明派得力弟子冀元亨进宁王府，是为牵线搭桥，宁王待若上宾，其间有几多密谋？

其三，宁王之妻娄妃投水而死，王阳明为其厚殓而葬之，因为娄妃是王的师妹；

其四，宁王府财富如山，克城之日，兵入后宫，悉取其金银财帛以归，这些金银财宝到哪里去了？

其五，王阳明也曾因贺宁王生日而来，只因迟到未果；

其六，王阳明起兵，得益于伍文定等人的激励，并非王的原意；而报捷奏疏，多有虚言，夸大其词；

其七，王阳明获得宁王府诸多信件密书，还有行贿的账本，王心中有虚，全部一焚了之；

……

难道还不够吗？

结论：王阳明本是朱宸濠的同党，参与谋反，只因"虑事不成"，不得已才起兵的。

你纵有百张口千张口，你辩得清吗？有些事情是会越辩越混，越洗越黑的。

消息从各个渠道传到了王阳明的耳朵里。有人为他担忧，有人为他着急，有人为他愤愤不平。王阳明缄默无言。他什么都不想说，他只觉得无聊，厌恶，他什么都不想解释。他太累了。

因为，他很坦然。

"群丑漫劳同吠犬"，"众口从教尽铄金"。（《用韵答伍汝真》）

宁王反叛之前，与之交往，能说明什么？皇室的地位总比你地方官高。他一张请柬，一个示好，哪个敢不去？京城里的那些大官小官，甚至位居首辅的杨廷和，不都与他有来往吗？孙燧、许逵可算忠烈之士了，不也得去贺诞辰吗？如果说，宁王看重王阳明，那是宁王的事，王阳明有否附逆才是王阳明的事。

说王阳明因"虑事不成"才反过来剪除宁王，是有悖逻辑的。宁王刚刚起事，你怎么知道他是否成功？万一他成功呢？万一他成了朱棣第二呢？那你的下场就成了比孙燧还孙燧，比方孝孺还方孝孺了。

是的，娄妃他是给予善葬的。这不仅仅因为她是他老师娄谅的女儿，更因为娄妃是深明大义的，是清白无辜的，她反对宁王逆反，用多种方式苦谏。封建时代的一个王妃，一个女人，能做到这一点已属相当难得了，你还要怎样去要求她？岂可以宁贼之妻一言以蔽之？一个人总要有良知。为这样的女人殉葬，是应该的，无妨，也无愧。

刘养正是他的朋友也不错。书生文人之间都会有一点共同的话题，反叛之前有些往来也不足为奇。但是，他们两人走的是不同的两条路。刘养正利欲熏心，才有身败名裂的下场，而王阳明则是他的掘墓人。

第二年的六月，叛反早已平定，刘养正早已伏法，而"谗口汹汹"仍在继续，王阳明路过吉安，吉安是刘养正的老家，闻说刘母亡，王阳明令当地官员善葬其母，并以文奠。辞曰：

"嗟嗟！刘生子吉，母死不葬，爰及干戈；一念之差，遂至于此，呜呼哀哉！今吾葬子之母，聊以慰子之魂。盖君臣之义，虽不得私于子之身，而朋友之情，犹得以尽于子之母也，呜呼哀哉！"

他说，虽然君臣之义是不能徇私的，作为朋友之情，我还是要尽的，尽于你的母亲。

你看，坦坦荡荡，君子之心。有几人能有如此境界？王阳明难道不晓得这是犯了瓜田李下之嫌的？王阳明根本不管这一套。心内光明还怕什么呢？由此说到那些被烧的书信账本，这也只有王阳明才能做得出来。他要这些书信做什么？去钳制人？去要挟人？作为自己晋升的砝码？斗争的武器？他什么都不要。即便失去与奸党较量的铁证和优势，也无所谓。胜利者的大度，正人君子的胸次，容不下这些渺小阴暗的东西。

冀元亨是王阳明终生的痛。

冀元亨是他最好的学生之一，踏实，诚信，刻苦，用功。朱宸濠请王阳明去南昌王府讲学，王阳明推故不去，让冀元亨去代之。依王自己而言：或可阻其邪谋，或知其叛逆之机，也许是一种策略。然而，王阳明万万没有想到，他给自己心爱的学生带来了巨大的灾难。

平叛以后，许泰、张忠到了南昌，当即把冀元亨抓了起来（冀此时已从绍兴回到南昌）。他们要从冀元亨的口中，挖出王阳明附逆的罪证。他们严刑拷打，极其惨烈。

冀元亨坚不可摧，纹丝不动。他怎能诬陷自己的恩师？恩师何罪之有？

冀元亨被权奸秘密转移到北京，投狱锦衣卫，让锦衣卫来审讯。

冀元亨依然一句软话也没有。尽管，他已被折磨得遍体鳞伤，半死不活。

奸党就命常德府把他的妻子李氏和两个女儿都抓了起来。

李氏说："我丈夫平生尊师讲学，光明磊落，岂有他哉？"她和两个女儿在狱中一边诵经读书，一边纺织麻线，心态泰然。

后来，王阳明与朝中朋友多方奔走，为冀鸣冤，直到正德终年，嘉靖即位，冀元亨才被无罪释放，终因摧残过甚，复染疟疾，不逾五日而亡。

常德府同时也把李氏和两个女儿放出来。李氏说："我的丈夫呢？不见丈夫，放我做什么？"知情的人听了又悚又愧，不知道如何应对才好。

王阳明悲愤交加，心痛万分。"心血凝水六月寒"，是他此时的心声。他后悔自己走错了一步棋，害得自己心爱的学生无辜受难，命丧黄泉。那种痛，剜心刻骨，椎心泣血。他在后来一道要求辞去封爵的奏疏中写道："复有举人冀元亨者，为臣劝说宁濠，反为奸党构陷，竟死狱中。以忠受祸，为贼报仇。抱冤含恨，实由于臣。虽削尽臣职，移报元亨，亦无以赎此痛。"又写信给常德府，要求对冀家属优加抚恤。

冀元亨，当可安息瞑目矣。

还可以说说一个叫叶芳的人。

这叶芳原来是赣南的一个酋首，被王阳明收伏，投了王阳明，以谢阳明的不杀之恩。朱宸濠起事，王阳明以重金收买叶芳，希望他助自己一臂之力。叶芳思想斗争了好久，带了一支人马，决定不投宁王而投王阳明，共赴"大义"。结果，在鄱阳湖的最后会战时，叶芳成了决定胜负的一支重要力量，是立了功的。王阳明记在心里，对叶芳说，我向朝廷保奏你做官吧。叶芳不要。叶芳说："我是个土人不愿受拘束，愿得一些金帛做个富家翁吧。"王阳明也就依了他。宁王府中一些财物，该贡朝廷的贡了朝廷，余下一些都给了叶芳（《平宁藩事略》）。平叛是个大局，一切可以调动的积极因素，当然都要调动，可以做主的，他当然做了主。他办事从来雷厉风行，诚守信用。现在，平叛胜利了，有人翻出这些老账，指责王阳明连向朝廷报告一声也没有，该当何罪？要知道，那时候，日理万机，他哪里想得那么多啊。

王阳明纵有百口，如何辩清？当初没说，后来就说不清了。

那真是苦呀。书信也烧了，账本也烧了。君子面对的是小人。

过了好几年，钱德洪（王阳明另一位重要弟子）与众弟子在阳明先生的身边求学，常常会问起先生的"兵事"，那些叱咤风云、横扫千军的恢宏场面，先生总是"默而不答"。本来是一件功德卓著、快意心怀的事，先生为什么会缄默无言呢？先生内心太痛了，难言之隐太多了。心中的伤疤结成了茧，怎忍心又去撕破？有的时候，他常常独个儿喝酒，喝的是闷酒，一滴滴的酒中全是悲愤！

"忠心贯日三台见，心血凝水六月寒"哪！

三、智斗北军

再回到现实来。

江彬把王阳明勾结宁王朱宸濠的"罪状"，逐一向皇上作了奏报。

几乎是同时，张永把王阳明的赤胆忠心以及遭受奸小谗害的事，也向皇上逐一作了奏报。

朱厚照听了哈哈大笑："王阳明会叛反吗？朕不相信！命他回南昌，兼任江西巡抚！"

这一回，江彬吃瘪了。他连一个屁也不敢放了。

朱厚照就是这么一个人，他有糊涂的时候，也有清醒的时候；有昏庸的时候，也有理智的时候。你玩他于股掌，他也可以杀了你；你忠心报国，他却根本不当一回事；要紧关头的时候，他心底清澈，也不会任奸佞左右。犹如大千世界，纷纭众生，一个皇帝，历史上被人认为荒淫昏聩的皇帝，也可以呈现得十分复杂。

此刻，他一面兴兵南下，耽于游乐；一面他也不全听奸佞对王阳明的诬陷。

王阳明就在这样的政治夹缝中生存。

王阳明忽然升起一念，他想面见武宗，劝圣上回兵，同时也一洗清白。他不相信这天下竟然没有理好讲。"百战深秋始罢兵，六师冬尽尚南征。"皇上此时已到扬州，王阳明要去扬州。

路过镇江的时候，王阳明去拜访了曾任大学士而今在家休养的杨一清。杨一清是他信任的。他向杨一清倾吐了平叛的始末，还有内心的痛苦和愤懑。

但是，杨一清劝他回去。武宗没有让你去，你自己去找他，合适吗？你能挡得住武宗南下的脚步吗？你能辩白得了自己的被诬陷吗？

坐在杨一清的待隐园里，王阳明与杨一清两眼相对。秋风瑟瑟，夕阳一片混沌。一杯淡酒，浇得了块垒？他赋诗曰：

芳园待公隐，屯世待公亭。

花竹深台榭，风尘暗甲兵。

一身良得计，四海未忘情。

语及艰难际，停杯泪欲倾。

（《杨邃庵待隐园次韵》其五）

他们也是惺惺相惜。

王阳明听进了杨一清的劝说，决定不去扬州了。

张永也带信来了，劝他还是回南昌去吧。

坐在返回江西的舟中，王阳明写了几首诗，其中一首是写给学生伍汝真的。伍善诗，师生之间常以诗步韵酬唱。这首《用韵答伍汝真》，是王阳明此刻心情的最好写照：

> 莫怪乡思日夜深，干戈衰病两相侵。
>
> 孤肠自信终如铁，众口从教尽铄金。
>
> 碧水丹山曾旧约，青天白日是知心。
>
> 茅茨岁晚饶风景，云满清溪雪满岑。

唉，田园生活是多么令人向往啊！

正德十四年（1519）十一月，王阳明回到了南昌。

离平叛已整整四个月了。硝烟已经退去，民生正在恢复，古老的南昌城像个伤痕斑斑的老人，正在静静地抚摸着自己的伤口，多么需要将养生息。

王阳明不禁感慨万分。

这是一个昏暗的世界，也是一个多彩的世界。欲望时时在生长，阴谋时时在生长，明媚的阳光和灿烂的秋色也时时在生长。

王阳明心如止水。他好像觉得自己成了入定的老僧。

许泰、张忠等先遣部队早在九月间已到了南昌。其时，王阳明正押着朱宸濠等一干要犯离开南昌。许泰、张忠十分恼怒，他们扑了一个空。

兵马驻扎好以后，他们开始"肃清余孽"。

第一个行动目标是搜查宁王府。这么多的金银财宝到哪里去了？还有多少值钱的东西可以捞取？这是这次美差最诱人的地方。机会是无论如何不能错过的。他们让手下把宁王府刮了一层皮，挖地三尺，能装进腰包的，一分一厘都不能少。可惜，宁王府已化为一片瓦砾，破壁残垣，好处已经不多。

他们好像是获胜受功而来的，又好像是为宁王报仇雪恨而来的。大兵驻扎，耀武扬威，要吃要喝，敲诈、勒索、挥霍、劫掠，闹得南昌大街小巷鸡飞狗跳，一片乌烟瘴气。

接着，又放出舆论（当然是在收到江彬的密信之后），王阳明勾结宁王，蓄意谋反，只因征剿大兵南下，才反戈一击。弄得南昌百姓莫名其妙，如坠云雾之中。城里寻常百姓家，好多都已挂了王阳明的造像，奉为神明，忽然变成宁王的同谋，天地像倒了一样，不知如何是好。

更有一些卑劣的地方官员，有的唯恐得罪朝廷，有的则原本与宁王有说不清的瓜葛，怕查个水落石出，便趋炎附势，跟着折腾，王阳明罪不可赦，已是大难临头了。

再接着，他们拿王阳明的左右开刀。张忠之流竟然把平濠立了大功的伍文定抓了起来审问。伍文定身经百战，岂甘屈服于这些奸小？当场大骂："我为国家平大贼，何罪之有？你们这些人，身为天子腹心，竟然屈辱忠良，为宁贼报仇，国法理当斩首你们这些小人！"

张忠被骂得脸上青一块、紫一块，大怒，即令手下将伍文定推倒在地，然后把他关押起来。

此时，王阳明回来了。他现在的身份又多了一个江西巡抚。

黎民百姓不是更糊涂了吗？

于是，北军（许泰、张忠的先遣部队）与南军（王阳明的少量余部）摆开了对峙的局面。

好像水火不容，好像如临大敌。

王阳明感到深深的悲哀。

他们不是有着共同的目标吗？共同的敌人不是朱宸濠吗？说得再浅白一点，他们不是共同服从一个皇帝主子的吗？怎么成了你死我活的对手？

北军开始在巡抚门外肆坐谩骂。什么污秽恶毒的闲话都骂得出来。别看你是巡抚都堂，你本来就是叛党余孽！你王阳明与宁王朱宸濠本是一丘之貉，狼狈为奸！你的死期末日已经到了，看老子我来收拾你！

王阳明的部下气坏了，气得火冒三丈！老子为大明江山浴血奋战，连性命都不要了，功劳没得，反受诬陷，天底下竟有这样的冤？你们抓不到宁王，居然把伍文定抓起来？这算是英雄好汉？

眼看就要擦枪走火，眼看就要一触即发！

王阳明端坐不动，神态安然。他下了一道令：打不还手，骂不还口！

不仅如此，还要好言相劝，以礼待之。

北军也辛苦了，长途跋涉，远道而来，可以请北军的一些小头领来喝喝茶，饮饮酒，犒劳犒劳。尽管许泰立有禁令，不能与南军共杯共盏，但小头领也经不住王阳明部下的盛情美意，一杯酒落肚，心肠也软了，口气也变了，人心皆同呀。

天气渐渐冷了，数千士兵挤在南昌营中，住宿当然不会宽敞。王阳明动员一些富户，住到乡下去，腾出一座一座大宅来，让北军好好休养。

北军水土不服，不习惯江西又涩又辣的菜，王阳明下令，将时鲜蔬菜、鄱阳湖的鱼鲜，尽多地供应。一些士兵生病了，则请郎中为之治疗。也有个别士兵因病而殁，王阳明令人厚葬，有的时候，他还亲自到场祭奠。

人心都是肉做的，是非好歹总是分得清的。亲眼目睹王阳明的所作所为，北军本来坚冷的心开始融化了。他们不能不从心里发出疑问：王阳明错在哪里了？

什么都没有错。全是我们在刁难他们。北军的心开始动摇了。

他们再也不指姓道名骂王阳明了。

许泰与张忠很无奈，想了很多计，都无济于事。还有什么事可以做呢？伍文定也只是给他一点颜色看看罢了，再不放，就不好收拾了。还有什么余孽可肃的呢？除了冀元亨已经移送京城严审之外，还有什么把柄证据呢？宁王朱宸濠一干人犯也早已移送北上了，他们真的是束手无策了。

可是，他们就是不想走，赖在南昌不走。

冬季就快到了。一条计谋升在王阳明的心头。

按照南方惯例，立冬作为一个节令，可以祭奠亡灵。征剿宁王叛乱，双方都有多少人死于战乱？最受其苦的是江西的军民，南昌城中，哪一家没有沾亲带故，受到牵连？

王阳明暗暗下令，各家均可设酒祭奠。

一时，南昌城中，大街小巷，设灵堂，摆祭酒，纸灰飘飘，哭声哀哀。

哭时局动荡，生灵涂炭；哭天道无常，人生不测。

哭得北军士兵个个心烦意乱，思家之情油然而生。是啊，谁没有家庭亲情？谁没有生离死别？一个个触景生情，黯然神伤。

是啊，又没有什么仗可以打，待在这里干什么？我们应该回去了。

军心动摇了。他们向许泰、张忠哀泣求归。

许泰、张忠真是山穷水尽，黔驴技穷了。好的，回去。回去也要给王阳明一点颜色看看。

他们集兵马于校场，旌旗飘扬，军马雄壮。

他们把王阳明请来。

王阳明不知道他们要做什么。他心里清楚，他们已经熬得差不多了，该打道回府了。

至观台坐定，许泰笑吟吟地对王阳明说："王大人，我军逗留南昌，已有数月，也该班师回朝了。数月来，羁留贵省，多有骚扰。许某我原是一介武夫，不会作诗，也不懂礼节，唯舞枪弄棍而已。今日一别，就不知何时再逢了。早闻说先生不仅谙熟兵法，而且善于弓箭。今天机会难得，让我开开眼界，长长见识，也是我三生有幸哪。"

王阳明善于神机妙算，但许泰来了这一招却是没有想到的。他知道许泰乃是武进士出身，民间传为武状元，若说兵器武艺，自然有些本领，否则，正德皇帝也不会让他做副将军，作为先遣部队南下。原来，许泰临走之时，是想让他出丑一下，侮辱他一番，然后，"得胜"回朝……他该怎么回应？

王阳明还来不及细想，许泰早已从身旁侍从手中接过弓箭，步下台阶，站上箭道。他挽起强弓，搭上羽箭，只听见嗖嗖嗖三声，三支飞箭直射靶心。还未听报靶人报唱，全场已是彩声一片。果然，三箭皆射靶心，远远望去，正好排成一字形，每箭之间，略有间隙，当属靶场高手了。

许泰甚是得意，骄横之意露在脸上，想掩饰也掩饰不了，他纵声大笑，对王阳明说：献丑了，献丑了。

到了这样的地步，王阳明还有什么可说？射箭对他来说，原本不是问题，年轻时他曾下过功夫，几近沉溺；可是现在，他已不年轻，再过数天，该是四十九岁了；而且，久染肺疾，身体羸弱，体力自然已不及年轻岁月；再说长年带兵，仍然伏案读书，视力也已下降，这箭还能射吗？

他呵呵一笑，话语却退了："将军果然好箭法，佩服佩服！老朽体弱多病，哪里是将军的对手，这射箭就免了吧？"

许泰哪里肯放过他？

"先生不会看不起我吧？"说着便把强弓递了过来。

四周的人顿时起哄：来一下，来一下，有胆就来一下……

真的没有退步了。

王阳明接过弓箭，校场顿时静了下来。众目睽睽。一个脸如干枣、身材瘦削的文弱长者，站上了箭道，挽起了弓箭。

弓如满月，箭似流星。也是嗖嗖嗖三声，三支羽箭飞向靶心。

第一支，中在靶心。

第二支，中在靶心。

第三支，干脆把许泰射在靶心的那支箭一箭射落。三支箭几乎同时射在圆心一个点上，仿佛开出了一朵喇叭花。

顿时，校场沸腾了。欢呼声，喝彩声，叫喊声，震天动地。

众将士哪个不从心里服啊！

身边的伍文定（张忠只能放了他）等几位官员，本来是为王阳明捏把汗的，此刻，脸上绽出了自豪的笑容，阳明先生，真乃神人也！

王阳明对许泰说：见笑！见笑了！

此刻的许泰，除了尴尬还能有什么呢？他装不出坦然从容的风度，只能讪讪地笑着：领教了，领教了，先生果然名不虚传！

许泰也好，张忠也好，心里不能不害怕了，再待下去，整支部队的军心都被王阳明收去了。

走吧，堂而皇之地班师吧。消息传来，皇上已快到南京了。

南昌，终于可以喘一口气了，终于可以宁静了。

四、立功蒙谤

正德十五年（1520）春节，南京张灯结彩，笙歌箫舞。这是大明王朝迁都北京后一百年来作为陪都的南京最热闹的一个春节了。

正德皇帝在这里欢度新春。

他真是高兴啊，对于朱厚照来说，即位以来第一个（当然，没有第二个了）在北京之外过的春节。一切都是新鲜的，不再重复京城里的那一套。

四海升平，莺歌燕舞。

各路兵马全在这里会师，罪犯朱宸濠亦已送到。

文武百官，迎奉着他，如云美女，簇拥着他，他无忧无虑，尽情享乐。

然而，他身边的重臣们却心事沉沉，皇上如此耽于安乐，还有两件大事没有处理呢。

第一件事当然是如何处置朱宸濠。

朱宸濠现被羁押在南京刑部的大牢里，万无一失，有什么可以担忧的？但皇上说要放回去重捉，还放不放？放到哪里去捉？什么时候捉？

如何捉？捉了如何正刑？什么地方正？等等等等，都事关重大，一环接着一环。皇帝听了哈哈大笑，你们烦不烦？这些事都是小菜一碟，用得着你们担心忧虑？我什么时候想做就什么时候做，现在还刚到南京，你们就来叽叽喳喳？我还没玩够呢，才开了一个头呢。

近臣们都张口结舌了。看来，皇上是要把京都搬回南京了？

第二件事是如何处置王阳明。这是一个天大的笑话。王阳明，出生入死，战功赫赫，平定了宁乱，理该嘉奖，也用得着处置？

是的，当然要处置。

许泰、张忠年底一到南京，就向江彬作了汇报。他们一无所获，还被王阳明的软功斗得落花流水，心中愤恨全都发泄出来了。添油加醋，添枝加叶，凭空捏造，煽风点火，什么坏话不说？

一句话，王阳明久蓄异志，必反！

必反？武宗听了有些疑惑。

必反！回答是斩钉截铁的。

如何验之？武宗问。

这回是张忠说的："皇上可以召他面见，他肯定不敢前来。"

那就召他。武宗说。

召者到了南昌。王阳明正在揣摩这道圣旨的凶吉，张永的密信到了。张永告诉他，皇上并未疑他，你应该来。想昔日之张永，曾经被人列入与刘瑾同类的"八虎"，但是后来，他真的做了许多好事，他的心底忠奸有分，明澈如水。而且敢言。故后来有人赞之——张永"功大于过"。文献公费宏《送张永还朝序》曰："兹行也，定祸乱而不必功出于己；开主知而不使过归乎上；节财用不欲久困乎民；扶善类而不欲罪移非辜。且先发瑾罪状，首以规护卫为言，实以逆谋之成，萌于护卫之复，其早辨预防，非有体国爱民之心，不能及此。"是啊，有体国爱民之誉，张永也足矣。

有张公公的关照，王阳明心底踏实了，他立即从南昌起程，舟船沿赣江而行，经鄱阳，入长江，顺流而下，没几天，便到了南京。至上新河龙江关，报奏圣上。

圣上没有接到报奏，自然是被江彬之流接着了。

什么？王阳明真的来了？而且来得这般快？江彬一伙心慌了。要是王阳明在皇上面前直言禀告，数说真相，揭了他们的老底，肯定于他们不利。当然不能让王见皇上，立即让他回去。他们矫旨让他回芜湖待命。所谓矫旨，就是假传圣旨，传假圣旨，皇帝自然是被蒙在鼓里的。

王阳明很无奈。中夜，默坐秦淮河边，见水波拍岸，汩汩有声，不禁幽然长叹："如今我一身蒙谤，死即死吧，然而，我的父亲家人如何办呢？"他对门人说："现今若有一孔可以窃得老夫私逃，我亦逃隐了，何必如此不知死活地被折磨着？我当终生不悔！"

他的心疼痛着。

王阳明只好退回到芜湖待命，一待，就是半个月，没有一点声息。进也不是，退也不是，王阳明进退两难。他像被人捏在手心里的一只玩具。

他上了九华山。

九华山的春色已经萌动了，"才见春归春又来，春风如旧鬓毛衰。梅花未放天机泄，萱草先将地脉回"。（《立春二首》）但是，他的心情却平添了几分悲凉。

十九年了。十九年前他第一次上九华山，曾经写过一篇《九华山赋》。那时，他才二十九岁，初涉宦海，少年气盛，赋文写得辞采华丽，洋洋洒洒，文气如虹。可惜，那次上山，阴雨绵绵，九华山被裹在浓重的云雾之中，他看不清九华山的真面貌。"当年一上化城峰，十日高眠雷雨中。雾色晓开千嶂雪，涛声夜渡九江风。"（《江上望九华山二首》之一）这次重上九华，春色初露，天晴日朗，他的心情忽然好了起来。

对，把世事抛却，回归山林，与大自然为伴。

旧地重游，勾起他许多忆想。无相寺、化城寺是必须要去的，当年那些僧侣曾与之为友，如今还安然无恙吗？那个实庵和尚，那个蔡蓬头道丈，还有那个坐卧松毛、蓬头赤足的异人，都还在吗？哈哈，都不知去向了。

忽然间生出人生飘忽的感叹。

诗还是要写的。他又写了很多诗。但是，已非当年的诗作了。宦海浮沉，人世沧桑，前程晦暗，生命未测，都融入了他的诗句，仿佛诗句也苍老了。

弘治壬戌（1502）尝游九华。值时阴雾，竟无所睹。至是正德庚辰（1520）复往游之，风日清朗，尽得其胜。喜而作歌。

昔年十日九华住，云雾终旬竟不开。有如昏夜入宝藏，两目无睹成空回。每逢好事谈奇胜，即思策蹇还一来。频年驱逐事兵革，出入贼垒冲风埃。恐恐昼夜不遑息，岂复山水能徘徊？鄱阳一战偶天幸，远随归凯停江隈。是时军务颇多暇，况复我马方虺隤。旧游诸生亦群集，遂将童冠登崔嵬。先晨霏霭尚暝晦，却疑小意犹嫌猜。肩舆一入青阳境，忽然白日开西岭。长风拥彗扫浮阴，九十九峰如梦醒。群峦踊跃争献奇，儿孙俯伏摩其顶。今来始识九华面，恨无诗笔为传影。层楼叠阁写未工，千朵芙蓉抽玉井。怪哉造化亦安排，天下奇山此兼并。揽衣登高望八荒，双阙下见日月光。长江如带绕山麓，五湖七泽皆陂塘。蓬瀛海上浮拳石，举足可到虹可梁。仙人为我启阊阖，鸾幷鹤驾纷翱翔。从兹脱屣谢尘世，飘然拂袖凌苍苍。

再说朱厚照发了诏命，命王阳明前来，由于尽情玩耍，竟然将此事忘了。忽一日，他想起来了，便问："这么多的日子，王守仁怎么还不到？"

江彬阴阴地说："启奏陛下，王守仁来是来过了，不知什么原因又回去了，目中无君啊。听说是上九华山去了。这不是心内有鬼吗？"

朱厚照听了便不高兴了，他来到南京竟然不来见我，如此胆大妄为？

江彬趁机说：皇上，都说王守仁有反心，不能不防哪。

朱厚照板着脸孔：他去九华山做什么？立即派人去查察！

查察的人到了九华山。王阳明正坐在草庵之中，他在听道。

查察的人回到南京，向皇帝禀告了。

此时，张永正在身边，他虽然老谋深算，很有城府，实在也为王阳明抱个不平，事实真相并非江彬之流的诬言，他向朱厚照启奏：皇上，王守仁对陛下一片忠诚，他是被一些小人阻挡回去了。如此待他，不公也。他现在九华山听道，"召之即至，安得反也？"

这一回朱厚照终于明白了。但是他不想改变身边那些近臣的格局，他需要他们为他安排称心如意的游玩，他只是传旨，让王守仁回江西去吧。他信了王守仁。

王阳明接到圣旨，如释重负，回到了江西。

顺道，他上了庐山。

上庐山，他第一件要做的事是想立一块碑，也可称之为"纪功碑"。他要把平定宁王朱宸濠的始末真实地告诉人们，并留诸后世。尽管谗言嗷嗷，群丑争功，事实就是事实，岂容混淆？当然，时代的局限，身份的局限，王阳明不可能去非议皇帝。朱厚照带兵南下，是避不开的；正统的皇权观念，也是不可冒犯的。他只能如此。纪功碑全文如下：

> 正德己卯六月乙亥，宁藩濠以南昌叛，称兵向阙，破南康、九江，攻安庆，远近震动。七月辛亥，臣守仁以列郡之兵复南昌，宸濠擒，馀党悉定。当此时，天子闻变赫怒，亲统六师临讨，送俘宸濠以归。於赫皇威！神武不杀，如霆之震，靡击而折。神器有归，孰敢窥窃。天鉴于宸濠，式昭皇灵，嘉靖我邦国。正德庚辰正月晦，提督军务都御史王守仁书。

纪功碑立于庐山南麓秀峰寺内李璟读书台旁岩壁上，高丈余，宽数尺。历经风雨沧桑，岁月剥蚀，至今完好。旁接宋黄庭坚"七佛偈"岩刻和唐颜真卿"大唐中兴碑"，三碑并立，均为历史和艺术之珍品。

王阳明轻轻地透了一口气。

庐山为历代文人浏览歌咏之地。山川秀丽，奇峰凌霄；云海雾烟，如梦似幻。王阳明性爱山水，此时，与朋友学子结伴而行，游兴不浅。开先寺、白鹿洞、五老峰、讲经台一一游遍，吟下了许多诗作。其中有一首《文殊台夜观佛灯》写得尤其精彩：

> 老夫高卧文殊台，拄杖夜撞青天开。
> 散落星辰满平野，山僧尽道佛灯来。

多么瑰丽，多么浪漫！诗人高居天上，与满天星斗为伍，拐杖轻轻一撞，撞开青天，撞落满天的星斗，化为山间遍野佛灯。诗情画意，跃然纸上。此刻的王阳明，心境大约不会隐晦，与天地自然为伍，归隐山林的情绪是越来越浓烈了。

据民间记载，有一件事让王阳明感触很深。

一天，王阳明与小书童走出白鹿书院，在山间漫步散心。前面有座山岩，形如老牛卧地，人称"石牛山"。石牛山孤零零的，旁无景观，仿佛冷冷清清，极为孤独，王阳明不禁随口吟道：

> 安仁辅内倚栏杆，遥见孤牛伏在山。

下面的诗句还未想出，忽然听得身后有人接着吟道：

> 任是牧童鞭不起，田园荒芜至今闲。

王阳明连忙转身向后望去，只见一位穿着朴素的村姑携着竹篮，迎面而来。王阳明心中一愣，这山野间的小姑娘竟然会吟诗？虽说诗句的平仄并不合格，诗意却极为清新，十分难得。他赶紧上前相问，小姑娘家住何处，叫何姓名？

年轻的村姑抿嘴一笑："我姓郭，就在前边山村住。"

王阳明接着问："你会作诗？向谁学的？"

村姑说："我哪里会作诗，空闲时在家胡乱看些书，随口而出罢了。"

阳明先生一听大喜："好，好，空闲时看书，作诗，不简单，来来来，再作一首给我听听如何？"

村姑不好意思了，这位先生模样的人，分明是个读书人，我怎能在他的面前献丑？看他面容和善，分明是个厚道的长者，也就不管高低深浅，又吟了一首：

> 怪石崔巍号石牛，江边独立几千秋。
>
> 风吹遍体无毛动，雨洗浑身有汗流。
>
> 嫩草平抽难下嘴，长鞭任打不回头。
>
> 至今鼻上无绳索，天地为栏夜不收。

哈哈，作得好，作得好，王阳明开心地笑了。"长鞭任打不回头"，"至今鼻上无绳索，天地为栏夜不收。"多么自由，多么任性。诗句虽然俚俗，却分明有一种朴素而深刻的哲理。天真无邪的村姑，分明是在指点我的人生迷津呀。他双手一拱："多谢了，多谢姑娘的指点！"

这倒使村姑慌了："先生，我不知天高地厚，我是胡来！先生见笑了！"

民间流传的故事常常是有生命力的。聪明的民间文学家此时此刻要给王阳明以何种的暗示和力量，村姑的诗真是一剂良药。

回到南昌已是三月。

一切仿佛已经平静。武宗仍然羁留在南京，玩着，乐着，游龙戏凤之类的故事发生着，演化着，成为后人津津乐道的戏剧故事；群小依然围绕在他的身边，献媚着，讨好着，各自干着各自不可告人的勾当；宁王朱宸濠关在大牢,胆战着,心惊着,自知命在旦夕,却不知道每天会发生什么……那些诬陷王阳明的言论,虽然没有完全烟消云散,也因为武宗根本不想处置王阳明而渐成退势。对于王阳明,朝廷既不给他摆功评好,论功行赏;也没有以违抗圣旨、附逆宁濠的罪名予以严惩。

大家都看着皇帝,等着皇帝。皇帝呢,只是痛痛快快地游玩……

然而,王阳明不平静。

他现在算什么呢?功臣不算功臣,罪犯不算罪犯,一个江西巡抚的官职,可虚可实;赣南巡抚的职务,好像也没有免去,依然挂着。自由倒是自由的,只要在江西、赣南的境内,尽可行走。

说归隐园林,依然是一个遥远的梦,哪里去归?哪里去隐?祖母亡故,老父病重,都牵动着他的心,一次又一次地上疏,乞求归葬,乞求省亲,何况浙江越地离江西并不远,朝廷就是不肯。朝廷也曾许以"待贼平之日来说",现在叛贼不是已经平了吗?怎么还不让他回去尽一尽孝道呢?这不是折磨人吗?他成了什么东西了,被悬着,挂着,就是不让你落地。几斗俸米,也就成了他不可挣脱的樊笆。

他的内心有时如烈火烹煎,岂有平静可言?

有一次,他对学生说:"我真的想逃回去算了。"

学生们默默无语,未置可否。

他说:"你们怎么没有一人赞成?"

学生周仲说:"先生思归一念,亦似着相。"

何谓着相?王阳明曾几次与学生作过讲述,所谓相,原是佛家术语,相对于"性",佛教把一切事物的外观、形态称之为相。着相,即执着于事物的外在形式。

王阳明曾说过:"佛氏不着相,其实着了相;吾儒着相,其实不着相。"他是说,佛氏只是执着于外在的形式,而儒家则不。佛教恐怕为父子关系累,便逃离了父子亲情;害怕为君臣关系累,便逃脱了君臣道义;害怕为夫妻关系累,便逃脱了夫妻情分;这都因为执着于君臣、父子、夫妻之相,才需要逃脱;而我们儒家学说,有正常的父子关系,便有了仁爱之说；有正常的君臣关系，便有了忠义之说；有正常的夫妻关系，便有了礼节之说。似这样，又何曾执着于父子、君臣、夫妻的相呢？

现在，学生竟然说着相了，骨肉亲情可以不在乎吗？行父母之孝可以不在乎吗？

良久，王阳明吐出一句深沉的话来："此相安能不着？"

三月四月，江西大旱。百日无雨，禾苗枯焦。

五月六月，江西大水。雨水连绵，江河涨溢。

自然灾害总是一个接着一个，黎民百姓如何经得起这般折磨？民不聊生，哀鸿遍野。

王阳明四处奔走，视察，抚民，上疏。又与巡按御史唐龙、朱节等人将宁府废地业产变卖为官银，作百姓的税赋上缴，让百姓可以喘一口气。

六月底，王阳明到了赣州。

旧地重游，感慨倍生。一草一木，一家一居，对他都是那么熟悉，那么有情。赣州曾是他集兵平匪之地，也是他收徒布道讲学之所。他愿意在此多住一些时日。

一日，他应约去检阅兵伍，布阵列队，一时兴起，大教战法。无意做军事家的军事家，临场指挥起来，气势赫然，游刃有余。

忽然有人来告，江彬派人来观动静。如此敏感时期，你在这里布兵摆阵，为的什么？没有居心叵测，也是瓜田李下。好心人紧锁双眉，脸有难色，都劝王阳明先生先避一避，或者早日回南昌，以免多事。

王阳明哪里肯依？他哪里顾得上这些？

来来来，继续布阵，好好操练，日后，安抚地方，离不开你们的刀枪棍棒。

然后，即兴作了一首《啾啾吟》：

　　　　知者不惑仁不忧，君胡戚戚眉双愁？信步行来皆坦道，

　　凭天判下非人谋。用之则行舍即休，此身浩荡浮虚舟。丈夫

落落掀天地，岂顾束缚如穷囚！千金之珠弹鸟雀，掘土何烦用镉镂？君不见东家老翁防虎患，虎夜入室衔其头？西家儿童不识虎，执竿驱虎如驱牛。痴人惩噎遂废食，愚者畏溺先自投。人生达命自洒落，忧谗避毁徒啾啾。

好一首风格别致的《啾啾吟》，磊落豁达若此！坦荡洒脱若此！大彻大悟若此！

人生的祸福凶吉，都被他说透了；为人的无所畏惧，坚守道义，都被他言尽了；生命的大智大勇，堂堂正正，都被他淋漓尽致地表现了。"君不见东家老翁防虎患，虎夜入室衔其头；西家儿童不识虎，执竿驱虎如驱牛。"痴人怕噎而废食，愚者畏溺而自投。让人去说吧，去疑吧，去攻讦毁誉吧。我什么都不畏惧，我行我素，我的心中自有"良知"。

五、受俘闹剧

时光匆匆，一晃已是正德十五年（1520）的七月了。朱厚照离开京城已经整整一年了。

尽管南京的天气炎热如火，朱厚照还是不肯回去。天底下竟然有这样的皇帝，离开京城就乐不思蜀，忘了回朝？他真的是帝王中的凤毛麟角，打着灯笼找他千百度也找不到的一位"活宝"。

但是国家这么大，政事那么多，皇帝不在朝怎么办？这就苦了一个人，也多亏一个人，这个人便是杨廷和。

杨廷和（1459—1529），字介夫，新都（今属四川）人。其时，他的职务是大学士、内阁首辅（李东阳已退休）。明朝取消宰相制，实际上杨廷和就是宰相的角色。武宗南下，朝廷中的大小事项全都由杨廷和主持。由于他的理政才能出色以及从政资历的老练，朝中的事情都处理得比较稳妥。他数十次奏疏，请求武宗皇帝早日回驾，皇帝全都不听。

现在，他又一次上疏，请求武宗返驾，言辞已经十分激烈了。

武宗这才动了念头。回去就回去吧，老头子都快发怒了。武宗心里自然明白，大明江山，也全靠他在苦苦支撑着。但是，有几件事是必须要做的。第一件事是凯传回师，总要有个名目。平叛奏捷、活捉宸濠的功劳如何归结？群党除了阿谀献媚之外，谁不想分一杯羹？

然而，张永反对。张永说："不可。昔日皇上尚未出京，朱宸濠已被王守仁活捉。王守仁献俘北上，过玉山，渡钱塘，沿路之上，谁人不知，哪个不晓？这功劳怎能瞒得过众人耳目？"

话说得尖锐了一些，却全是大实话。岂能瞒天过海，掩耳盗铃？

朱厚照听进了，那就让王守仁重上一道报捷的疏。身边的人不知嘀咕几次了，去年奏来的那份报捷疏算什么？全然没有我朱寿大将军的功绩，还有许多随从出征的将官，王守仁竟然一字未提。

拟好圣旨，立即飞马送往南昌。

王阳明接旨后，哭笑不得。

怎么办呢？再抗旨自然是不能的了。这年头，人在官场，身不由己，违心的事能不做吗？做得他心头阵阵发痛。

七月十七日，王阳明又写了一道《重上江西捷音疏》。离去年七月三十日写的《江西捷音疏》《擒获宸濠捷音疏》，正好是一年。

重上的捷音疏，节略了前奏中的过程，突出了威武大将军总兵官即当今皇上朱厚照的亲征南下的功绩，又将江彬、张忠、许泰（当然还有张永）等人的名字也一一列入，同时也将战斗过程中立功人员的名单一一列清。

面对强大的政治势力，你王阳明能不违心吗？

如果这一纸违心的奏疏，能换来皇帝回驾，王阳明也认了。

武宗收到奏疏，比较满意，现在可以议论北旋的事了。

第二件事，他还是要亲自活捉朱宸濠一番。否则，他带领数万大兵南下，不是枉费徒劳了吗？

八月的某一天，武宗在南京的一个校场里举行受俘仪式。

旌旗猎猎，兵马列阵。武宗身穿戎装，手执长枪，骑上高头大马，好不威风。

他令手下将朱宸濠的桎梏除去，放至校场中心。

击鼓声起，呐喊如山。武宗冲出行列，一挥枪，一伸手，将朱宸濠擒住，然后再铐上桎梏。

朱宸濠蒙了。自始至终，他都在云里雾里。朱厚照要做什么？他要与我比武？与我格斗？还是将我处死？

原来如此。朱宸濠终于明白了。这位大明天子的脑子真的是进了水了。他不会拿一块豆腐往脑门上砸，表示自己的勇敢和刚强吗？天晓得，朱家皇朝竟然出了这么一个子孙！

办好受俘仪式，班师回朝。终于，武宗起程返驾了。

九月，大队人马抵达清江浦。

清江浦，不是陪刘美人捕鱼的地方吗？真是一个好地方，武宗勾起了一年前的美好回忆，游兴顿发。停，停，停，住几天，好好玩玩。

玩了三天，武宗忽然想到应该自泛小舟到积水池的地方去独钓。没有人劝阻。他兴致勃勃地出发，江彬陪在身边。谁知险情突发，皇上竟然翻船落水！周边保驾的人连忙将他救起。这一吓非同小可，他元气大伤，一病不起。

从此，武宗的人生即将走到尽头。这位亘古少有，任性玩乐，任情纵欲，史上留名的皇帝，在他的生命史上，竟然以如此方式，敲响了丧钟。会不会另有阴谋使然？小船怎么会翻了？江彬此时有何举动？……史载，这是一个千古之谜。

十二月，整日神思恍惚的武宗到了通州，离北京只有一步之遥了。他下令：将朱宸濠一干要犯，全部正刑，处死。随即，武宗回到了北京。

正德十六年（1521）三月，武宗在北京豹房死去，三十一岁。葬康陵。他其实没有比朱宸濠多活几天。

临死的时候，他对司礼太监说："我的病不可救了。请转达皇太后，国家的事重要，多和阁臣仔细商量。过去的事情都是我的错，与你们这些人无关。"

话是自责的，但是他对明朝历史造成的伤痛，对王阳明造成的伤痛，岂能一言可恕的？

明朝的正德年代，从某种意义上说，是正德的年代，也是王阳明的年代。真正的圣者，是王阳明，而不是皇帝。

六、操舟得舵"致良知"

折腾了两年之久的平藩之事，终于渐趋平静了。

功乎？罪乎？什么结论也没有。

大明天子朱厚照死了。梦寐以求做皇帝的朱宸濠也死了。远离权力核心的王阳明还活着。其实，他也算死过几次了，在滔天风浪袭来时，随时都会折戟沉沙，粉身碎骨，为何他总是能稳操舟船，闯过险滩，逢凶化吉，遇难呈祥？

他靠什么活着？

此时，他将奥秘揭开。他说，我全凭三个字：致良知。

致良知？

对，致良知。

这是他哲学思考的最后归结。

御史黎龙说："平藩事，不难于成功，而难于倡义。"为什么？谁都知道，宁藩朱宸濠在朝中的党羽实在太多了，盘根错节，犬牙交错，外呼内应，凶险莫测。所以，很多人是避实就虚，取观望态度。谁敢勤王举义？谁敢同赴国难？非得有捐躯之心才能倡此义举。

王阳明的高足弟子钱德洪说："平藩事，不难于倡义，而难于处忠、泰之变。"江彬、张忠、许泰之流，挟天子而乱纲常，攘天功而构陷流言蜚语，欲置王阳明于死地，非有大智大谋大度大量，如何能御之？王阳明为此吃了多少苦？受了多少冤？

王阳明一笑了之，因为他有了"致良知"。

他致书邹守益："近来信得致良知三字，真圣门正法眼藏。往年尚疑未尽，今自多事以来，只此良知无不具足。譬之操舟得舵，平澜浅濑，无不如意，虽遇颠风逆浪，舵柄在手，可免沉溺之患矣。"（《与邹守益书》）

正法眼藏，大慈大悲菩萨的法眼慧眼呀！

多少年来，为之苦苦追寻，深深思索，原来在这三个字，他想到这里，不禁深深地叹了一口气。

学生陈九川问："先生为何叹气？"

阳明先生说："这么简单明白的道理，竟然沉埋了数百年！"

"先生说的是'致良知'三字？"

"是的。这是千古以来，圣圣相传的真骨血呀。我是经历了百死千难，终于悟到了，悟清了。"

何谓良知？何谓致良知？

先生说："不可能一时一字说尽呀。"

我们现在的理解，良知是为人最根本的"天地良心"，是一种善良的本性，这自然没有错，浅显直白，简单明了。不妨作如是解。但是，这样的理解是偏颇的、狭窄的，它仅仅从道德伦理学的层面给予诠释。而王阳明当时提出的"良知"概念，则更深刻，更宽泛。他是从心学的基本立场出发，力图从本体论、本源论的哲学高度来论证良知存在的重要性和必要性，是一种认识论，也是一种方法论。

让我们再回到《大学》来。

《大学》是四书五经的总纲，可谓儒家学说之首，它指示人们达到至善的境地。王阳明与朱熹的最大的分歧，也从对《大学》的理解来。他们对修、齐、治、平并无异议，经过数千年经营的封建伦理道德，其总纲领、总目标大约不会有异。

问题是如何实践？如何通向致圣之路？用朱、王的话来说，如何"格物致知"？

朱熹认为，格物当求之于外。真理从外部格得。

王阳明认为，格物当求之于内。"学贵得之心"。

王阳明说："格物者，格其心之物也，格其意之物也，格其知之物也。"（《答罗钦顺书》）

现在，王阳明发现了"良知"。良知就是格物的最高境界，最完美的归结，言简意赅。

这"良知"两字，是从孟子的论句中提取出来的。孟子说："人之所以不学而能者，其良能也；所不虑而知者，其良知也。"

良知足可涵盖一切。

所以，王阳明说：良知乃是唯一的真知。"良知之外，更无知；良知之外，更无学。""溯及考三王、建天地、质鬼神，俟后圣"，哪一件不是如此？

王阳明把"良知"提升到天理的高度。天理是宇宙法则，包含着道德法则，是万事万物的终极。他在《答顾东桥书》中说："吾心之良知，即所谓天理也。致吾心良知之天理于事事物物，则事事物物皆得其理矣。"因此，便有了致良知。

致良知，则是一种体认良知、激活良知的过程，是把良知扩充、推广、发扬、光大的过程。良知是知，致是行。致良知便是知行合一。它与王阳明在龙场悟道时悟到的"心即理""知行合一"，连成一条轨迹，使心学理论进一步完整、提升。

因此，王阳明获得了无上的精神力量。它是人们心中的太阳，黑夜的北斗，是应对各种灾变的"定海神针"。

面对刘瑾的穷凶极恶，万里追杀，可以泰然置之；

面对龙场的穷山恶水，瘴疠之气，可以心静如水；

面对宁藩的逆反凶焰，可以倡义而起；

面对忠、泰之流的诬陷迫害，可以从容淡定；

……

那时候不清楚，现在清楚了。

那时候，没有把它拈出来，现在，把它拈出来了。

就这三个字：致良知！致善的最高境界。超然一切，雄踞一切。

良知无处不在。良知无时不存。人人都具有良知。良知是造化的精灵。

王阳明写了四首诗以咏良知，以示诸生：

> 个个人心有仲尼，自将闻见苦遮迷。
> 而今指与真头面，只是良知更莫疑。
>
> 问君何事日憧憧，烦恼场中错用功。
> 莫道圣门无口诀，良知两字是参同。
>
> 人人自身定盘针，万化根源总在心。
> 却笑从前颠倒见，枝枝叶叶外头寻。
>
> 无声无臭独知时，此是乾坤万有基。
> 抛却自家无尽藏，沿门持钵效贫儿。
>
> （《咏良知四首示诸生》）

王阳明将哲学融入诗中，他的哲学就是诗，他的诗就是哲学！

一种哲学的形成，是其特定的文化、历史等环境反映的结果。社会在进步，哲学也在进步，我们不能苛求古人。何况，王阳明创建的心学曾经影响了一代又一代的人，从古至今，从国内到国外，从凡人到伟人，至今仍然折射出特殊的魅力和光芒。

从此，他揭开了"致良知"之教的新的一页。

身边，嗡嗡嘤嘤的世俗之声远去了，勾心斗角的官场残杀远去了，大苦大难的个人委屈远去了，亲身经历的大悲苦，在他的身上浸泡出一种大淡定。他仿佛浑身透亮，站在高处，弥散出淡淡的光华……

第十四章　六载不召

一、终于可以回家了

正德十六年（1521）四月，新皇帝朱厚熜登基，是为世宗。

世宗虽然年轻，初登皇位，还是积极而为，明察善恶，他听到了王阳明的不凡功绩，很受感动，这样优秀的人才为什么不用？六月十六日，他下了一道旨：

"尔昔能剿平乱贼，安靖地方，朝廷新政之初，特兹召用。敕至，尔可驰驿来京，毋或稽迟。"

从内心来说，王阳明对世宗的这道圣旨是欣悦的。圣旨写得明明白白，王阳明平乱是有功绩的，应该起用，而且要速来京城。这对所有奸佞的诬陷，是一个最有力的否定。

王阳明并不迷恋官场，也不处心积虑盼着步步高升，他更向往着山水田园；但是，他不能不期待历史的公正。这道圣旨，至少意味着，新政将对他的功过有一个公正的结论，对与他同生共死的下属们有一个公正的结论。这不也是良知的体现吗？

他不能不去。

他于六月二十日起程。

他希望新朝天子是一位人们期待的明君。

这时候，惊动了一个人，这个人便是杨廷和。

杨廷和此时位高权重，乃是内阁首辅，文臣第一人。

自从武宗驾崩，世宗尚未登基，杨廷和总揽朝政三十七天。身为首辅大学士，他在世宗登基之前，实实在在地做了几件大得人心的事。

第一件事，用皇太后懿旨的名义，抓捕了巨奸江彬。当时的江彬，身为平虏伯，受命提督赞画军机密务并督管东厂与锦衣卫官校，拥有重兵，权倾朝野，成为当时最危险的人物。武宗一死，加快了谋反的步伐。杨廷和与大学士蒋冕、毛纪等设下计谋，借坤宁宫安置兽吻，召江彬进宫行礼，传懿旨将他逮住，并即处死，消除了政变的隐患，真是大快人心。其余党张忠、许泰之流也一网打尽，有的处死，有的充军边疆。

第二件事，用颁发武宗遗诏的办法，对旧政进行了有力的改革。武宗在位时，弊端太多，朝野怨声甚重。武宗一死，除去弊端，已成为朝内有识之士的呼喊。杨廷和立即动手，毫不手软。如撤去豹房，其番僧、少林僧、教坊乐工、各方进献的女子等等一律遣散；释放无辜被囚禁的人；召入京师的边镇官兵全部撤回原地；革去皇店；停止京城里并非当务之急的大小工程；把宣府行宫里的金银财宝收归内库，等等。

真是雷厉风行，大刀阔斧！

当然，还有一件事更为重要，继承大统的新皇帝，就是杨廷和会同皇太后一起选定的。由于寻欢作乐纵欲过甚，武宗没有儿子；他也没有兄弟，由谁继位成了一个天大的问题。杨廷和依据《皇明祖训》中"兄终弟及"的原则，选定了兴献王的长子——即宪宗的孙子，孝宗的侄子，大行皇帝的堂弟朱厚熜，承接皇位。这得到了张太后的肯定。

此时的杨廷和，"诛大奸，决大策，扶危定倾，功在社稷"，谁人不敬仰？谁人不信服？与此同时，杨也借机打压了政敌，将六部尚书都换成了自己的人。

新来乍到的世宗什么事不听他几分？

然而，他也埋下了自毁前程的种子，这便是紧接发生的震动历史的大礼议事件。留与下文再说。

现在要说的是王阳明。

世宗说要起用王阳明，杨廷和怎么想？

人性真是复杂的，忠明如是的杨廷和也有另一面。此刻，一缕阴云在他的心底升起：召用王阳明，会不会影响他的如山地位？

他想，会的。王阳明太有才能了，太有功勋了，太有威望了。他文武双全，德才兼备，若以公心论，王阳明"入阁为相"——当时称之为内阁大学士，绰绰有余。但是，让王入阁，会不会影响自己的威望呢？会不会日后成为自己的政治对手呢？他不能不顾虑。

何况，他对王阳明没有什么私交和好感。最为典型的事件是，王阳明平定宁濠后，数次奏捷，都没有记功他的名，没有首辅的位子，有的是时任兵部尚书王琼的功劳。王琼因此成了吏部尚书，并升为内阁大学士。他把王琼也是作为一个对手的。他不能让王琼的威望超过自己，因而，极尽了打击、陷害。诬陷王琼"交结内侍"，把他打入冤狱。王琼力辩绝无此事，然而他斗不过杨廷和。此后，他被谪居绥德整整五年，接着又还籍为民。王琼已经被他排挤了，现在又要来一个王阳明？

当然不允许。此刻，他的心理就是这般阴暗。

才高招妒，同行相轻。

他想了想，一番话奏与世宗。他是这样说的：陛下，朝廷新政才始，武宗国丧待发，都需要极大的精力和浩繁的资费，平叛行赏之事，现在不宜，应从缓议之。

话说得有尺有寸，如此委婉，谁不觉得有理？

皇上立即同意了，王阳阳暂不进京，回去吧。

行至半路的王阳明犹如被一记闷棍打了回来，莫名其妙。

但王阳明很快就知道了缘由，原来如此！

那时候，正路经钱塘，离家很近。王阳明上了一道疏：《乞归省》。

此疏写得十分潇洒而明亮：

臣自两年以来，四上归省奏疏，皆因亲老多病，恳求暂归家乡探望。只因权奸谗嫉，恐遭暧昧之祸，故其时虽以暂归为请，而实有终身丘壑之念矣。现今天启神圣，入承大统，亲贤任旧，以往那些谗嫉者，皆以伏诛，阳德兴而公道显。臣于斯时，若出陷阱而登之春台也，岂不朝发夕至，一快其拜舞踊跃之私乎？……况臣取道钱塘，迂程乡土，只有一日。此在亲交之厚，将不能已于情，而况父子乎？……

此刻的王阳明归心如箭，见父心切，已被浓浓的亲情笼罩了。他哪里还计较仕途得失，官场阴晴？

回命来了。制曰：可。

又一道圣旨：升王守仁为南京兵部尚书，参赞机务。

终于，王阳明名正言顺地离开了江西，离开了这块在他的生命史上有着非凡意义的土地。

终于，王阳明可以回家乡了。可以拜见老父亲，并于老祖母的灵前一祭一哭了。

王阳明百感交集，眼前灿然一亮。

二、父子相会

从杭州到绍兴，很近。此时的运河，已从杭州延伸到宁波。坐官船一早从钱塘起航，当天便到了绍兴。

他已经整整五年没有回家了。五年的戎马生涯，五年的风霜雨雪，他的两鬓开始斑白，胡子也长了。皱纹已经爬上额头和眼角，双颊也似乎更瘦削了。他已五十岁了，到了"知天命"之年。他庆幸自己还能回来，还能回来见上老父一面。

他与父亲王华有一种特殊的父子情，决非寻常可比。这一生，父亲一直为他担惊受怕，一直为他牵心挂肚。父亲是严厉的，又是宽厚的，父亲的气质淳厚、仁恕坦直是出了名的。然而，父亲更是正直刚健的，从不向邪恶势力低头。父亲对他很严格，近乎苛刻，他后来才知道这是另外一种方式的爱，是更深沉的爱。他多么想立即跪拜在父亲的面前，让他老人家再骂骂他，让他老人家放心啊。

他禁不住一阵激动，滴下两颗泪珠。

王华又何尝不想见一见自己的儿子呢。儿子带来消息，马上就可以到绍兴省亲来了。此刻，他正躺在病榻之上，刚服了汤药，儿媳妇诸氏夫人让他安息一会儿，他怎么能睡得着呢。

他已经七十六岁了，垂垂老矣。

回首平生，有多少往事值得他忆想啊。但最值得忆想的还是他儿子守仁的所作所为。儿子真的是出人头地呀。

年轻时的儿子，狂是出了名的。他曾口出狂言，要学做圣人，然而，他的一言一行，所作所为，何尝不是以圣人来要求自己的呢？

刘瑾专权，忠良遭害，儿子敢于直言上疏。他虽然并不赞成，但是他心底透亮，儿子做得对。儿子被廷杖，被流放，被追杀，他牵心挂肚。忠厚老实的他，刘瑾也曾想来笼络，这是白日做梦！他岂肯与奸佞为伍，沆瀣一气！他宁愿被贬南京，也不会屈服于邪恶势力！不久，他致仕回家。

儿子曾习武言兵，闯荡关外，上疏兵事，他也曾斥之狂妄，然而，长大了的儿子带兵平匪，为国效劳，立下战功赫赫。他从心底里生出了自豪。

最让人揪心的是宁濠反叛事件。那些日子，流言让人骇悚。传说孙燧已经遇害了，儿子也遇害了，家族里的亲人都劝他到上虞龙溪躲一躲。是的，他曾在龙溪购地筑室，那是因为那时候岑太夫人还健在，为了免使她老人家担惊受怕，他做出这样的安排，遇变可以遁避。而今，太夫人已仙逝，他何怕之有？若是儿子果然遇害，他能逃得出人间天地？他不走，他平静如水，劝家人不要轻举妄动。

消息又传来了。说儿子已经起兵勤王，交战在即。宁王窃踞上游，顺流而下，指日可达越地，若是宁贼迁怒于家人，派人前来谋害，也不是没有可能的事。家人说，还是去龙溪避一避吧。

王华笑了，说："我的儿子弃家杀贼，慷慨赴难，我能去找个地方躲起来？岂非笑话吗！祖宗德泽在天下，叛贼岂能乱国？我儿定能战胜叛贼。我身为国家大臣，恨已年迈，不能助儿子一臂之力。倘有不测，我也愿意与乡里子弟共守此城，虽死不憾。"

因此，他与绍兴官府商议，善调兵粮，安抚人心，作守城之准备。要知道，宁王叛逆，全国各地何处不惊惶一片？何况浙江与江西毗邻，谁能料定孰胜孰负呢？

不到一个月，捷报传来了，果如王华所料，宁王已被王守仁擒住。乡里一片欢腾，携酒相庆。王华说："此纪纲法度，维持周密；朝廷威灵，震慑四海，苍生幸免荼毒。父子相见有日也。"

他的心里高兴，儿子果然有出息！

谁知又是风波陡起，武宗南巡，奸党陷害，流言蜚语，危机汹汹。竟然有奸党派人来绍兴，调查他的私产、人丁，大有将其抄没之危。一时，绍兴震撼了，亲族震撼了，竟不知如何应对是好。

王华早已见惯宦海风浪，此时的他，心情反倒平静了。儿子有功于社稷，儿子何罪之有？他充耳不闻，心无旁骛，日里散步于田野之间，夜里安然就寝。他只是告诫家人谨出入、慎言语，如此而已。

终于，改朝换代了，儿子的冤案也大白天下了。儿子就要回家来了。他怎能不激动？这样的儿子，他怎能不自豪？

父子见面的场面令家人感动，令乡亲们感动。

王阳明跪在王华的床榻之前，声泪俱下：

"父亲大人，儿子不孝！儿子不孝啊！"

王华激动着，颤抖着，竟说不出一句话来。他想支撑起来，却力不从心。诸氏夫人让老人家躺好，不必起身。

两行混浊的老泪从他的眼眶中流了下来。

"国事为重啊，国事为重。"他喃喃地说。

……

王阳明是八月到绍兴的。

九月廿九日是王华七十六岁诞辰，为父亲做寿便成了家庭兄弟姐妹的议题。是啊，王阳明是长子，他的回来，为父亲的寿诞增添了往昔不能相比的喜气。年年做寿，哪里有今年之热闹之高兴啊。一定要好好筹划一番，喜庆一番。

但是，王阳明有他的想法。

第一，父亲还病重着，正在汤药调理。相信过些日子会好一些。

第二，他还没有到余姚祖地去祭扫岑太夫人的坟墓。老祖母的坟墓是一定要去奠祭的，且不宜延迟。到余姚老家去，许多亲戚朋友都得会面，也需要一些时日。

第三，许多亲朋好友、学子闻说他回到绍兴，正陆续赶来，不妨一并聚会，高兴一番。

因此，他想把做寿推迟一些日子。他的动议获得众人赞成。

九月初，王阳明到了余姚。

叔伯兄弟相聚，自是一番欢喜；门生弟子会见，更是热闹盈门。王阳明的到来，成为余姚县城上下轰动、四邻相告的盛事。谁人不晓王阳明啊，王阳明是余姚人，是余姚人的骄傲。他的平藩事迹早已为乡人传颂。余姚出了一个大功臣、大英雄、大圣人，乡民百姓皆引以为荣，谁不津津乐道？

王阳明第一件事是祭奠祖坟，还有生母的墓茔。坟墓位于余姚东郊九里山，乃王家亲族祖坟所在地。

王阳明哭倒在祖父、祖母还有生母的坟前。其声哀哀，其情切切，随行亲人无不感动。

王家的孝慈是有祖传的，一代为一代做出了榜样，一代为一代承继着孝风。岑太夫人去世时，王华卧的是草榻，吃的是蔬食；出殡那天，他赤足草鞋，扶柩哀号，沿路跪拜达九里。由于哀痛过甚，染病在床，日趋沉重。王阳明此番是听说了，他为父亲王华而感动，也为未能送终祖母大人而哀痛。现在哭倒在坟前，岂能不动情？

他的第二件事是访瑞云楼。瑞云楼是他的出生地。当年王家家境不裕，是向莫姓人家租的。后来——大约是王阳明的祖父王伦去世不久，王华将家迁徙到绍兴，便将租房退还给莫家。莫家又将房子租给了钱德洪的父亲。

但不管怎么说，瑞云楼便成了王阳明生命的象征。他是在这里呱呱落地的，是在这里学步学语的，祖父竹轩公的慈祥笑容，朗读书声，又浮现在他的眼前和耳畔。

他更痛惜自己的生母，生母郑氏夫人，史书里竟然没有留下姓名。她的渊靖孝慈，恭俭温良，是全家的口碑，也是王阳明终生的痛。"起微寒，躬操井臼，勤纺绩而奉舅姑，既贵而恭俭益至。"（陆深《海日先生行状》）可惜，四十九岁就去世了。所以，《王阳明年谱》有"盖痛母生不及养，祖母死不及殓"之句。

众人陪同王阳明到了藏胎衣之地，阳明先生久久凝望之，不由一阵阵痛上心头。

王阳明的一生，追随者众，弟子多达数千人，其姓名可考者有四百一十余人，真可谓桃李遍天下。在众多的弟子中，有几个是他最为赏识最为钟爱的，也可以说是关系最为密切感情最为深厚的，徐爱可以算一个，冀元亨可以算一个，钱德洪可以算一个，还有王畿亦可算一个。当然，还有一些。

现在，钱德洪就在他的身边。

瑞云楼，王阳明出生在这里，若干年后，钱德洪也出生在这里，一代师徒，共诞一室，是历史的巧合。

钱德洪在《后瑞云楼记》中写道："瑞云楼者，吾师阳明先生降辰之地也。楼居余姚龙山之北麓，海日公微时尝僦诸莫氏以居……及先生贵，乡人指其楼曰'瑞云楼'。……弘治丙辰（1496），某亦生于此楼。及某登进士，楼遂属诸先子。"

钱德洪（1496—1574），名宽，字德洪，以字行，改字洪甫。因余姚城内有龙泉山，古名为灵绪山，遂以绪山为号。他素慕阳明先生人品学问，早有拜其门下之意，现在王阳明来寻故地，又恰是他的住处，便提出拜师的愿望。

王阳明答应了。

所以，王阳明在余姚期间又做了第三件事，即收徒讲学于龙泉山中天阁。

翌日，正是秋高气爽季节，龙泉山上嫣红姹紫，万木葱茏。钱德洪率内侄及乡人共七十四人，迎请王阳明登临中天阁，举行了一个隆重的拜师仪式。

王阳明很高兴。他是从家乡余姚走出去的，如今又回到了家乡。余姚钟灵毓秀，人才辈出，为千古东南名邑，在龙泉山中天阁收徒讲学，意义非同一般。中天阁始建于五代时期，取唐代诗人方干《登龙泉山绝顶诗》中"中天气爽星河近，下界时丰雷雨均"之句，环境清幽，绿树掩映，实在是个读书的好地方。

从此以后，钱德洪在此开辟讲堂，研习心学。后来，王阳明的父亲去世，王阳明在丁忧家居期间，亲自前来讲课。定于每月的初一、初八、十五、二十三日为王阳明亲自开讲之日。每遇先生讲课，听众多达三百余人，中天阁已不能容。而其他的时间则以钱德洪主讲，讲授王学，学生称钱德洪为教授师。一时，学风大盛，蔚成气象。阳明先生还为学生订立学规《书中天阁勉诸生》并亲自书之在壁，以告勉学生。其文如下：

"虽有天下易生之物，一日暴之，十日寒之，未有能生者也。"承诸君之不鄙，每予来归，咸集于此，以问学为事，甚盛意也。然不能旬日之留，又不过三四会。一别之后，辄复离群索居，不相见动经年岁。然则岂惟十日之寒而已乎？若是而求萌蘖之畅茂条达，不可得矣。故予切望诸君勿以予之去留为聚散。或五六日、八九日，虽有俗事相妨，亦须破冗一会于此。务在诱掖奖劝，砥砺切磋，使道德仁义之习日亲日近，则世利纷华之染亦日远日疏，所谓"相观而善，百工居肆以成其事"者也。相会之时，尤须虚心逊志，相亲相敬。大抵朋友之交以相下为益。或议论未合，要在从容涵育，相感以诚，不得动气求胜，长傲遂非。务在默而成之，不言而信。其或矜己之长，攻人之短，粗心浮气，矫以沽名，讦以为直，挟胜心而行愤嫉，以玭族败群为志，则虽日讲时习于此，亦无益矣。诸君念之念之！

真是一片苦心一片忠言！殷殷切切，眷眷拳拳！众学子皆十分感动，铭记在心。

从此，龙泉山一片书声，书香之气弥漫在山水天地间了。

王阳明在余姚不敢久留，因为父亲病着。他回到了绍兴。

十二月到了，父亲王华的身体好多了，华诞之宴亦已安排就绪。

此时，皇帝的圣旨来了。

圣旨曰：江西反贼剿平，地方安定，各该官员，功绩显著。你部里既会官集议，分别等第明白。王守仁封新建伯，奉天翊卫推诚宣力守正文臣，特进光禄大夫柱国，还兼南京兵部尚书，照旧参赞机务，岁支禄米壹千石，三代并妻一体追封，给与诰卷，子孙世世承袭。正德十六年十二月十九日，准兵部吏部题。

这道圣旨分量很重，总算给王阳明一个公正的结论和嘉奖。

第一，给王阳明以厚爵：封新建伯，光禄大夫柱国；兼南京兵部尚书。虽然都是一些虚职，爵位很高。

第二，每年俸禄一千石，这是文官里的最高待遇了。并发给诰卷。没有诰卷，就领不到俸禄；是否真的发给诰卷，留与下文说了。

第三，祖父、父亲及夫人一并追封。诰卷子孙可以世袭。

朝廷专门派人来到绍兴王府宣读圣诏，白金文绮，规格极高。又赐以羊酒，慰劳王阳明的父亲王华。

那一天，正好为王华做寿。阖府上下，弥漫着一片浓浓的喜气，张灯结彩，鼓乐震天。亲朋好友，人来人往，好不热闹。

王华的身体真的也是好些了，他让人扶坐在中堂上，接受子孙们行拜寿礼。

王阳明虔诚地跪在王华的面前，双手捧着一杯酒，高高举过头顶，敬献父亲。

王华是非常高兴的，终于有了这一天，荣华富贵，阖家欢聚。无尽的感慨从心内泛起，忽然间，他蹙起了双眉，断断续续说出这样一番话来：

我们父子未曾相见已五年矣。先是平寇南赣，日夜劳瘁，我虽然担忧你的疾病，然而臣职在身，不敢为你忧也；宁濠之变，都说你已经死矣，但没有死，都以为此乱难平，但终于平，此乃天意，我也不敢为你幸也；及至谗言汹汹，祸机四发，前后两年，人人都为你忧，我能不忧吗？然而，你能镇静自守，渡过难关，我又为你喜也。现在，天开日月，遂显忠良，高官厚爵，滥冒封赏。父子复相见于一堂，人人都以为荣，我怎么不知这是天大之荣呢。然而，古人说得好，盛者，衰之始；福者，祸之基。虽以为荣，复以为惧也。我已老矣，能得父子相保于门户之内，我足矣，千万记住盈满之戒，莫使名誉毁去也！

好一个气度豁达、淳厚见性的王华，耄耋之年竟然能说出这一番清明的话来。从忧说到幸，从幸说到喜，从喜说到荣，从荣说到惧。有条不紊，层层推进，全是人生的大智大慧大彻大悟，哲人气质、君子风度也。

王阳明双膝跪地不禁泪花盈盈，说："父亲大人之教，孩儿日夜记在心间。"

跪在一旁的子孙及众人看到如此场面，听到父子如此对话，一个个都感动极了，感叹不止，老人家的话语真是金玉良言啊。居安思危，戒骄戒满。

嘉靖元年（1522）正月，王阳明给朝廷写了一道乞辞封爵疏，要求辞去封赏。疏中有句云："殃莫大于叨天之功，罪莫大于掩人之善，恶莫深于袭下之能，辱莫重于忘己之耻，四者备而祸全。此臣不敢受爵者，非以辞荣也，避祸焉尔已。"（《乞辞封爵疏》）

当然，这样的上疏，在吏部看来纯是客套缛礼，自然不会向皇帝奏报的。

二月，严冬将尽，乍暖还寒。王华的病又复发，日趋危重。王阳明与诸弟日夜侍奉身边，捧汤喂药，忧心如煎。二月十二日己丑，王华寿终正寝，享年七十七。

瞑目之前，正好朝廷推论王阳明的功绩，进封王华、王伦、王槐里三代皆为新建伯，吏部派员送咨文到。弥留之际的王华，竟神志清明，挣扎起来，行出迎礼，然后，瞑目而逝。

顿时全家哀声四起，王阳明竟一哭而绝。

朝廷闻讣即派使者前来吊唁，并妥善丧事。王华的门生陆深含泪作《海日先生行状》，王华好友、资深老臣杨一清撰《海日先生墓志铭》。

王阳明按父亲生前喜爱会稽山水之愿望，就近筑墓于绍兴城南之石泉山，并将原葬于余姚城东穴湖的生母郑氏夫人灵柩迁葬于此。后来发现石泉山墓穴有水患，随时又改葬，将父母合葬于城南之天柱峰。

王华，一代君子也。他品行端正，学识渊博，气质淳厚，为人仁恕。他的一生从不媚俗，坦坦荡荡，从无有矫饰言行，无论为官、为人、为文，深得人们的敬仰。王阳明的一生标新立异，超凡脱俗，求圣求贤，骨子里那种品质却得益于父亲的熏陶。

父亲仙逝，他岂不哀痛哉？为此，他大病了一场。

从此开始，为父丁忧三年，他向朝廷作了申报。

三、风雨大礼议

王阳明在家守丧三年，几乎同时，一场新的急风暴雨的政治斗争在朝廷内展开。

这就是闻名于历史的明朝嘉靖初年之大礼议。

真是"你方唱罢我登场"。

明武宗驾崩，内阁首辅杨廷和与皇太后张氏，依据《皇明祖训》里"兄终弟及"的原则，选中朱厚熜来当皇帝，应该说是秉持封建纲常伦理而定的。大原则不会有错。他为什么选中朱厚熜?

朱厚熜是明宪宗的孙子，明孝宗的侄子，明武宗的堂弟，兴献王朱祐杬的次子（长子朱厚熙早夭）。

明宪宗生十四子，三子为明孝宗，四子为兴献王。弘治七年（1494），兴献王前往其封地安陆州就藩。安陆即今湖北钟祥，一个远离皇权中心北京、毫不起眼的地方。

杨廷和起草的遗诏是这样写的："皇考孝康敬皇帝亲弟兴献王次子，聪明仁孝，德器夙成，伦序当立，已遵奉兄终弟及之文，告于宗庙，请于慈寿皇太后，与内外文武群臣合谋同词，即日遣官迎取来京，嗣皇帝位。"

朱厚熜聪明仁孝，脱颖而出，他才十五岁。

十五岁对于杨廷和是重要的。他正独揽朝政，与皇后张氏合作得也不错，春风得意，左右逢源。十五岁，自然意味着杨廷和可以继续牢固于权力核心。

可是他没有想到，十五岁的朱厚熜不单聪明仁孝，而且极为精悍，已是少年老成。你如果把他当成孩子，肯定是吃错了药。

三月十五日，杨廷和派定国公徐光祚、寿宁侯张鹤龄（张皇后之胞弟）、驸马都尉崔元、大学士梁储、礼部尚书毛澄、太监谷大用等前往安陆迎接朱厚熜，到京师即皇帝位。一支浩浩荡荡的队伍行进在北京至安陆的大道上，想来，是极为威风的。

四月二十二日，朱厚熜抵京师。

第一个问题出现了。朱厚熜从哪一道门进宫内？

杨廷和与礼部议定，由东安门入城。

朱厚熜一听，下令止步。他不愿前行了。

为什么？东安门是皇太子出入的门，我是奉诏来承位的，难道还要我再当一回皇太子？

是的，就是让你先当皇太子，再当皇帝。"继统须继嗣"，这是杨廷和他们早就想好了的。

那不行。诏书上写得明明白白："嗣皇帝位"。我要走大明门，正门，进奉天殿。

十五岁的孩子真是不简单，他居然懂得皇宫里的这么多规矩，而且坚执，不让步。

众官依然不肯，拼命地劝说，越劝说朱厚熜越冒火。

朱厚熜说，你们不让我去，我回去，回安陆去。

这一招厉害，他以不当皇帝相胁！

众官员没有办法了，火速请示了杨廷和与张皇后，同意朱厚熜走正门。

当天，杨廷和和礼部议好的年号——绍治，也被朱厚熜否定了。绍治意为继承弘治，他翻开《尚书》说，不如"嘉靖殷邦"好，就以嘉靖为年号。谁都不会想到，此号应了王阳明在庐山功纪碑上的"嘉靖我邦国"。神合也。

这，仅仅是初试锋芒，第一个回合。

四月二十七日，金殿议事。新皇世宗朱厚熜与以内阁首辅杨廷和为首的众官员正式拉开了剑拔弩张的"大礼议"帷幕。

议事的题目是武宗的谥号及朱厚熜生父的主祀及封号，他的父亲兴献王两年前薨。

以杨廷和为首的百官认为，世宗既然是由小宗入大宗，即由藩王儿子入位——这话已经让朱厚熜受刺激了——就应该尊奉正统，要以明孝宗为皇考，兴献王改称"皇叔考兴献大王"，母妃蒋氏为"皇叔母兴国大妃"，祭祀时对其亲生父亲自称"侄皇帝"。

所谓"考"，大家都知道，另一个词义是父亲。

用白话说，朱厚熜应叫孝宗为父亲，叫自己亲生的父亲为叔叔，亲生的母亲为叔母。

他怎么能受得了？当了皇帝，连亲生的父母都不能认了？

是的，杨廷和坚执地认为。他以汉朝定陶王（汉哀帝）和宋朝濮王（宋英宗）为例，有史为凭。否则，不是要乱套了吗？你认自己的父亲为考，你接的是藩王的位，还是孝宗的位？一句话："继统须继嗣。"你要承继正统的皇座，必须先承继先皇的父子关系。并声称："朝臣中如有人异议，即为奸邪，当斩！"

在强大的几乎是众口一词的文臣面前，朱厚熜势单力孤，他真的成了孤家寡人。要知道，即便身为一国之君，没有得力的臣子辅佐，也是孤掌难鸣的。

他很无奈。但他并不甘心。他心底恨恨不平：父母也可以换的吗？

世宗开始知道自己力量的薄弱了，他只能用软的。他把杨廷和请进内宫，好生招待；又向礼部尚书毛澄厚赐黄金，以示拉拢。但两人都不为所动，他们以为这是天大的原则。事情几近僵局了。

正在这个时候，世宗的母亲蒋氏起程来京，已经到了通州。听说朝廷百官要自己的儿子认孝宗为父，顿时大怒，说："岂可以我的儿子改为别人的儿子？！"说罢便留在通州，不肯再赴京城。

消息传到宫内，世宗涕泪不止。他再次表示，愿意放弃帝位，陪母亲回安陆去。

杨廷和终于退让了。他草拟了这样一道疏："本生父兴献王宜称兴献帝，母宜称兴献后。"但必须仍尊孝宗为皇考。

父亲不叫叔了，成了本来的生父；母亲不叫叔母了，成了本来的生母。但是，父亲还是孝宗。

世宗总算同意了，蒋氏也答应进京。

这是双方的一个妥协。实质问题并未解决，矛盾依然如火山一般潜伏着。

日子一天天地过去，到了七月初三这一天，形势突然发生了转折，世宗收到了一份奏疏，这份奏疏犹如一颗重磅炸弹炸响了一度平静的朝廷。新的风雨骤然来临。

这份奏疏叫《议大礼疏》。作者是张璁。

张璁（1475—1533）何许人也？他名不见经传，历经二十年会考，总是名落孙山，直至正德十六年（1521）第八次赴考，才中了进士。也就是说，中进士还是世宗登基前后的事，而且名次不高，更谈不上官位，仅在南京某部"观政"实习而已。其时，他已四十七岁，已近黄昏。

他为自己生不逢时、怀才不遇而愤愤不平，他求仕的欲望如久旱的禾苗盼着倾盆大雨。朝中的礼仪之争，深深地刺激了他。此时不出，更待何时？

他引经据典、旁征博引地写了这篇奏疏，其核心观点是——

继统不继嗣！（此论后由吏部员外郎方献夫正式上疏。）

继承皇统为什么非得继嗣？汉定陶王、宋濮王都是预先立为太子的，养在宫中，实际上已经过继给汉成帝和宋仁宗，与现今陛下情况不同。张璁说：陛下应以生父为考，在北京别立兴献王庙才是。

一石击起千层浪！

朱厚熜见此奏章大喜，喜极而泣说："此论一出，我的父子之情得以保全了！"

当时居家休养的杨一清说："张生此议，圣人复起，不能易也！"

杨廷和恼了，文武百官恼了，此张璁究为何人？竟敢与杨为首的百官作对？好大的胆子！

张璁当然胆子大，他要寻求的后台是皇帝！

杨廷和看了奏折对世宗说："这个张璁是什么东西？朝廷大事有他

说话的份儿吗？"

世宗要召他。杨廷和不同意，只给他一个闲职：南京刑部主事。对于朝廷来说，这是一个小得不能再小的官位。

但是，你别看南京都是闲职，南京藏龙卧虎。其时，南京结集了一批不得志却得力的官员，很多人都是王阳明的学生和朋友。其中有：南京都察院御史黄绾、南京兵部侍郎席书、南京刑部员外郎方献夫，还有后来与张璁一起翻云覆雨而与王阳明又过不去的刑部主事桂萼。后来，还有黄宗明和霍韬。

他们天天聚集一起，谈论"大礼议"之事。

他们不断上书，为世宗寻找理论支撑，尽管大多奏疏都被吏部压住，但是，斗争一波又一波，时紧时缓，从不停歇。

大臣们拼死相守。他们要守住纲常伦理的底线，然而，他们怎能挡得住皇帝的力量？

终于，杨廷和挡不住了。他已经深感力不从心，大势已去，他已心灰意懒，彻底厌倦了。嘉靖二年（1523）十一月，张璁、桂萼又上疏"礼议"之时，他退却了。他向嘉靖皇帝提出了致仕（退休）的要求。

皇帝一惊，然后顺水推舟同意了。

从此，注定了百官们的败局。

先是在兴献王的后面称呼里加了一个"帝"字，后来又加了一个"皇"字，再后来，又把"本生父"也去掉了。

然而，世宗依然有两个父亲。

张璁、桂萼——被上调入京，先是大学士，又入内阁，升官升得比现今的火箭还快。

然而，百官们决不罢休，没有了杨廷和，斗争还得继续。

世宗也没有获得全胜，他的目标不仅是生父必须谥为皇考，而且，孝宗必须谥为皇叔考。让孝宗去当叔叔。

嘉靖三年（1524）七月，最后的决战终于爆发。

十二日，朱厚熜诏谕礼部，十四日为父母上册文，祭告天地、宗庙。

群臣一片哗然。

朱厚熜把自己想做的一切全部到位。

早朝结束，兵部尚书金献民首先倡言："事关社稷，不可不争！"

吏部左侍郎何孟春说："宪宗时，百官在文华门前哭请，为的是争慈懿太后下葬礼节，宪宗不得不听，这是本朝的旧事。"

杨廷和之子、状元杨慎义愤填膺，慷慨高呼："国家养士一百五十年，坚守节操大义而死，在此一举。"

众人的愤懑如火焰顿时点燃。

群臣伏阙死谏，就在今天！

编修王元正、给事中张翀在金水桥南拦住群臣。

此时此地，此情此景，谁敢溜走？

两百余位朝廷大臣顿时跪倒在左顺门，恳请世宗改变旨意。他们高喊，他们哭泣，他们撼门……声震阙庭。

朱厚熜震怒了。此时的世宗已不是三年前初登皇位的世宗了。他不仅已经长到了十八岁，而且他的羽翼已经丰满，实力已经强盛，皇威已经建立，他岂能容忍？

当即下令锦衣卫逮捕为首者八人，下诏狱。

众人不服，继续搋门大哭，哭声震天。

世宗再下令，捕五品以下官员一百三十四人下狱待审，四品以上官员八十六人停职待罪。二十日，宣布四品以上的夺俸，五品以下的当廷杖责，廷杖而死者十六人。杨慎、王元正因带头闹事，被发配远方，毛纪、石玊等人致仕回家。

在皇权高压下，百官终于偃旗息鼓，遍地狼藉……

九月，世宗更定大礼，改称孝宗为皇伯考，生父为皇考，并编纂《大礼集议》《明伦大典》。

大礼议以彻底粉碎杨廷和集团、世宗全面的胜利而告终。

退休在家的杨廷和只有悲愤和叹息，他是不是搬起石头砸了自己的脚？世宗朱厚熜是他亲自选定的啊。张氏的母后自然是当不成了，取代母后的自然是世宗的生母蒋氏。而杨廷和的儿子杨慎发配云南，从此与仕途告别，却成就了他的文学才华。他的词作："滚滚长江东逝水，浪花淘尽英雄。是非成败转头空，青山依旧在，几度夕阳红……"成为名著《三国演义》的开篇，流传千古。这些丰赡如虹的词句是不是融进了他太多太多的人生感悟和历史浩叹？

大礼议谁对谁错？谁正确谁谬误？永远是一个悖论。

合了纲常就悖了人伦，合了人伦就悖了纲常。双方都矛盾百出。

所有的核心是权力。权力至最。

但有一点是必须承认的，历史已经承认了这一点，即杨廷和集团崩溃了。而张璁等新兴势力迅速崛起。这是一个不容否认的奇迹。

后人有评，这是阁权和皇权的角力，保守派和改革派的对抗，程朱理学和阳明心学的斗争。因为，程朱理学已经僵死了，倡导"礼本人情""心性为上"的阳明哲学成了解放思想的一帖良药。

那么，王阳明也成了有功之臣？

王阳明也是这样想的吗？不一定。

是的，支持世宗大礼议的得力干将有王阳明的学生和朋友，如方献夫、席书、霍韬、黄宗明，还有黄绾；但支持杨廷和及百官的也有王阳明的朋友和学生，如乔宇、邹守益、陆澄、舒芬，而且都不是一般的关系。

如果是杨廷和得胜呢？会起用或尊崇王阳明吗？当然不会。大礼议尚未开端，杨廷和已经提防着王阳明了，怕他一进京，动摇了他的根基。一番奏禀，便把王阳明挡在宫阙之外了。任凭你功劳最大、学问最高、呼声最强烈也无济于事，政治游戏规则从来如此无情。

那么，如果世宗得胜了呢？会因为应用了"心学"而起用王阳明吗？历史已经证明，也是没有这个可能的。由于胜利，世宗曾经一度的开明图治、自卑心理、软弱状态转化为刚愎、猜忌、横暴、独断，后来他"爱方术，好祥瑞"，迷信方士，尊崇道教，只求自己的长生不老之术，明朝的政治风气日渐败坏。他已经不想用王阳明了。

而张璁和桂萼可谓朝廷新贵，飞黄腾达，其升迁之快，史不多见，史称"议礼猝贵"。后来对王学的非议已及谤，提出的"伪学之禁"，引起了王阳明学生的极大愤慨。张璁还好，桂萼则成了王阳明晚年的最大对立面。

总之，不管从哪一方面说，才高招妒，王阳明都于他们不容。

当然，也有一些学生与朋友真心荐他的，如席书、方献夫、黄绾等，此时，亦已官居高位（黄绾略有不同）。席书说："生在臣前见一人，曰杨一清；生在臣后见一人，曰王守仁。"方献夫说："定乱济时，非守仁不可。"然而，世宗未予接受。

王阳明自己呢？这几年他在做什么？他是怎么看大礼议的？

他心如止水。

他在家守丧。守丧三年（1522.2—1525.2）几乎与大礼议三年（1521.7—1524.9）同。

他已经五十三岁了。沸沸扬扬的政治角逐，尔虞我诈的官场残杀，他已经看得太多太多。他早已厌倦。从来没有像现在这样让他沉静澄澈，仿佛身居世外桃源。他住在绍兴，讲学于庭院，优游于郊野，仿佛闲云野鹤。

身边的学生问他：先生，你是如何看大礼议的？

遥远的学生来信询问：先生，你对大礼议持何种态度？

他缄默不言。

他避而不答。

这些学生与好友之间，有霍韬、席书，还有黄绾、黄宗明等。

中秋之夜，碧海青天，明月悬空。

他坐在王府门前碧霞池上，眼前是一片恬静的清辉。

他吟下一诗：

一雨秋凉入夜新，池边孤月倍精神。

潜鱼水底传心诀，栖鸟枝头说道真。

莫谓天机非嗜欲，须知万物是吾身。

无端礼乐纷纷议，谁与青天扫宿尘？

（《碧霞池夜坐》）

月亮照着，鱼儿游着，夜鸟啁啾着，何等静谧！遥望北天，大礼议在"纷纷""无端"地进行着，他发出了"谁与青天扫宿尘"之叹！

这就是王阳明当时的态度！

数年之后，他给霍韬写过一封回信，这是他对大礼议事件唯一的带有某种倾向性的表示：

往岁曾辱大礼议见示，时方在哀疚，心善其说而不敢奉复。既而元山亦有示，使者必求复出，草草作答。意以所论良是，而典礼已成，当事者未必能改，言之徒益纷争，不若姑息与讲明于下，俟信从者众，然后图之。其后议论既兴，身居有言不信之地，不敢公言于朝。然士大夫之问及者，亦时时为之辨析，期在委曲调停，渐求挽复，卒亦不能有益也。后来赖诸公明目张胆，已申其义。然如倒仓涤胃，积淤宿痰，虽亦快然一去，而病势亦甚危矣。今日急务，惟在抚养元气，诸公必有回阳夺化之妙矣。……

（《与霍兀崖宫端》）

其时已在嘉靖六年（1527），大礼议早已偃旗息鼓。

这封信倾向明显，却也含义深长。他对大礼议"心善其说"，认为"所论良是"，也提出宜"委曲调停"，"渐求挽复"。如今虽已成定局，但元气已伤，病势亦危，急需"抚养元气"，"回阳夺化"……

所有的纷争，都要回到一种境界里来。

这个境界，就是他时下正在与学生谆谆教导的：良知。

四、一方热土

近二十年来，王阳明走到哪里，学子们就追随到哪里。从北京到贵州，从赣州到南京，又回到江西，一批又一批，一期又一期，络绎不绝，源源不断。现在，他居丧绍兴，学子们又从四面八方蜂拥到绍兴。

会稽山下，鉴湖之畔，成了王学的一方热土。

然而，王阳明病倒在床上，心情也不大好。

父亲去世，让他过度悲伤，肺病又复发了。

京城里传来的一些消息，让他心寒。并不是为了论功行赏，升官发财，对于这些，王阳明几乎没有什么欲望。他几次上疏要求辞去对他的封爵行赏，要求给那些有功将士奖励，但是朝廷总是不当一回事，他也很无奈。

令他心寒的是朝廷里一股诽谤他正在宣讲的以"致良知"为核心的心学之说，如暗火一般在悄悄蔓延，而且"日炽"。

根子在首辅杨廷和。大礼议的序幕已经拉开，他自己的命运将面临不测，他竟然还有心思和精力去压制王阳明。他将被卷入洪流之中而一败涂地，他还在念念不忘王阳明关于平宁王的上疏里没有点出他的名字？他有什么功劳？他不是还受过宁王的礼金吗？一个官居高位、口碑不错、基本称职的人物，居然心胸狭窄如牢。

秉承杨廷和的旨意，御史程启充、给事毛玉上疏，要求对王阳明的异端邪说给予遏止弹劾，称之为"伪学"。朝廷里一时风雨满楼。

时为刑部主事的陆澄很不服气，他虽然在大礼议中赞同杨廷和，但是就王阳明的功绩及王学而言，他反对那些以谗言伤害王阳明的人。他以为这是两回事。这就是为人之品格端正。他上疏皇上，为之六辩。

在绍兴的王阳明听说了，淡然一笑：由他去吧。嘴巴生在每个人的脸上，爱怎么说就怎么说吧。无辩止谤。

然而，他也想不明白，为什么会"谤议日炽"呢？

有一天，他与一帮好友邹守益、薛侃、黄宗明、马明衡、王艮等在一起，说到了这件事。他不禁又问，为什么呢？

朋友们说开了。有的说，先生势位隆盛，功德昭著，因此以功高招妒招谤；有的说，先生学问高明，敢与宋儒争异同，独树一帜，因此以学术招谤；有的说，先生声望高，天下学子纷纷前来拜师求教，为当代少有，故以身招谤。

阳明先生说："你们说的三种情况都是有的。但是还有一种情况诸君尚未论及。"

诸人请问。

阳明先生说："我在南京之前，尚有乡愿的意思，而今只信良知两字。良知是真是真非，决无掩避躲藏。有了它，我才做得狂者，天下的人尽说我行不掩言，我也只是依照良知而行。"

于是，众人又问到了"乡愿"与"狂狷"。

何谓乡愿？孔子说："乡愿，德之贼也。""宁为狂狷，毋为乡愿。"孔子说的乡愿指的是那些好好先生，不分是非，人云亦云，看似忠厚良善，实际上没有一点道德原则，只知道媚俗趋时，随波逐流。其实是伪君子，损害德行的。孔子说话向来温文尔雅，像这样强烈的否定，激愤的语气，是《论语》中不多见的。可见对乡愿者之愤慨。孟子说，这种人言行不一，八面玲珑，实为小人。故有"宁为狂狷，毋为乡愿"之说。狂狷者，流露的是真性情，表现的是真性格，狂者进取，狷者正直也，实在要比乡愿高尚得多。

王阳明引用了"乡愿狂狷"之比较，众人的心里顿时清明了。

是的，为真理而狂狷，虽遭谤而不悔。

对王学的谤议此时已渗入科举。那一年会试，南宫策士竟然以讥笑心学为题，让举子应答。当时，王阳明有个学生叫徐珊，也正在应试之列。他一看试题《策问》竟是以讥笑心学为题，便气坏了。"我岂能昧我良知而媚时好？"他愤然而去，宁愿不取这样的功名。

有几个学生如欧阳德、王臣、魏良弼，干脆在试题上大做心学其妙的文章，做得理直气壮，做得纵横有致，才气横溢，居然也被录取了，真是令人啼笑皆非，喷饭不止。

钱德洪与王畿则不参加廷试而返越，两人垂头丧气回到王阳明的面前，深恨时局之乖，真理之难容。他们觉得对不起先生。

没想到王阳明竟满脸春风，喜气洋洋而相接，说："圣学从此大明矣。"

德洪问："时事若此，何见大明？"

阳明先生说："吾学果然能为天下学士厌恶吗？不会吧。会试一出，天下人皆知吾学也。如吾学有错，天下也必有人来求真知也，岂非是大好事？"

说得钱德洪顿时高兴起来。

但是，王阳明的心底是悲凉的。

学生还在源源不断地拥来。

他写了一张告示，贴在家门口：

老夫拙劣无所学识，而且病在奄奄之中，各位四方来的同志朋友，皆不敢相见；或者，不得已才相见。我也不敢有所论说，请各自回去求孔孟之训即可矣。孔孟之训，昭如日月，凡是断章取义者，支离决裂者，似是而非者，皆不可信，皆为异说也。有志于圣人的学旨，不求孔孟而求其他，则是舍日月之明，而取窗户之荧光也，不亦谬乎？共勉共勉。

告示归告示，来求师求教的人依然不肯离去。

事情到了这一地步，就不好推诿了，他们的求知若渴，信奉王学，一定有其道理在，一定是征服了他们的心，否则，千里迢迢，劳苦而来，又为了什么呢？

没奈何，王阳明又只好授徒讲学。

反正，京城里的大礼议也够热闹了，谁还顾得上王阳明讲什么"致良知"，还有什么"乡愿狂狷"？

说到王阳明的学生以及听他讲课的，真是五花八门，三教九流，什么人都有。上至朝廷大员，下至樵夫灶丁，形形色色。但真正入门的人，大概是要行一番拜师礼的。而听课的，则可以随意一些。有的学生入门早，有的是在他去世数年之后，再跪拜如仪的。如聂豹，初见阳明先生时，他自称晚生，后他出守苏州，阳明先生已离世四年，他与钱德洪、王畿说："我本想再见先生时礼拜入门，谁知今已不及矣，二君为证，具香案我现补拜之。"遂称门人。

还有兄弟、父子数人同时入门的。

在众多学子中，王艮（1483—1541）是他最为器重的学生之一。

那时候，还在南昌。一日，王阳明的府中来了一个怪怪的人。此人头戴一顶纸糊的高帽，身穿拂地的长袍，腰系长长的飘带，双手执着一块笏板，一看就是一个崇古复古之人，他穿戴的衣冠大约是舜时的装饰。只见他大步跨入府门，径自来到院子，双手将笏板高高举起，揖了一礼，口中念念有词地吟了二诗，然后说：

"泰州草民王银，以两诗为礼，求见阳明先生。"

王阳明正在厅堂与学生说话，见来者十分怪异，又不知底细，便走出中堂，步下台阶，双手一拱，说："贵客到此，欢迎欢迎！请入堂内。"

那个叫王银的人大步入内堂，也不等王阳明赐座，径自找了一个显眼的位子坐了下来。众学生一片哗然，竟有如此狂傲不知礼仪的，正要发作，却被王阳明止住了。

王阳明觉得此人来得不一般，衣着又如此张扬怪异，便笑道："先生所戴何冠？"

王银说："虞氏（舜）之冠。"

王阳明又问："所穿何服？"

王银说："老莱子（老子）之服。"

王阳明："先生是学老莱子吗？"

王银说："是的。"

王阳明："先生是只学其衣服，而未学其上堂跌倒在地，掩面啼哭？"

众弟子忍俊不禁，哗然而笑了。

这是一个典故：七十多岁的老子为了让他的严父慈母开心，穿了一套花色艳丽的不伦不类的衣服，在父母面前，故意歪歪斜斜地走路，然后又跌倒在地，掩面大哭，逗引他的父母喜笑不止。自是一片孝心。

王阳明这么风趣地一问，王银顿时脸红了。他知道，这话里有话，意味深长，深不可测；坐在面前的这位先生是不能对他随意胡来的，他从座位上起来，退到最侧面的一个位子上，然后说出原委：先生名扬四海，我是求学来的。

王阳明便与他交谈起来。

王银原来也在儒学上下功夫，渐渐形成了自己的一套理论和见解。后来他听人说起了王阳明的"心学"，便有点不服，要登门与之亲自辩论较量一番。他的口才很好，功底也不浅。他与王阳明谈致知，论格物，引经据典，唇枪舌剑，整整谈论了一天。

一天还不够，第二天接着又辩。

他服了。王阳明的深厚学养和睿知灼见，使他折服。他感到了自己的肤浅。他由衷地说："先生之学，精深极微，让我口服心服也。"

王阳明也很欣喜。他喜欢眼前这个人钻研学问的一种精神，善于思考，悟性颇高，敢于疑问，自有主见。虽然也不年轻，已经三十八岁了，但身上仍有一股朝气。

王银跪地而拜："阳明先生，收我做弟子吧。愿一生听从教诲。"

王阳明欣然而允，并为他改了名字：王艮。

艮者，八卦之一，代表的是山。他还需要山的沉稳和厚重。又给他取字为"汝止"，告诫他要注意收敛，适可而止。

从此，他有了第二个名字：王艮。而且史上留名。因为他后来开创了"泰州学派"，延伸了王阳明的心学，影响深远。

但是，王艮当时的狂放与怪诞并未收敛。

拜师以后，他辞别王阳明北上。在赴京的路上，他一路讲学，十分招摇。他仿造了一辆周天子祭天时乘坐的"招摇车"，又穿戴着那套怪怪的衣帽，坐在车上，路人皆以"怪魁目之"。

他要以自己荒诞不经、特立独行的方式来宣讲王阳明的心学以及自创的"淮南格物说"。效果倒是不错。

王阳明听到消息气坏了，立即让人把他召回。

终于找了回来，王艮长跪不起。王阳明不理不睬，整整三天。

"某知过矣！"王艮高喊。

王阳明还是不理。

王艮高声说："仲尼不为已甚（孔子不做过分的事）！"

王阳明这才原谅了他。

从此以后，王艮老老实实跟在王阳明的身边，先后从学八年，学问大有长进。

嘉靖五年（1526），王艮应泰州知府王瑶之聘，主讲于安定书院，宣传"百姓日用即道"的观点，求学者纷至沓来，为泰州学派的创立准备了条件。王阳明殁后，王艮定居泰州，一心授道讲学，将王阳明的心学发扬光大，并进一步深化，成为王学的一门重要支流。

因此，我们可以说，王艮在王门诸子中具有十分重要的地位，他的学说深刻地影响了明朝中晚期儒学思想的发展进程。

海宁有个古里古怪的诗人叫董沄（1457—1533），号萝石，年已六十八。他生性狂放，自视甚高，但诗却写得极好，颇为同行服膺，故有相闻于江湖之誉。有一天，他来游会稽，闻说阳明先生在此讲学，便想与之一会。他倒要看看王阳明是否有真才实学。

他肩荷自己的那根拐杖，杖上挂着一只酒葫芦，一顶笠帽，一卷诗作，大摇大摆迈进王府，先是作了一个揖，报了姓名，然后直至上座而坐。

王阳明见其气貌不凡，年龄已大，便以礼敬之。然后两人攀谈起来。一谈便是一个日夜。

不谈不知道，一番谈话下来，董萝石吃了一惊，果然是真才实学。他这个人狂是狂了一些，诗人不狂怎能写得出好诗？但是学识深浅还是清楚的，碰到强中高手，他会心甘情愿服服帖帖。现在，听了王阳明的良知之学，竟然如此深邃而精辟，不能不服。

他站在王阳明的面前，倒头便拜。

王阳明连忙起身把他扶起来，说道："老先生这么大的年纪，岂可行如此大礼。"其时王阳明五十三岁，他要比王阳明大十五岁呢。

董萝石坚执不肯起来，他要强拜阳明先生为师。

王阳明也很感动，这么大的年纪居然还好学不止，令人尊敬。他只好答应。然后便与门生陪董萝石去游越间山水。他们一边涉山渡水，一边作诗论道，简直乐而忘归。这位老先生便忘了自己的年纪，不肯回家了。与他一起来的子弟社友都劝他回家，毕竟年事已高，怎能长期在外游学受苦呢？

谁知老先生开口说话了："我方逃离于苦海，你们又来说我苦是吗？我现在是扬鳍于渤海，振羽于云霄，其乐无穷，安能又复投罗网而入樊笼？去去去，你们都去，我做我喜欢做的事！"

闻者个个感动。

他还为自己又取了一个号，叫"从吾道人"，意为我要随从自己的圣贤之道，跟从王阳明从头学起。

王阳明很是感动，特意为他写了一篇《从吾道人记》。

可以说，一个学生就是一个故事，都让王阳明深深感动，都与王阳明息息相关。

王阳明在绍兴聚众讲学，声势渐大，自然会引起当地官员的关注，这就要说及绍兴知府南大吉。

南大吉是陕西渭南南家村人，为人豪爽豁达，颖敏知学，正德六年（1511）中的进士，当时在户部任主事、员外郎一类的职务，嘉靖二年（1523）来到绍兴府任知府。在任期间做了不少好事，如锄奸兴利，为属吏平冤洗诬，疏浚运河，筑塘以备旱涝等等。他对文化遗址的保护特别重视，如修禹庙，立大禹陵碑，又为王羲之故地被侵出面调停，令归还其主等等。

他当然知道王阳明，王阳明在那个时代是知名度极高的人物，只是没有谋过面。初听王在此讲心学，还有点不相信，什么学问能让天下学子从天南海北赶往绍兴，前来求学？他决定前去拜访。

果然，双方谈得很投机，很融洽。

南大吉说："卑职执政多有过错，先生何无一言？"

王阳明说："有何过错？"

南大吉真诚地检点了自己一遍。

王阳明笑了："我早说过了。"

南大吉诧异了："先生何时与我说过？"

王阳明说："你怎么知道自己的错？"

南大吉："是我的良知告诉我的。"

王阳明："良知不就是我的学说之本吗？"

南大吉恍然大悟，笑谢而去。

从此，南大吉隔日相临，过从日密。

他问道："与其犯过悔改，不如预知不犯更好？"

王阳明："人言不如自悔来得真切。"

南大吉又问："身过可改，心过奈何？"

王阳明："昔时心镜未开，可以藏污纳垢；今日心镜明矣，难容一灰一尘，这正是一个人步入圣境的最佳开端。我们共勉。"

南大吉折服了，心学真乃圣学也。他立即与阳明先生作出商量，开辟稽山书院，聚八方彦士，为天下继绝学，开一代新风尚。

他当然拜王阳明为师。

绍兴真乃文献之邦。如今，天时、地利、人和，三者齐备。学风骤兴，如鉴湖之水，汹涌拍岸；如稽山连绵，郁郁葱葱。

一时四方求学之士源源而来。湖广的、广东的、直隶的、南赣的、安福的等等，环坐听众达三百余人。书院不能容，借寺院宝刹；寺院又容不下，只好分散分批而为。

其时，朝廷正在为"大礼议"勾心斗角，激战尤烈；绍兴会稽山下一片书声笑语，可谓"天朗气清，惠风和畅"，"群贤毕至，少长咸集"，是另一番足可与天地共永久的光景也。

自此，南大吉不仅亲自环坐其内来听阳明先生的课，他还为办学的组织工作协调、谋划，竭尽全力。

嘉靖三年（1524）十月，南大吉续刻《传习录》，把薛侃首刻的三卷《传习录》增至五卷，他自己写了一篇序。

王阳明则为南大吉的府衙"亲民堂"写了一篇记，曰《亲民堂记》，开宗明义提出："政在亲民"。"亲民"即"明德"。

王阳明又为稽山书院尊经阁写了一篇《尊经阁记》。后人把它收在《古文观止》里。

《尊经阁记》末段记曰：

越城从前有座稽山书院，在卧龙山之西。荒废已经很久了。郡守渭南人南大吉，施政于民，感叹近代无本之学的支离破碎，极力推崇并引导人们步入圣贤之道。于是派山阴县令吴君瀛，扩充稽山书院，使之面目一新，又在其后建了一座尊经阁，说道："六经的道理正了，那么百姓就会兴旺了，邪念就消殆了。"阁成，请我写一篇文章来劝规那些读书人，我既然不能推辞，就替他做了这样一篇记。呜呼！世上学习儒学经典的人，得我此番议论，再在心里细细探求，也许能够知道何谓尊经的吧！

可见，两人心心相印，关系是极好的。王阳明是南大吉行拜师之礼的先生，南大吉是王阳明居住之地的父母官。两人赤诚相见，习道崇学，纯如山水，是绍兴那一段岁月的一段佳话。

可是，好景不长，南大吉行事秉直公正，为此触动了豪强利益，又与王阳明倡议"心学"，影响日隆，被人谤告京师，由此而罢官回乡。"绍兴士民垂涕若失父母"，王阳明亦是恋恋不舍，两人惜别时，互道珍重，感慨良多。

南大吉回到渭南，建造书院（酋西草堂），讲课授业，传播阳明之"心学"，口碑甚好。学子也甚有出息。他还不断写信给王阳明，求教研讨，千言万语，诚诚恳恳，以问学为事，问道为喜，从不言及自己的升降荣辱。

王阳明很感叹，不无动情地说："此非真有朝闻夕死之志者，不能涉此境也。"

遂复书于他：世有高亢通脱之士，捐富贵，轻利害，弃爵禄，决然而去者也是有的。他们或投情于山水诗酒之间，或沉溺于自己的嗜好之间，忧愁悲苦，也随之而来。只有真正的有道之士，以良知而昭明灵觉，廓然与太虚而同体，才能如明目之中不染尘沙，聪耳之中不塞木楔。无忧愁悲苦可言。又说：

> 关中自古多豪杰，其忠信沉毅之质，明达英伟之器，四方之士，吾见亦多矣，未有如关中之盛者也。然自横渠之后，此学不讲，或也与四方无异矣。自此关中之士有所振发兴起，进其文艺于道德之归，变其气节为圣贤之学，将必自吾元善（南大吉字）昆季始也。今日之归，谓天为无意乎？
>
> （《答南元善》）

王阳明如此勉励南大吉，与之惺惺相惜。南大吉有感于此，写了一首诗，以示门人，诗云：

"昔我在英龄，驾车词赋场。朝夕工步骤，追踪班与杨。中岁遇达人，授我大道方。归来三秦地，坠绪何茫茫。前访周公迹，后窃横渠芳。愿言偕数子，教学此相将。"

"授我大道方"之"达人"者，王阳明也。

五、钱德洪和王畿

在王阳明的晚年学生中，有两个人是十分重要的。他们不仅是王阳明的嫡传弟子，也是他最为赏识、最为得力的助手，当时有"教授师"之称。也就是说，有许多初学者的功课都是由他们两个出面讲授的，他们可以代表王阳明的观点。

一个叫钱德洪（1496—1574），号绪山，余姚人；

一个叫王畿（1498—1583），号龙溪，绍兴人。

这真是造物主的巧妙安排。

王阳明的祖居在余姚，后迁至绍兴。一个是他的出生地，一个是他的终老地（安葬在绍兴）。出生地留下了他童年的足迹，终老地是他的最后归宿。他的一生走遍大江南北，尤其是江西，是他生命史上一个重要的驿地，但是，出生地和终老地是不能取代的，更具有生命的意义。

现在，他的最重要的两个学生，一个是余姚人，一个是绍兴人，对于王阳明来说，不啻是最大的欣慰。

两个人有不少的共同点：

他们都勤奋好学，学养深厚，聪颖好悟；

他们在进仕的道路上都有曲折。他们同时赴试，并举南宫，俱不廷对，放弃殿试返越。后来入仕，钱德洪耿直刚正，曾蒙冤下狱，削职为民，周游四方，以传播"阳明学说"为己任；王畿因学术思想而被后来的首辅夏言所恶并被黜，罢官后，周游各地，以讲学为主。

他们都十分尊重恩师王阳明，对王阳明的感情殊深。王阳明生前，他们同做"教授师"为初入王门者讲授心学；王阳明逝世的消息传来，他们正赴京殿试，即弃功名而星夜赶往江西，为王阳明扶枢治丧，服丧三年，义薄云天。

他们两人也有差异：

钱德洪有点像徐爱，资质平庸，行事稳健，恪守师训，忠心不二；

王畿豪迈不羁，悟性极高。拜入王门以后，勤于思考，仍然敢于大胆质疑，对先生的良知之说，提出自己的"四无"论点；

王阳明逝世之后，两人的学术观点渐渐分歧。钱德洪忠于王学，编《传习录》，倾尽心血编成《王阳明全集》，留与后人细研王阳明，其功莫不大焉；

王畿的学说，作为分化后的王学之一，自有自己的生命力和魅力所在，只是，诚如黄宗羲所说："一着功夫，则未免有碍虚无之体"，近于禅矣。

王阳明对他们两人一样地心存喜欢，一样地寄于期望。只是在教诲上各施其教。钱德洪有优柔寡断之弱，他告诫其"心要洒脱"；王畿思维活跃，任性而为，他告诫其"心要严谨"。一样地语重心长。

《论语·雍也》有言："知者乐水，仁者乐山；知者动，仁者静；知者乐，仁者寿。"见仁见智，各有不同，可为互补。钱德洪与王畿不亦如此？一者号"绪山"，一者号"龙溪"，正为一山一水，实为巧合也。

王阳明对山水都是热爱的。

中秋之夜，王阳明设宴天泉桥，与学子一起赏月，共度佳节。

据后人考证，天泉桥位于光相坊之南，那里是王府的一片空地，辟有碧霞池。天泉桥架于碧霞池之上。"蓝天照碧水，清泉映霞烟"，成为王阳明和他的弟子们雅集的场所。

王阳明命家人在碧霞池畔置了十余桌酒席，莅临者逾百人，甚为热闹。

时圆月当空，清辉漫洒，犹如白昼。天泉桥四周的山水房屋笼罩在一片圣洁的氛围之中，若隐若现，若有若无，几分朦胧，几分清晰，恍若仙境。

面对明月，把酒临风，学子们个个兴高采烈，心情激荡。王阳明当然很高兴，难得中秋良宵，如此美景，家人门生欢聚一堂。虽然大病初愈体力甚弱，还是很高兴地喝了几杯酒。

他喝的是正宗的绍兴老酒，酒中就着学子们的欢欣。

酒至半酣，学子们早已按捺不住，歌声渐动。顿时，融成一片，越来越响亮，乐声在月光下回荡。喝酒的喝酒，唱歌的唱歌，投壶的投壶，击鼓的击鼓，更有一些年轻人，跳入小舟，泛舟于池中，好一派欢乐情景！

忽然想起了曾经在滁州的那些日子，不也是那样开心，那样纵情于山水，那样的师生同乐吗？一晃已十年矣，白驹过隙，人生匆匆呀。他不禁一阵感慨。

王阳明见大家如此高兴，便让大家尽情而乐，自己则因夜色已深，退回府中，写了两首诗：

> 万里中秋月正晴，四山云霭忽然生。
> 须臾浊雾随风散，依旧青天此月明。
> 肯信良知原不昧，从他外物岂能撄。
> 老夫今夜狂歌发，化作钧天满太清。
>
> 处处中秋此月明，不知何处亦群英。
> 须怜绝学经千载，莫负男儿过一生。
> 影响尚疑朱仲晦，支离羞作郑康成。
> 铿然舍瑟春风里，点也虽狂得我情。

《月夜二首·与诸生歌于天泉桥》

可见他的心情是相当好的。

中秋，月夜，狂歌，豪饮，良知，绝学……都化成了王阳明笔底下的万般诗情……

嘉靖三年（1524）十月，绍兴知府、王阳明的门生南大吉续刻《传习录》告成。这是继徐爱、薛侃编刻的三卷本《传习录》之后，复增五卷的王阳明著作。

什么叫经典？"经典就是那些能够影响一个民族文化和民族气质的历史典籍。"（汤一介语）

《传习录》一书汇集了王阳明与其弟子、友人的对话和往来书信，体现了王阳明一生的主要哲学思想，当然是中华传统文化的经典之作。

钱德洪为该书写了一篇序：

> 先生初归越时，朋友踪迹尚寥落，既后四方来游者日进。癸未年已后，环先生而居者比屋，如天妃、光相诸刹，每当一室，常合食者数十人，夜无卧处，更相就席；歌声彻昏旦。南镇、禹穴、阳明洞诸山远近寺刹，徒足所到，无非同志游寓所在。先生每临讲座，前后左右环坐而听者，常不下数百人。送往迎来，月无虚日。至有在侍更岁，不能遍记其姓名者。每临别，先生常叹曰："君等虽别，不出天地间，苟同此志，吾亦可以忘形似矣。"诸生每听讲出门，未尝不跳跃称快。尝闻之同门先辈曰："南都以前，朋友从游者虽众，未有如在越之盛者。"此虽讲学日久，信孚渐博，要亦先生之学日进，感召之机，申变无方，亦自有不同也。

后来，嘉靖三十五年（1556），王阳明去世已有二三十年，钱德洪又为《传习录》写了一篇跋，跋曰：

> 嘉靖戊子冬，德洪与王汝中奔师丧至广信，讣告同门，约三年收录遗言。后同门各以所记见遗。洪择其切于问正者，合所私录，得若干条。居吴时，将与《文录》并刻矣。适以忧去，未遂。
>
> 当是时也，四方讲学日众，师门宗旨既明，若无事于赘

刻者，故不复萦念。去年，同门曾子才汉得洪手抄，复傍为采辑，名曰《遗言》，此刻行于荆。洪读之，觉当时采录未精，乃为删其重复，削去芜蔓，存其三分之一，名曰《传习续录》，复刻于宁国之水西精舍。

今年夏，洪来游蕲，沈君思畏曰："师门之教久行于四方，而独未及于蕲。蕲之士得读《遗言》若亲炙夫子之教。指见良知，若重睹日月之光。惟恐传习之不博，而未以重复之为繁也。请裒其所逸者增刻之，若何？"

洪曰："然。"师门致知格物之旨，开示来学，学者躬修默悟，不敢以知解承，而惟以实体得。故吾师终日言是而不惮其烦，学者终日听是而不厌其数。盖指示专一，则体悟日精，几迎于言前，神发于言外，感遇之诚也。今吾师之没未及三纪，而格言微旨渐觉沦晦，岂非吾党身践之不力，多言有以病之耶？

学者之趋不一，师门之教不宣也。乃复取逸稿，采其语之不背者，得一卷。其余影响不真，与《文录》既载者，皆削之。并易中卷为问答语，以付黄梅尹张君增刻之。庶几读者不以知解承而惟以实体得，则无疑于是录矣。

嘉靖丙辰夏四月，门人钱德洪拜书于蕲之崇正书院。

嘉靖四年（1525）十月，立阳明书院于绍兴光相桥之东。

王阳明在越地的收徒讲学，达到了高峰。那个时期的绍兴是何等热闹啊，成百上千的读书人，就像朝圣似的，源源不断地从四面八方涌向绍兴。许多平民百姓也闻讯赶来，以一听王阳明的讲学为快。时称"四方鸿俊，千里负笈，汉氏以来，未有此盛"，受邀的和未受邀的听者最多时竟有二三千人之多，有的人甚至从数千里之外赶来。这不能不说是当时学界一种十分罕见的现象。

要知道，那时候，嘉靖皇帝及一些辅臣要员对王学是厌恶、抵制的，是给予学禁的，这种自发的不可抵制的尊崇王学之现象，是一种发自内在魅力的文化景观。

王阳明的内心是欣慰的。他如鱼得水，游刃有余。

他在《答聂文蔚》书信中说：

"会稽素号山水之区，深林长谷，信步皆是，寒暑晦明，无时不宜，安居饱食，尘嚣无扰，良朋四集，道义日新，优哉游哉，天地之间宁复有乐于是者！"

六、诸氏夫人与晚年得子

嘉靖四年（1525）八月。

朝廷里急风暴雨般的大礼议，已经进入尾声。年轻的世宗皇帝已坐稳了九龙御座。

王阳明三年守丧亦早已期满。他一门心思在绍兴讲学布道，如日中天。

朝廷好像把他遗忘了。他也好像与政事毫不相干了。

但是，他的一些在朝的朋友学生不能忘记他。论才学，论事功，王阳明哪一条不比人强？如今服丧已阕，例应起用，为什么还不召唤？

御史石金会同一些官员上了一道奏疏，要求起用王阳明。

此前，尚书席书也有奏书特荐，他荐杨一清和王阳明。

世宗初闻甚喜，他旨令内阁议。

杨一清很快就通过了，何况他还支持大礼议，很快就被召见晋京，入阁成了大学士，不久又成了权重一时的首辅了。

王阳明呢？颇多争议。

这回轮到杨一清表态了。他的内心开始复杂了。论资历，他不比王阳明低；论威望，王阳明不比他低。论交情，他们曾经有过共同的语言。王若入阁，与之同列，自己的地位是否会动摇？他不能不多虑，不计较，一股妒忌之心油然而生。他成了又一个杨廷和。

何况，王阳明的心学谤议者甚多。

杨一清上了一道疏："王守仁才固可用，但好服古衣冠，喜谈新学，人颇以此异之。不宜入阁，但可用为兵部尚书。"

时为光禄寺少卿的黄绾为此深深感到不平。他也进言，要起用王守仁。不光起用，论王之才德，堪任内阁辅臣。

此事被桂萼知道了。桂萼因大礼议有功，已平步青云官居高位，极得世宗重用。听说黄绾力荐王阳明，怒不可遏地把黄绾叫来，狠狠地大骂了一顿，暗暗地向皇上也进了一道疏，极言王阳明之不是，以"伪学举劾"。

皇帝一听就听进去了。穿什么古衣冠？谈什么新道学？这不是颠倒纲常吗？从此，刚愎自用的世宗对王阳明毫无兴趣，六载不召。

整整六年，就让王阳明待在绍兴。直到广西思、田之乱发生，又要王阳明带兵去打仗。

六年间，王阳明倒也静心，讲学布道，日子过得充实而安定。

六年不召，成就了王学的灿烂和成熟。

其间，他也经历了家庭中的一些大悲大喜的事。

嘉靖四年（1525）正月，诸氏夫人卒。

夫妻患难与共三十七年，王阳明对诸氏是有很深的感情的。封建时代，妇女的社会地位低，男尊女卑自不用言，女性要写入历史志书只是凤毛麟角。在大量记载王阳明的历史资料中，提到诸氏夫人的笔墨很少。倒是民间流传的轶事轶闻，对诸氏有很好的评价。

诸氏贤惠，有口皆碑。除了没有去龙场以外，她几乎随任随军，一直跟随在王阳明的身边。王阳明身体不好，饮食起居，全要靠她的照料。熬汤煎药，也是她的本分。尤其在赣南平盗期间，王阳明戎马倥偬，极度劳累，病倒床上几度奄奄一息。全靠诸氏夫人细心照顾，昼夜服侍，才得度过生死一劫。王阳明心内是感激的。

但是，夫妻也有遗憾的事。诸氏夫人不育。结婚数十年，竟然没有给王阳明留下一子一女。

诸氏常常为此内疚，深感有愧。那时候，"不孝有三，无后为大"，没有为王家留下子孙该是何等痛苦。因此，她为抚养嗣子正宪竭尽母爱，长期带在身边，悉心照护。

诸氏夫人还有另一面：刚烈。

平宁王期间，战斗尤其惨烈，生死莫测。诸氏跟在王阳明身边，大义凛然，视死如归。

丰城。赣江边。王阳明闻宁王已反，追兵将至，逆风难以行船，王阳明跳上一叶小舟，面对夫人诸氏和嗣子正宪犹疑不决。夫人一手提剑一手牵了正宪，对先生说："先生速去，不要为我母子忧。遇有变故，当以此剑自尽！"刚烈之气，凛然而生。

接着，王阳明回到吉安。发兵时，先生与夫人诀别。夫人命人将居所公署四周堆积柴薪，倘若前方报道战事失利，即举火焚之，与先生同殉国，决不留与贼辱。慷慨之气，令人动容。时有邹谦之在中军，听到这个消息，亦命夫人前来吉安，同誓国难。

可见，诸氏夫人决非等闲之辈。

这段轶事，倒是有史记载。钱德洪在王阳明的《上海日翁书》这封家书之跋中写到的。

如今夫人杳然西去，阳明先生能不恻然心恸？

嘉靖五年（1526）十一月，也就是诸氏夫人逝后近两年时，王阳明喜得贵子。

儿子是继室张氏生的。

一时，王门喜气洋溢，贺者盈门。老来得子，亦是人生一大快事。乡贤先达有两个叫静斋和六有者，均已年逾九十，与王阳明的父亲王华皆是好友，闻讯作诗来贺，可见世交之谊。王阳明也写了两首诗，步其韵为谢。诗的题目很长：《嘉靖丙戌十二月庚申始得子，年已五十有五矣。六月，静斋二丈昔与先公同举于乡，闻之而喜，各以诗来贺，蔼然世交之谊也，次韵为谢二首》，诗曰：

其一

海鹤精神老益强，晚途诗价重圭璋。

洗儿惠兆金钱贵，烂目光呈奎井祥。

何物敢云绳祖武，他年只好共爷长。

偶逢灯事开汤饼，庭树春风转岁阳。

其二

自分秋禾后吐芒，敢云琢玉晚圭璋。

漫凭先德余家庆，岂是生申降岳祥。

携抱且堪娱老况，长成或可望书香。

不辞岁岁临汤饼，还见吾家第几郎。

虽已年迈，抱着亲生儿子，看着他粉团似的脸庞，心头之甜蜜，唯有此时可体味。快快长大成人吧，长大了，或可继承书香门第呢……

王阳明为儿子取名正聪，后黄绾为其更名正亿。时王阳明已故多年。他的学生钱德洪、王畿、魏廷豹等人为抚养照料正聪（正亿），极尽责任。黄绾更是感恩重义，将正亿抚养成人，并将女儿嫁与正亿，"盖悯其孤而抚之"，已是后话。

第十五章　两广之行

一、又要让他去出征

嘉靖六年（1527），广西思恩和田州发生叛乱，来势汹汹，震惊朝堂。

叛乱是如何起因的？还得从头说起。

思恩府位于广西的西北，田州位于广西的西部，虽然田州一度属于思恩管辖，中间却隔着一条红水河，千山万壑，丛山密林，路途遥远。

两地的知府都是当地的土司，都姓岑，同属一个族。

洪武二年（1369），朝廷设立田州府，任命岑伯颜为知府，官位相袭。传了三代后到岑溥。岑溥有两个儿子，一个叫岑猇，一个叫岑猛。岑猇身为长子，却觉得父亲偏爱弟弟岑猛，想到官位的世袭，一怒之下竟把父亲杀了。

岑溥手下有两个亲信头目，一个叫黄骥，一个叫李蛮，岑猇的大逆不道让他们怒不可遏，一联手，就把岑猇杀了，为的是效忠岑溥，为之报仇。没过多久，黄骥与李蛮又发生了内讧，反目成仇。黄骥带着年仅四岁的岑猛去了南宁，李蛮则占据了田州。

一场土司内部的恩恩怨怨演变成你死我活的兵刃相见，扰得两地战火频烧，鸡犬不宁。南宁的督府便派思恩的知府岑浚护送岑猛回田州，却遭到了李蛮的拒绝。李蛮自是野心扩张，他已经不需要岑猛了。

黄骥的野心也在扩张，他与岑浚商定，将岑猛先软禁起来，然后图谋武力攻打田州。朝廷闻知，立即派兵干预，岑浚才放了岑猛。但并没有收服岑浚和黄骥的心。

弘治十五年（1502），两人再次联手，并拉拢其他几个土司，向田州举兵进攻。攻破城池后，杀了李蛮。岑猛则在混乱中逃亡。

朝廷不能再容忍边疆土司之间的混战动乱，派兵征剿，岑浚被杀，一场历经数十年的混乱才得抑制。为安定边陲，朝廷决定"改土归流"。也就是说，再也不让当地的土司去做管理当地的官了，而让朝廷派人来管理，时称"流官"。

这方法看似有效，其实失之简单了。

少数民族有少数民族的风俗习惯，人心背向，宗族规矩，你一刀切去，不分青红皂白，不作客观分析，派汉人"流官"去管理，能长治久安？他们能口服心服？

何况，还有岑猛在。此时的他，早已长大。饱经杀戮之苦的他，已经从相互残杀中磨炼出来，一颗心变得更坚强、更残忍。他不满朝廷的"改土归流"，不满朝廷撤去世袭的土司制度，也不满田州被思恩兼管。他一度曾经被朝廷安排到福建平海卫任职千户，这不是降低了他的职位？他的父亲岑溥曾经是知府，朝廷原来颁发的旨令是官位世袭的。虽然，后来他又升为田州府指挥同知，但并不是知府。

嘉靖二年（1523）岑猛的羽翼丰满了，势力强大了，他的不满情绪也到了顶点。为了一个知府的名分，他结集兵马，对泗城发起了攻打。

朝廷立即作出反应，以叛乱之罪，出兵征讨。

带兵的是提督都御史、广西巡抚姚镆。

姚镆锋芒毕露，志在必得。他哪里知道，岑猛父子目光短浅，他们本来就不打算与朝廷作对，他们只是想要回自己的名分。结果，姚镆大获全胜，岑猛父子擒的擒，杀的杀，而确切的消息，岑猛逃到亲戚家，被亲戚下酒毒死，然后由亲戚割下首级拿去邀功的。

姚镆的感觉自然很好。他进一步推进了"改土为流"，当地的土司——他们代表着瑶族、侗族的众多百姓，一个也不能入官。

姚镆则上奏朝廷，报功邀赏。

可是，矛盾并没有解决，反而更加激化了。到了嘉靖六年（1527），思恩的土目王受和田州的土目卢苏打着岑猛的旗号，召集了上万名土兵，以恢复两地的土司建置为目标，又揭竿而起，并攻陷了思恩。

姚镆连忙调动了四省之兵与王受、卢苏交战。可是，久攻未克。事态忽然变得严重并恶化起来。姚镆也就这么一点本领，面对棘手的战事和民族问题，一筹莫展，邀功领赏时的得意笑容早已被眉间的愁云所替代。

时有巡按御史石金向皇上奏了一本，奏的是姚镆失职，邀功领赏成了笑谈。

朝廷震惊了。

这便是广西思、田之乱基本背景和缘由。

一场历久而生的叛乱本来是由土司的内讧而引起的。事态的发展，变成了朝廷的"改土归流"与当地民族的矛盾。

谁能担此带兵的重任？

人们的目光投向了王阳明。王阳明六载未召，还在绍兴闲着。

身居高位的张璁和桂萼作了磋商。张璁对王阳明还是比较公正的，他心里非常清楚，只有王阳明出马，才能保得南方的太平。他要桂萼与他同荐。桂萼就不太乐意了。他对王阳明的成见甚深，也不知道是何时结下的冤仇，他自然不愿推荐。但是又不能不给张璁面子，两人在大礼议事件中结成了患难兄弟、生死至交（当然，后来就是后来的事了），这点面子还是要给的。何况王阳明还有一批学生席书、黄绾、方献夫等均在朝中任要职，在大礼议中都是出了力的，彼此关系弄僵了，对谁都不利。不得已，他勉强同意了。

为此，嘉靖皇帝下了谕旨：授王阳明总督两广及江西、湖广军务，度量事势，随宜抚剿，设土司流官孰便。

也就是说，六载不召，如今要起用了。

面对兵部官员送来的朝廷诏谕，王阳明心如止水，激不起他心海的半点浪花。他真的没有丝毫从政的热情了。五十余年如流星，功过荣辱一风轻。九九归一，我王阳明乃是一个读书人。论什么功？行什么赏？功名于他如浮云；喊什么冤，叫什么屈？千秋功罪自有后人评论。对于官场，他早已大彻大悟。这世间，唯有两件东西才是永恒的，一个是正气，一个是学问。

更重要的是，他的身体已日渐微弱了，他隐隐感到自己的来日已经不多，生命之火快燃到了尽头。这么多年来，他全靠精神和药石支撑着自己，他的羸弱和痛苦，只有他自己心里清楚。

他还能带兵出征吗？不能了。

他写了一份奏疏，《辞免重任乞恩养病疏》。

他的言辞是恳切的，委婉的，更是真诚的。

他说他连年卧病喘息奄奄，潮热痰嗽，日甚月深。每一咳嗽起来，必至顿绝，好久好久才能缓过气来。这样的身体如何能经得起兵马驱劳？倘若误了军事，其罪责如何能担当得起呢？

他又说，广西兵乱，乃起因于土官内部的仇杀，比起贼寇之攻郡劫县，荼毒生灵，自有轻重之别。若处理得当，总是可以成功的。姚镆平素老成持重，谙于兵事，一时胜负也是兵家常事，责其尽职，宽其时日，胜利一定有望。现有石金据事论奏，对姚镆也是一个激励。我若参与进去，未必有姚镆之深思熟虑；两人意见发生分歧，反而不利征讨，姚镆也难以施展自己的才识。因此，建议让姚镆继续带兵，委以重任，略以小过，定能奏捷。如果实在不行，可以别选贤能，推荐南京工部尚书胡世宁，刑部尚书李承勋亦可担当此任。

奏疏写完了，他又读了一遍，觉得该说的都说了，便委兵部官员回程时，呈于朝廷。

嘉靖皇帝读了奏疏，却理解偏了。他以为王阳明是因为姚镆仍在，有碍他的行动，便与首辅杨一清说："看来，姚镆不走，王守仁决不肯来的。"遂令姚镆致仕。然后，又下了一道旨给王阳明，旨云：

> 卿识敏才高，忠诚体国。今两广多事，方藉卿威望，抚定地方，用舒朕南顾之怀。姚镆已致仕了，卿宜星夜前去，节制诸司，调度军马，抚剿贼寇，安戢兵民，勿再迟疑推诿，以负朕望。

读了这样的圣旨，王阳明还能说什么呢？皇上给他"识敏才高，忠诚体国"如此之高的评价，说了那么动情恳切的好话，还毅然让姚镆提前退休回家，给了他可抚可剿的自由，他还能说什么呢？

他只能扶病出征。即使肝脑涂地，粉身碎骨，也不可推却！就是死，也要死在疆场上，死在征途中！

一时，一股潜藏在血液里的激情又在他的胸中喷涌起来。为社稷江山，为黎民百姓，鞠躬尽瘁，死而后已。少年时代长城关外的烽火，赣南平盗的浴血奋战，平定宁王火攻连船的壮观场面一齐在他的眼前闪动起来……

他立即吩咐下去，准备出发。

他本想按惯例再写一道谢恩疏，一想，暂时不写了，现在情况还不明呢，皇上要他星夜出发，当然是不能怠慢的，到了广西，勘明军情再上疏也还不迟。

二、天泉证道

九月一到，天气一天天凉了起来，会稽山上的枫叶，渐渐黄了，又渐渐红了。王阳明准备起程。他对书院和家中的事一一作了安排。

他把继子正宪托给钱德洪和王畿。正宪正在读书，需要努力。他对其要求向来严格，对其进步，也是十分欣喜的。他曾经在正宪的一把扇子上，题了一首诗。诗曰："汝自冬春来，颇解学文义。吾心岂不喜，顾此枝叶事。如树不植根，暂荣终必瘁。植根可如何，愿汝且立志。"足见教勉之情。他后来到广西写信给正宪："汝在家凡百务宜守我戒谕，学做好人。德洪、汝中（王畿）辈须时时亲近，请教求益。"

最让他牵心挂肚的当然是亲生儿子正聪（正亿）。他还未满周岁，才十个月。襁褓之中，笑脸灿烂。教学之余，看一看、抱一抱儿子，都是一种无比欢欣的天伦之乐。可是，现在又要离他而去……

倘若天假有年，他对正聪的调教还得花很多的精力，他多么希望儿子快快地长大成人，成为一个有出息的人。饮食起居，都是他日夜要挂心的。他把家事全部托给魏廷豹，他对正宪作了吩咐："廷豹忠信君子，当然不负所托，但家众或有桀骜不肯遵奉其约束者，汝须相与痛加惩治。我归来日，断不轻恕。"（《寄正宪男手墨二卷》）他立了规矩："凡百家事及大小童仆，皆须听魏廷豹断决而行。"可见他的一片深切期望。

书院的事也得费心。虽然，一切都很正常，都很规范。稽山书院容不下那么多的人，阳明书院在南大吉的支持下，业已开张。求学的弟子依然络绎不绝。每月定期的余姚龙山书院讲学自然去不成了，一切交由德洪管理。人一多，难免鱼龙混杂，泥沙俱下，书院的牌子不能受到损害。为此，八月的时候，他用刚健有力的正楷写了一幅《客坐私祝》，悬于壁上，至今成为余姚文管部门收藏的瑰宝。全文如下：

但愿温恭直谅之友，来此讲学论道，示以孝友谦和之行，德业相劝，过失相规，以教训我子弟，使无陷于非僻。不愿狂躁惰慢之徒，来此博弈饮酒，长傲饰非，导以骄奢淫荡之事，诱以贪财黩货之谋，冥顽无耻，扇惑鼓动，以益我子弟之不肖。呜呼！由前之说，是谓良士；由后之说，是为凶人；

我子弟苟远良士而近凶人，是谓逆子。戒之戒之！嘉靖丁亥八月，将有两广之行，书此以戒我子弟，并以告夫士友之辱临于斯者，请一览教之。

还有什么事使他不能放心的呢？送客已一一散去，明天就要出发了，隐隐间他仿佛觉得还有话要与弟子说。是的，此一去，万里关山，苍茫云水，也不知道何时才能返回越地呢。

正在此时，钱德洪与王畿来了，站在庭外。他正要宽衣就寝，没想到两个弟子上门来了。

噢，你们来了，什么事呢？先生问道。

原来，这一天钱德洪与王畿一起去访张元冲（字叔谦，浙中王门之学者），在舟中，两人对先生的良知四句教展开了议论。

王阳明的四句教是这样的：

> 无善无恶是心之体，有善有恶是意之动，知善知恶是良知，为善去恶是格物。

王阳明的"致良知"学说，是他心学的核心，凝结了他毕生的痛苦磨砺及思想智慧，决非是空穴来风、玄虚之论。他将《大学》的"致知"与《孟子》的"良知"有机地结合起来，统一了心、意、知、物之间的关系，构成了以心为基础的本体论、认识论和方法论的统一体。既是高深的，又是显要的；既是务虚的，又是现实的；既是带规律性的，又是作用于道德规范的。

而四句教，则是对"致良知"的提炼和概括。如果我们作浅显简要的理解，不妨如是观：

第一句：人的本体是无善无恶的；

第二句：意念一动，便有了善和恶；

第三句：良知是天理，它是知善知恶、知是知非的；

第四句：由于好善知善而为善，由于恶恶厌恶而去恶，即是格物致知。也就是说，在良知天理的洞照下，纯化自己的意念即"致良知"，即"格物"。

这样的解释，不一定准确深刻，但大约亦得其基本了。

但是，王畿有不同的想法。他对钱德洪说："先生说知善知恶是良知，为善去恶是格物，恐怕还没有把话说透彻。"

德洪问："为何呢？"

王畿说："心体既然是无善无恶，意亦是无善无恶，知亦是无善无恶，物亦是无善无恶。若说意有善有恶，毕竟心亦未是无善无恶。"

他把心与意搅在一起了。

德洪说："心体原来无善无恶，今习染既久，便觉得心体上见有善恶在，为善去恶，正是复那本体功夫。如果早就见本体，还要功夫做什么？"

两个人一时争执起来，谁也说服不了谁。

王畿说："先生明天一早就要远行了，不妨晚上我们去请教一番。"

钱德洪亦觉得好。

先生一听，甚喜，你们来得好，问得好。我正要你们这样问呢。我总觉得还有话要与你们说，对，就说这四句话。走，走，走，我们到天泉桥上去。

于是，移席天泉桥上。

一弯明月正悬挂于东山之巅，洒下万里清辉。几只白色的水鸟扑棱棱地飞了过来，又飞了回去，落在湖边。夜景是如此之动人。

师徒三人开始了热烈的讨论。

王阳明先让王畿说，又让钱德洪说。

王畿聪颖、机灵，思想活跃，好往深里钻，却容易流入玄空；钱德洪稳重踏实，恪守师训，不越雷池，又不免亦步亦趋。他对他们两人都是喜欢的，打从心里喜欢。诸多学生之中，有谁能像他们两人一样，钻研得那么深呢？没有。无疑，他们两人成了王阳明晚年学生中的佼佼者。王阳明为此而欣慰。

但是，两人都有偏颇。不能各执一词。

他从四句理说起——"身之主宰便是心；心之所发便是意；意之本体便是知；意之所在便是物。"这都有点近于偈语了。其实并不玄虚，在身、心、意、知、物五个范畴的定义与关系上，他要打通它。打通物我、主客之间的关系。

王阳明又说：我这里收徒接人，原有两种方法。一种人为上根之人（钱德洪在《传习录》中记为"利根之人"），直从本源上悟入。也就是说，资质高的人，可以直接从本源上开悟。人心的本体原本是明白透彻毫无滞碍的。悟到本体，就是功夫；人的内外都一齐俱透了。另一种人，是资质稍差一点的人，难免有世俗习心在，本体受到蒙蔽，所以提出在意念上要落实到为善去恶。待功夫熟后，渣滓都去尽了，本体亦明莹了。汝中之见，是我指点资质较高人的方法；德洪之见，是我指点资质较差人的方法。两君相取，则平常之人，均可以引入圣道。若各执一边，便有偏颇，于道义上也各有未尽。

（后来，两人送王阳明至桐庐严滩时，又有一番问答。王阳明说："有心俱是实，无心俱是幻。无心俱是实，有心俱是幻。"王畿很快领悟了，接着说："有心俱是实，无心俱是幻，是本体上说功夫；无心俱是实，有心俱是幻，是从功夫上说本体。"王阳明笑了，他同意王畿的解释。日后他曾与人说，有一机语，被王汝中拈出。当时，钱德洪还不大领悟。后来，他领悟了，才相信本体和功夫原是一体的。）

夜深了，明天一早要上路，不能再长坐下去了。王阳明作了语重心长的结论：

你们两君，各有所长，要互相汲取，不可相病。汝中（王畿）须用德洪功夫，德洪须透汝中本体。两君相取为益，相悖为害。不应各走极端。数年来，我立说亦有更动，从现在起，立此"无善无恶"四句。纵观当今现世，人心都被习俗所染，各种弊端陋习，皆由心发。若是不让他们在良知上去下"为善去恶"的功夫，只是悬空说本体，一切都是不落实地。此病已不是小小，不可不早说破。以后，你们可与后学者言，务要依我四句宗旨以自修。不能更改。今天晚上，我与你们说定了。

湖水在静静地聆听着，月亮在静静地聆听着，花草树木都在聆听着。王阳明的目光是那样的温暖，又是那样的坚定，像一盏灯，热热的，亮亮的，抚摸着钱德洪和王畿。

王畿和钱德洪两人心领神会，各有所悟，自是欣喜。当然，思想总是活的，不可能僵化，不可能死守。日后的王畿，遵循的虽然仍是心学，却渐失其本旨而流入于禅，尤其是经他手下的人一转，还是流入虚空了。他与钱德洪的心学承接，产生了分化。此是后话了。

而在当时，他们是信服的，有明月为证。这便是哲学史上有名的"天泉证道"。那天晚上天泉河上的月亮只有一种颜色，那个颜色叫纯洁清亮。月光如水，悄无声息地洒落下来，像一道洁白的轻纱，披在三人的身上。三人默默地坐着，像仙化了似的，定格在那美妙的夜晚。

钱德洪和王畿不禁有点唏嘘。先生明天就要离开绍兴了，抱着病体，征程万里，前景不测。刚才先生的一番话，分明就是一种诀别，是在托付身后之事。两人的心中忽然升起一种一去不回的感觉，极其悲凉，不禁落下泪来……

三、人心是真金

九月初九，重阳佳节。菊花摇着醉人的秋光。

王阳明带着几名随从自绍兴起程出发。当地官员、众多学子、家小亲人都来相送，一直送到杭甬运河的埠头上。许多学生都想再送一程，被王阳明劝回了。钱德洪与王畿坚持要送到杭州，王阳明终于答应了。

从浙江绍兴到广西思、田，是一个遥远而漫长的旅程。王阳明年迈体弱，拖着病躯，只能走水路。从钱塘江至赣江再至珠江，在明代中叶，舟船行驶已经比较方便。但有的是顺流而下，可以扬帆飞进，更多的则是逆流而上，行速就比较缓慢。这也是由不得人的事。王阳明的朋友与学生众多，沿路上迎来送往，煞是热闹，也免不了在当地逗留，游一番山水。

渡钱塘，过杭州，到桐庐。桐庐富春江畔，有严子陵钓台。

严子陵也是余姚人。他是东汉高士，晚年时刘秀邀他为官，他坚辞而隐居在此。历代文人多有题咏，宋范仲淹曾有"云山苍苍，江水泱泱，先生之风，山高水长"之名句。

记得当年把朱宸濠送到杭州张永处时，他曾路过钓台，其时重任在肩，心情也分外地沉重，因此未能登台一拜。而今复来，又因兵事在身，"肺病足疮"，只能在舟中"顾瞻怅望而已"。

他对家乡的这位先贤是崇敬的。天下读书之人有几个能如此？他自叹不能及。他做不了严子陵。严子陵的归宿真是彻底的出世，而他不能。社稷江山，黎民百姓，归结到良知，他依然重责在身。他只能"鞠躬尽瘁，死而后已"。

他写了一首诗，以示心情：

> 忆昔过钓台，驱驰正军旅。十年今始来，复以兵戈起。空山烟雾深，往迹如梦里。微雨林径滑，肺病双足胝。瞻仰台上云，俯濯台下水。人生何碌碌？高尚当如此。疮痍念同胞，至人匪为己。过门不遑入，忧劳岂得已。滔滔良自伤，果哉末难矣。

（《复过钓台》）

他劝钱德洪、王畿就此返回。钱德洪、王畿不忍分手，坚持又从杭州送到桐庐。沿路上，说不完的是良知心学，道不尽的是师生情谊。唯能表达学生之情的是只盼先生一路珍重，早日凯旋！——谁知道，这里竟是他们的永诀呢？

至衢州，过常山。秋雨绵绵，山川茫茫，很快就进入了江西地界。

江西！在王阳明的生命史上，多少坎坷磨难，多少生离死别，都与这片土地紧密相关。王阳明的神思忽然飘忽起来，一幕幕不可抹去的情景在他的眼前浮现：

十七岁迎亲诸氏，结婚之夜步入道观，路过广信拜师娄谅，庐陵复出治理县衙，赣南平匪横戈立马，讲课治学学子如涌，直至平乱宁王，激起生命史上的滔天巨浪！政治命运一忽儿把他抛上立功的波峰，一忽儿把他摔下濒临绝望的深渊！历尽沧桑，饱受磨难，仿佛修道似的，终于悟到了"致良知"人间真谛！真可谓大起大落，大悲大喜，大彻大悟！这一切不都发生在这块土地上？这片土地乃与他血肉相连，生死攸关！他怎么忘得了？他怎么丢得下？这里的朋友、学生、部下乃至百姓都与他艰苦与共、休戚相关啊。他曾有"回首江西亦故园"的深沉之吟，如今，江西就在眼前了。他能不无限感慨、心潮激荡吗？

十月舟发广信，沿途学生纷纷拥来。为怕误了军情，阳明俱以兵事在身谢辞，并传说出去以归途相见。其中有个叫徐樾的，竟从贵溪一直追到余干，先生不忍，才令其相见。自是一番学业的探讨和请教，徐樾才心满意足而去。

到了南昌，王阳明万万没有想到，场景竟如此感人。

南昌百姓怎能忘记阳明先生给他们带来的福音？为他们饱受的苦难？传授给他们的"良知"？现在，阳明先生又回来了。

只见城门内外，人如潮涌。父老军民，俱头顶香盘，沿路林立。他们用这样传统而虔诚的方式，表达对这位圣人的敬仰和爱戴。

大街小巷，全都是欢迎的人。路是走不过去的。

怎么办呢？一幕更感人的场面出现了。其时王阳明坐在轿子上。众人把轿子顶在头上，你传给我，我递给你，沿着长长的街道，伴着热烈的欢呼声，一直向都司衙门而去……

若非真诚拥戴，能有这样的场面吗？

若非人心所向，能有这样的场面吗？

人心不可欺！人心是真金！人心才是天下最可贵的！

到了都司衙门，官员迎接之礼尚未施，百姓仍然不肯散去，全围在衙门之外。

王阳明感动得说不出话来，只是说：先让我与百姓们见见面吧。说罢，令大开衙门，让父老军民列队行进，东入西出，井然有序，一一相见，一一问候。有的人见了一次仍然不肯就罢，复又从西边排队，再次入见，自辰时直至未时方散。这才行官员的见面仪式。

千万不要妄加指责，当地百姓真的把王阳明当作神了。这种敬仰积累于王阳明的功和德，植根于百姓的心中。

第二天，当地官员陪同王阳明拜谒了南昌文庙，并在文庙明伦堂设席，为诸生讲《大学》。

有个年轻人叫唐尧臣的，识得文墨，只是有些狂傲，从不信世间有什么真君子、真学问，听说来了王阳明，仰慕者如潮水一般汹涌而来，他就不相信了。值得如此大张旗鼓、大造声势的吗？他倒是要去听一听王阳明在讲些什么。然而文庙里听课的人实在太多了，廊前檐下，都站满了人。他根本挤不进去。怎么办呢？他倒是聪明，想了一个谁都没有想到的办法，弄了一个茶盘和一套茶具，借献茶为名，拨开人群，竟让他一直挨到王阳明的身边。一看这个场面已敬了三分，不禁感叹："三代以来，已经没有这样的气象了。"再静心听讲，果然，字字句句，直叩心扉。他这才服了，彻底地服了。叹道，真乃当代之圣人也。

他的朋友黄文明和魏良器素知他目中无人的性格，便笑他："逃亡之徒，现在来归顺投降了吧？"

唐尧臣说："只有这样的圣贤，才能制服我，你们能做到吗？"说罢，开心大笑。

离开南昌到吉安，又是一番盛况。

旧地重游，情景历历。这里的一山一水，一草一木都是他熟悉的；这里的故友知交很多，这里的子民百姓好多还叫得出名字来，他在这里当过县官，在这里集兵平匪乱、伐宁王，校场上还回荡着当年兵马操戈的呼啸声……

这亦是难得的人生之缘啊。

过新溪驿时,他赋诗一首:

> 犹记当年筑此城,广徭湖冠正纵横。人今乐业皆安堵,
> 我亦经过一驻兵。香火沿门惭老稚,壶浆远道及从行。峰山
> 孥手疲劳甚,且放归农莫送迎。

(《过新溪驿》)

可见当时迎送之盛况。

学生彭簪、王钊、刘阳、欧阳瑜等三百余人,把王阳明迎入螺川驿中。王阳明心里高兴,精神很好。他立于堂中,长谈不倦,众人劝他坐,他也不肯。都是故友知交,想不到六七年之后,今又相见,彼此唏嘘,不一而尽。当然,说得最多的,还是良知。

王阳明感慨而说:

治学须严谨,须刻苦。像尧、舜这样天资的圣人,犹兢兢业业,用的是困勉拙笨的功夫;我等以困勉拙笨的资质,怎能悠悠荡荡,坐享成功?

良知之妙,真是"周流文虚,变通不居"。若是文过饰非,为害大矣。

功夫只是简易真切,愈真切,愈简易;愈简易,愈真切。

众学子真是如醍醐灌顶,久旱逢甘霖啊……

四、改剿为抚,土流并用

嘉靖六年(1527)十一月十八日,王阳明到广东肇庆。军务在身,不能久留,沿西江逆流而上,日夜兼程,二十日到了广西梧州。

王阳明在梧州驻扎下来。他集中精力,开始对卢苏、王受叛乱事件

作深入的调查研究。或"访士夫之论",或"询行旅之口",直到百姓平民,逐一细问。把事件的来龙去脉、前因后果基本摸清了。

由此,得出了一个果敢的结论:改剿为抚,土流并用。

换一句话说,应以招抚为上,免用征剿;而于治理,朝廷派去的流官与当地少数民族的酋长土官同时并用。

十二月初一,他给皇上写了一道疏。

谢恩效忠之类的话语是必须要写的,而核心的话题则是提出对卢苏、王受之流改剿为抚。他陈说自己的理由:

岑猛父子固然罪当诛之,然而导致事态扩大、形势恶化,有关的当事人亦应分受其责。设立两广军门,为的是保一方平安。军队应树军威,镇动乱,抚百姓。然而,军政日坏,上无可任之将,下无可用之兵,一旦有警,只好调土官狼兵,而土官狼兵与岑猛父子乃有千丝万缕之关系,银饷花去若干,征剿毫无效果,岂非荒唐?此其一。

其二,自"改土为流"而来,即废去土官专设流官而来,徒有虚名。不仅没有作用,反而招受灾祸。未设流官之前,土人每年还能出士兵三千,以听官府之调遣;而设流官之后,不仅没有了三千士兵,还要自筹民兵数千,以防土人反复。一进一出,损失几何?如思恩一地,自设流官以来的十八九年期间,反者数起,征剿日无停息。以良民之膏血,涂诸无用之地,流官之无益,足见也。

其三,田州邻近交趾(今越南地界),其间深山绝谷,民族复杂。就地形而言,外人岂能稔熟?只有设土官,凭借其兵力,以为我江山之屏障,方为上策。若尽杀其人,改土为流,一旦边境有患,如何应对?我们不能做自撤藩篱的事。

王阳明的文章写得好,疏文写得条条有理,丝丝入扣,说服力当然十分地强。

皇上复旨说:"守仁才略素优,所议必自有见。事难遥度,俟其会议熟处,要须情法得中,经久无患。事有宜亟行者,听其便宜,勿怀顾忌,以贻后患。"

应该说，这道圣旨下得还是比较明智的，皇上相信你，只要于情于法有理，你尽可便宜行事，不必顾虑。

然而，这一疏一旨也牵动了朝中大臣。

朝中的文武要员很快就知道了，王阳明已经到了广西，王阳明要"改剿为抚，土流并用"。皇帝亦已同意他的主张。凭着王阳明的才智，广西很快就会有捷报飞来。凯旋的王阳明必然进京面君。虽然皇帝并不十分看重他，但还有一批朋友与学生将要为他摆功评好，届时，皇帝将怎样奖赏他？升什么官？会不会进内阁而影响自己的地位？……一连串的问号也就拷打在各人的心上。

现在要说杨一清了。杨现在是内阁首辅，年高德劭，举足轻重。杨不是与王很好吗？是的，曾经不错。王华的墓志铭还是王阳明向他求写的，足见交情不薄。一些重大的政治事件，他们都有相同的或者说相近的观点，比如除刘瑾，除江彬之流，还有微妙的大礼议事件等等，按理说，他们可以坐到一起，有共同的言语。然而，杨一清并不这样想，正如当年杨廷和想的一样。王守仁威望太高，倘一入阁，与之同列，会不会发生龃龉，动摇自己的地位呢？

人性的阴暗时时会沉渣泛起。杨一清的内心有点微妙。

此番与之共谋的不是张璁，而是桂萼。桂萼生性阴险，锋芒毕露，咄咄逼人。杨与桂萼坐到了一处，就此作了彼此心照不宣的议论。议论结果，一条"看似委以重任，实以排挤出阁"的计谋形成了，他们必须把出征思田尚未成功而即将获得成功的王阳明拒于朝廷之外。他们共同上疏，要让王阳明兼理两广巡抚，永远——至少是好长一段时间留在遥远的南疆，比江西还要遥远。

而加封的言辞又是十分漂亮的。

皇上自然会同意。皇上果然同意了。

王阳明接到圣旨已是年底。一丝既悲凉又无奈的感觉油然而生。他还未开始"改剿为抚"的行动呢，朝廷已经为他的后事作了安排。难道要让他老死在南国他乡吗？他知道，肺病缠身，来日不多，他的身上已经没有多少力气了。

他上疏，要求辞去两广巡抚的官衔。他说两广巡抚是一个非常重要的岗位，非得有"才力精强"者而不能为。他推荐伍文定，这位曾经在平定宁王之变中与之共事并立过功勋的旧臣，后来虽然升了官，却早早致仕。他的精力未衰，却搁之闲散，未免可惜；还有刑部左侍郎梁材，新升南赣副都御史汪铉，都是才能杰出者，而且在两广待过，谙熟土俗民情，皆可委以此任。吏部可以从这三个人中选择。

他想到了杨一清。他没有想到杨一清也会有阴暗的一面。他只想向其吐一番哀鸣之声，求其帮忙，若能在皇上面前说一番话，他的"两广巡抚"即可复议或免去，他也就可以在完成任务之后返回家乡去养病。他给杨一清写了一封信。他自认为他们之间的关系是十分友好的，"素受知己之爱，不当复避嫌疑"，因此可以率性直言。他不用在信中一言一语必称"阁老"，敬而远之，他可以口口声声称之为"老先生"，足见亲近之程度。他说"自信山林志已坚"，功成之后必得返回乡土，"原职致仕"，调养病体，"使得苟延喘息"。如果老先生一定看重我，要我复出，则可留在南京旧部；或者，做做南北国子监里的闲职——如果是这样，我之未死之余年全是明公所赐，我岂能不感激？

可惜，这样的哀鸣之声，杨一清一句也没有听进去。他不会帮王阳明说话。

奏疏上达，不准。王阳明只能受命。

王阳明马不停蹄，舟不停航。十二月到平南的时候，他曾与姚镆见了一面，作了交接；不久抵浔州（今桂平）又与御史石金、布政使林富、副使祝品、林文牂等作了商量；到了十二月二十六日，他已经在南宁开府议事了。

这一路，他走了三个半月。

再说卢苏、王受，闻听官兵来剿，带兵的竟是王阳明，全吓坏了。王阳明平定赣南，平定宁王反叛，虽已过了七八年，民间流传为神兵，他们不是没有听到的；王阳明用兵如神，连战连捷，他们也是知道的。如今朝廷委任王阳明前来，他们岂是对手？必败无疑。那又该怎么办？兵士上下，一片惊惶。

忽然听到消息，王阳明愿意招抚他们。这使得他们又惊又喜，又惧又疑。一条可以求生的道路忽然在他们眼前明亮起来。

但是，王阳明用兵奸诈，他们也听说的。会不会又设了一个陷阱？

正在犹疑之间，忽报王阳明已把原来调集的防守之兵逐一撤走，同时，把太监、总兵也相继召还，只留下湖广一支兵马待命。这一来，使他们放心了不少，看来，朝廷真的是没有必杀他们的意思。

他们决定派人去试探。

正月初七，头目黄富等十余人受命来到王阳明的军门，做什么？诉苦。这是卢苏、王受的一招。

黄富跪在王阳明的面前，战战兢兢，声泪俱下。他们诉苦说，本来他们都是一些土官，自改土为流以后，他们不谙汉人之法，双方隔阂越来越深。汉人要照汉人的规矩办事，比如设里正三老一些做法，而当地土人则很不习惯，他们要按自己民族的规约办事，因此招致官府嗔怪。冲突激烈起来，他们只好逃奔山林。又说，八寨那边有一伙蛮子，以打家劫舍、剽窃掠夺为生，常常打着他们的旗号横行不法，而官府又不分青红皂白，全部怪罪他们。他们是冤的。他们没有与八寨的那伙蛮子有勾结，他们本没有与官府朝廷作对的意思，全是被逼上了这条路。如今朝廷派大兵来征剿，他们愿意投降，只求一条生路……

王阳明坐在厅堂里，听黄富哭诉之后，心里清楚了。他看着黄富可怜兮兮的样子，知道也有表演夸饰的成分，但他们愿意投诚的本意却是真的。

他当即表了一态："好的。你们若果能诚心投顺，我可以免你们一死。这样吧，我给你们备写纸牌一份，回去可以转交给你们的头领卢苏、王受。我要说的话全在上面了。"

说罢，提笔一挥，写下纸牌，大意如下：

岑猛父子叛逆之谋，自有可诛之罪。今其父子俱已伏诛，你等原非有名恶目，本无大罪，至于部下数万之众，更加无辜。今圣上广推至孝之仁，诚爱子民，特派大臣前来查勘，开你们的生路。查得你们本无他意，不过畏罪逃死，其情亦可怜悯。数万之命，亦不忍轻易剿杀。今写牌与你们，牌至，即将部下兵夫解散，各归农业安生，限你们于二十日之内前来投诚，当免死罪，保全性命。若仍然迟疑观望，逾期即大兵前来征剿，将后悔无及。

黄富等人收好纸牌，拜谢而去。

卢苏、王受读了纸牌，终于放心了。寨内一片欢呼声。当即"撤守备，具衣粮，尽率其众扫境来归"。

一月二十六日，一万七千余兵马到了南宁府城下，将兵马分为四营驻扎好。

翌日一早，卢苏、王受自缚绳索，与百余大小头目来到军门投见。他们跪在军门之前，高喊饶命……

王阳明站在阶上，自是一番威严。稍静以后，他开口说话："你等在朝廷感召之下，前来投诚，我今许你投降，免你等一死。但你卢苏、王受拥众负险，骚扰地方，两年有余，上烦九重之虑，下疲三省之民，若不略示责罚，何以解军民之愤？今天我要杖责你们一百棍，以示警戒。"

说罢，命人将卢苏、王受两人各杖一百军棍。

当然，这一百军棍还是打得手下留情的，只是象征性罢了。否则，两人早已一命呜呼。

杖罢，王阳明又说："你们要记住，今日我免你一死，是因为朝廷天地好生之仁；杖你一百，是我等为臣执法之义。"

说得众人口服心服。然后，亲自为卢、王两人松了绑。

随后，王阳明一行又到城外兵营之内，一一抚定其众，众人纷纷表示，若朝廷需要，他们一定听凭朝廷调遣，平匪杀贼，立功赎罪。

一场触之即发的战事不费一兵一卒，化为偃旗息鼓，风平浪静。

二十三日，王阳明给朝廷写了一篇长长的疏文，报奏田州、思恩平复。

在疏文中，除了报告收伏卢、王的经过外，王阳明用了更多的篇幅，提出安抚边境、善待夷族的"十患""十善"。

所谓"十患"，即"剿之十患"。也就是说，你对付边境的少数民族，用征剿的办法肯定是错误的，其患有十。

所谓"十善"，即"抚之十善"。也就是说，对待民族问题，罢兵而行安抚，好处无限，逐一议论，又有十条。

王阳明从皇上说到百姓，从京城说到边境，从历史说到现实，从土官说到流官，从民心说到军心，洋洋洒洒，堂堂皇皇，理直气壮，慷慨陈词，令人不能不服。

王阳明从来不为打仗而打仗，他总是为保一方的平安而想得更多，看得更远。战事一结束，他就行政设置如何更有利于管理，用人如何更能因才善任提出自己的建议。尤其是兴学建校、教化民众、改善风气更成了他思考并为之倡办的重要命题。

他向朝廷建言，迁都台于田州，但没有结果。

他更大胆地向朝廷请奏，大量起用当地的土官，共同管理两广边境。其策略有三：一、设流官为知府，以控制地区全局；二、部分知府，亦可让土官担任，便于顺势民情；三、知府以下的巡检司，大部分以当地土司任之，如此可以稳定人心。在任用土官的名单中，不但有王受、卢苏（打了一百棍后照旧起用），而且还有岑猛之后的岑邦佐和岑邦相。以邦佐、邦相治田州，不仅能服两人，而且顺民意，可以保障地方太平。为此，他还专门写了一道《查明岑邦相疏》，为其实事求是地辩白。

坐在朝廷的那些权贵们，遥控指挥，凭空想象，焉可得此良策？只有深入到第一线的王阳明才能作出这样明智的结论。

土流并用，高度自治，这是一条为当时实践所证明并为以后的历史所证明的明智方略。

五、不忍不为一除剪

王阳明奉命到广西平定思、田之乱，一路上，曾倾听过许多意见，官方的，民间的，甚至是大街小巷的议论。令他意想不到的是各色人等对卢苏、王受的逆反，似乎并不憎恨，而对八寨和断藤峡的两股山匪的行径却怨气沸天，恨声不断。主要原因是这帮山匪烧杀抢掠，无恶不作，肆无忌惮，危及百姓的日常生活。这是远在朝廷的皇帝官员所不能知的。

现在，思恩、田州之乱已平复，安抚工作还在进行，王阳明下一步该怎么办？更明确地说，他该如何对待八寨和断藤峡的匪乱？

当然，皇上没有旨谕，他完全可以不去理睬他们。但是，民众呼声甚高。"心亦不忍不为一除剪"。

而且，他现在头上还戴着一顶"两广巡抚"的帽子。保两广的平安是他义不容辞的职责。

还有，皇上曾有圣旨："但遇贼寇生发，即便相机，可抚则抚，可捕则捕。"也就是说，皇上授权给他，可以便宜行事。

再有，他现在身边有两支兵马。一支是湖广的官兵，当时调来是准备攻打思、田的，结果没有动一兵一卒，思、田平复，现在正要回军湖广，恰恰是要路过断藤峡和八寨附近的，可谓顺路便道，亦不耗粮饷。

另一支是卢苏和王受的部队。卢苏、王受经过整顿改编起用，感恩戴德，再三表态愿意为朝廷效力，出生入死，决无所辞。他们正期待着立功的机会，士气正高。

鉴于以上的分析，王阳明的主意已定：出兵征剿八寨和断藤峡！

其时，嘉靖七年（1528）三月下旬，田州、思恩平复才月余。

他开始紧急调兵，命湖广兵马江泰一行秘密行军，以攻打断藤峡为主。而卢苏、王受的兵马则在布政使林富、副总兵张祐的指挥下，以攻打八寨为主。

他作了周密的分道征剿的部署。

断藤峡即大藤峡，位于黔江核心地段；八寨由八个山寨组成，位于宾阳、上林之北，红水河之南。两地紧密相连，江河相接，均为广西腹地，深山绝谷，羊肠小道，易守难攻。两地互为掎角，互为回旋，延绵百千里。自明朝开国以来，两地数万匪贼在此盘踞，以抢掠为生，已有一百余年。官兵屡征不绝。

天顺年间（1457—1464），都御史韩雍统兵二十万，破其巢穴，然而，一待撤兵，逃贼复又啸聚，并攻陷浔州，造成一时失控。国初都督韩观，以数万之兵围困，八寨亦不能破；成化年间（1465—1487），土官岑瑛合狼兵深入，虽有斩获，亦不能全胜。

在王阳明看来，必须用一点计谋。

其时，王阳明屯兵南宁。平复思、田之前，有许多调集的官兵都已返回了，由于路远，留下一支湖广的兵马。而现在王阳明给两地的匪首一个信息，这支队伍也要返湖去了，毫无征剿意图及行动。

断藤峡贼首胡缘二原先是作了准备的。官兵大队人马来广西，不能不防。他们将家居及牲畜全部隐入大山深处潜伏，山寨的防拒措施，也做得十分严密。思、田平复后，发现王阳明一点也没有征剿他们的意思，既不调兵，又不集粮，最后撤退的湖兵都是一副偃旗息鼓的样子，于是紧绷着的那根弦开始松懈。

四月二日，王阳明密令部队到龙江登岸。

初三寅时，各路兵马一齐抵达匪巢前，发起攻击。众匪突遇官兵，四面受围，仓皇失措，怎抵得了强势的进攻？顿时大败，有的被擒杀，有的逃往仙女大山。

初四，仙女大山破。

初五，油砟、石壁、大陂破。

初十，断藤峡破。

十一日，仙台、花相等处破。

至十四日，断藤峡周边的大小山寨均破……

一路势如破竹，所向披靡……

十五日，有一件事王阳明是不能再拖延了，那就是必须向朝廷写一份征剿断藤峡和八寨的疏。战前之所以没有写，是因为前面所说过的理由，他可以"便宜行事"，更因为战机在即，稍纵即逝；如果写了奏疏，让朝廷批文回复，一来一回，要等待多少时间？王阳明的犟脾气又来了。他不能等待。他认为自己理由充足，一切以民生为重。他也知道官场凶险，十大功劳由于某一疏忽可以毁于一旦。毁于一旦又怎么样呢？毁就毁吧，他不在乎。

现在，未到半个月，断藤峡已近剿平，他不能不再执笔上奏了。

他写了一份《征剿稔恶瑶贼疏》，时间是四月十五日。

奏疏让人快马飞递。这一边，八寨的战斗又打响了。

卢苏等兵马及官兵抵达八寨的前沿，成合围态势。

四月二十三日，发起对石门天险的进攻！

二十四日，攻破古蓬等寨。

二十八日，攻破周安等寨。

五月初一，攻破古钵等寨。

五月初十，攻破都者峒等寨。

五月十七日，攻破黄田等寨。

六月初七，攻破铁坑等寨。

最后，四路兵马夹追于横水江。匪敌人众船小，以致翻船落水，淹者无数；官兵乘胜追击，士气大振……到了六月底，八寨之匪贼已基本被荡平。

其间，卢苏、王受的功劳自不可言。他们冲锋陷阵，浴血奋战，立下了赫赫战功……

为害一百余年的两地匪乱，终于一扫而清。

王阳明先后写了两首诗。

才看干羽格苗夷，忽见风雷起战旗。

六月徂征非得已，一方流毒已多时。

迁宾玉石分须早，聊庆云霓怨莫迟。

嗟尔有司惩既往，好将恩信抚遗黎。

（《破断藤峡》）

见说韩公破此蛮，貔貅十万骑连山。

而今止用三千卒，遂尔收功一月间。

岂是人谋能妙算，偶逢天助及师还。

穷搜极讨非长计，须有恩威化梗顽。

（《平八寨》）

诗中，王阳明情不自禁地流露出胜利的自豪。同时也表达了治理的方略：光靠"穷搜极讨"终非长久之计，还要"恩威兼施"，方能教化冥顽。

到此为止，广西的动乱，已基本扫平。抚的抚，剿的剿，也是合了朝廷的旨意。

他的心，终于可以放下了。

他的身子却彻底垮下了。

第十六章

此心光明，亦复何言

一、梦里伏波庙

仗已经打完了，地方也安靖了，王阳明打定主意：回家。

说打定主意，是因为他费了一番斟酌。他的身体状况越来越坏。从家乡出发的时候，他是带了郎中的。这位郎中在绍兴当地颇有名气，经他的调理，王阳明在家乡的那些日子，病情比较稳定，王阳明很相信他。王阳明受命赴广，他也很愿意与王偕行，照料阳明先生，是他的荣幸。他是为王阳明的人格精神所感染的。

谁知到了半路，王阳明还挺得住，而这位医生由于水土不服，自己先染上了病。他不能再跟随先生了。他很犹疑，走又不是，不走又不是。阳明先生劝他回去，不让他跟着自己受累。

越往南走，天气越热，身边没有医生的王阳明开始发病。医生又不敢随便地请，药又不敢随意地吃，因此，身体状况越来越坏。

开始是咳嗽，昼夜不止。接着是不能进食，每天勉强喝几口稀粥，稍多几口，便呕吐了。再接着，全身浮肿起来，身边的人都忧心忡忡。

谁能体恤，他是拖着这样的病体来平复思、田动乱的？

他咬了牙，狠了心，必须把朝廷交给他的事做好，把动乱平下去。

思恩与田州抚平了，断藤峡与八寨的仗也打好了，但事情并没有完。为了让地方长治久安，他还要做好"移卫设所"的事。他要把位于要冲的几个匪窝改立为卫所，并开设相应的县治，以断后患。朝廷是否采纳他的意见是一回事，他能不能提出充分的理由又是一回事。因此，必须亲自勘察，实地调查。时值盛夏，南方的炎热是可想而知的。他拖着病体，顶着酷暑，来回奔波。高擎着灵魂之火，透支着全部的生命能量。事情都办好了，他的身体也彻底垮了。

垮到过去从未有的程度。可怕的疾病像一条毒蛇噬咬着他，令他痛苦，令他绝望。

他忽然感到，自己的来日已经不多了。他难道把自己这副骸骨抛在他乡异地？

不能。他必须回去。他必须回家乡去。他还有他的家小、他的学生以及他讲学的事业。

但是，他能说回就回吗？他是朝廷的人，须有朝廷批准才行。否则，他就会让人家戴上"擅离职守"的帽子。他相信朝廷会体恤他的。他都成了半死不活的人了，朝廷还能不同意？

他没有想到朝廷很多时候都是很冷酷的，没有一点人情和人性。

也许，他也会想到几分。但不管怎么说，他都得回。批准也罢，不批准也罢，情有可谅也罢，擅离职守也罢，他是铁了心，回家。一切按自己的意愿做。

他已经不会想得很多了。一切都是身外之物。

他是九月八日在广州接待冯恩的。冯恩奉了皇命前来嘉奖他。如果以此推算，他八月中旬，最迟是下旬，该离开南宁了。他不可能到广州接待了冯恩再回到南宁来待命，然后又去广州。他折腾不起。

但是，他的那道《乞恩暂容回籍就医养病疏》却是十月初十写的。口气自然是身在南宁，言辞显得含糊。他称："今已舆至南宁，移卧舟次，将遂自梧（州）道广（州），待命于韶（关）、（南）雄之间。"——后来，朝廷里的奸小因此而大做文章，说日期有虚假。

这一切，对于王阳明，对于历史，都是无关紧要的。

于是，他出发了。沿着碧绿又美丽的邕江，顺流而下。

很快就到了横州（今横县）。他驻足小憩。

横州有一件事牵动他的心。

横州有伏波将军的祠庙。十五岁的时候，他曾经做过一个梦，梦中拜谒了伏波将军的庙，并作了一首诗："卷甲归来马伏波，早年兵法鬓毛皤。云埋铜柱雷轰折，六字题诗尚不磨。"现在，他顺路来到横州，他能不去拜谒一番吗？他要圆这个梦。

当地官员欣然陪同。

伏波庙在离横州数里之外的郊野，临近江边，庙前为乌蛮滩。庙宇四周绿树掩映，格局相当完整。

进了庙门，穿过牌楼，进入前殿，然后来到大殿。伏波将军的塑像高高地雄坐在台基上，威武而慈祥。

当地官员命侍从点了香烛，上了供果。

王阳明伏地跪拜。

拜毕，王阳明站在神像前面，深情地凝望着，恍如梦中。

四十余年了，我曾经与英雄神会过。那时候我年少，年少不懂事，却对英雄怀着深深的敬仰。后来，长大了，长大了我也带兵，我也战甲披身，立马横刀，叱咤风云，来到南疆。人世上竟有这么多巧合的事。神乎？奇乎？偶然乎？

顿时，诗情迸发，题了两首诗：

　　四十年前梦里诗，此行天定岂人为？
　　徂征敢倚风云阵，所过须同时雨师。
　　尚喜远人知向望，却惭无术救疮痍。
　　从来胜算归廊庙，耻说兵戈定四夷。

楼船金鼓宿乌蛮，鱼丽群舟夜上滩。

月绕旌旗千嶂静，风传铃柝九溪寒。

荒夷未必先声服，神武由来不杀难。

想见虞廷新气象，两阶干羽五云端。

（《谒伏波庙二首》）

连同少年时的《梦中绝句》，他一齐题于壁上，表示对这位英雄的崇敬。

又游了后殿、回廊、祭坛，方回程。

复又登船，从郁江起程，过浔江、西江便到了广州。

到广州，他不得不静心养病。许多学生、朋友来信问候，他的回信都是伏卧在病床上写的，是谓"伏枕潦草"。

九月八日，朝廷嘉奖到，是派冯恩送来的，奖赏的是平复思、田之功。赏银五十两，纻丝四表里，还有犒劳的羊酒，是命广州布政司买办的。

但，没有平定八寨和断藤峡的奖赏。由此可见朝廷内是有异议的。或者说，是有争议的。谤议为首的自然是桂萼。朝廷下旨要你平定的是思恩和田州，没有下旨让你去平定八寨和断藤峡，迟到的奏疏根本就没有上报，也没有批复。

不仅没有嘉奖，在这些小人看来，应该问罪。

方献夫不平了，霍韬也不平了，他们分别上疏，为王阳明鸣不平。为了思、田动乱，昔时曾出动了多少官兵？一待官兵撤回，匪乱依然如故。如今王守仁负命出征，抚的抚，剿的剿，从思、田到八寨，一举荡平，如摧枯拉朽，难道可以不计功而治罪吗？历来大夫出疆，只要有利社稷有利国家，君命可以不从，何况，皇上还曾下诏可以便宜从事。还记得当年王守仁讨平叛藩的事吗？功如日月，忌者竟反诬他"初同贼谋"，又诬他"其辇载金帛"。冤屈构陷，至今未白。而现在，守仁出征两广，又欲构其陷乎？悲乎！"忠如守仁，有功如守仁，一屈于江西，再屈于两广，臣恐劳臣灰心，将士解体，后此疆国有事，谁复为陛下任之？"

读了这样的奏疏，皇上你可以不动心不动情吗？

但是，王阳明都听不到这些声音了。不只因他不在朝廷，更因为他的生命即将走到尽头。

冯恩很感慨。他不知道该怎样安慰阳明先生才好。此刻，他正躺在病床上，高烧，剧咳，咯血。

冯恩是嘉靖五年（1526）才中的进士，他也推崇心学。他为自己能担任颁奖使节而高兴，他可以面晤并求教于阳明先生，但是阳明先生已经奄奄一息了。在宣读完圣旨之后，他提出要拜师王阳明的要求。他成了名符其实的王门弟子，王阳明的关门弟子。

二、增城之行

在广州期间，王阳明觉得还有一件事要做。

他想去增城一次，增城离广州很近，也就百里之遥。

王阳明的七世祖王纲，死于苗难，在增城立有祀庙，现在近在咫尺，他不能不去一祭。

还有，王阳明的同道好友湛若水，也是增城人。当年在北京，他与湛若水、黄绾曾有兄弟之拜，如今到了广州，也不能不去。

九月二十日，王阳明写了一份谢恩疏，身体好像也能慢慢走动了，他决定出发。这些年来，抱病行旅，他也习惯了。不知多少次，眼看就要倒下了，结果又挺过来了。

增城在广州东边，若走水路，沿珠江，转东江，再从增江逆流而上，路稍多了一点；若走陆路，虽是丘陵地带，却来得简便，王阳明决定坐轿子走陆路。

增城真的很近，清晨出发，不一日，便到了。

王纲庙本已破旧不堪。衰草斜阳，败垣残瓦。当地官员听说王阳明委任两广巡抚，必定前来拜谒，便拨出一些银两，立即进行修复。等王阳明到了，已修整一新。王阳明很高兴。面对高祖的塑像，王阳明又是一阵心酸和感慨。祖上那种赤心铁骨、尽忠报国的精神，虽然没有惊天动地，却也名留青史。祖上的血液，也一直流在他的血管里。他深深为之敬仰，为之自豪。他写了一篇短短的祭文，诵后焚之，跪地拜了又拜，然后拿出一些碎银来，赏给庙祝，嘱他们好生看管。

然后，又来到湛若水的家。

湛若水不在家，他正在京城礼部任职。

湛若水的家人热情地接待了他。他们知道，王阳明与他们家的老爷是好朋友，以兄弟相称。王阳明更是兴奋，多年来，他辗转南北，走了不少地方，而广东增城却从未到过。他也曾与湛若水说起，什么时候一定去府上拜望，却没有机会，如今竟然践了旧约，他怎么会不高兴？

屋前有清溪，清清的泉水淙淙流过；屋后有菊坡，坡上的菊花正绽放出一片金黄。真是读书的好地方！难怪甘泉（湛若水之字）这般钟爱家乡，不肯为官。连他这个远来之人也深深爱上此地了。

他前前后后走了一圈，然后在中堂坐下饮茶。

他的神思不能不飞跃起来，他与甘泉相识，已有二十三年了。

二十三年，匆匆已过，仿佛就是眼前的事。

二十三年，京师初识，订盟共学，仕途送别，诗词和唱，书信往来，取长补短，求同存异，相辩论争……一直走到了今天！不管有多少分歧，多少不快，朋友依然是朋友，兄弟依然是兄弟，"落落千百载，人生几知音？"

王阳明不能不感叹。

王阳明与湛若水相识交往于明孝宗弘治十八年（1505），两人同在京师。那时候，王阳明有点苦闷，在求圣的道路上，他孤单、迷惘，像一只孤雁在求圣的云空徘徊。他还没有坚定的方向。忽然间，认识了湛若水，便有了同伴，有了志同道合的伙伴。而且，他还从湛若水的身上吸收到周、程学术的精要。他获得了一种力量，欣喜之情常常用最美好的语言来表达。"予求友于天下，三十年来未见此人"即是他的心声。两人一见如故，成了莫逆之交。

湛若水在后来的《奠王阳明先生文》中云："嗟惟往昔，岁在丙寅。与兄邂逅，会意交神，同驱大道，期以终身，浑然一体，程称'识仁'。我则是崇，兄亦谓然。"

两人志趣相投，观点相近，重视立志，热心讲学，都以发扬道学为己任，都有学为圣人的远大抱负。王阳明自言"受益良多"，坚定了归向周、程之学的决心。他岂能不动情？

正德元年（1506）二月，王阳明被谪贬龙场。湛若水特意写了九首诗送别，表明了以道相许的殷殷心情。王阳明报之以答诗八首，引为知己诤友。南下后，王阳明又特别推荐徐爱等人赴北京举试时去拜访湛若水，可见其情谊之深。

令王阳明最为怀念的是龙场归来以后，几经职务变动，与湛若水、黄绾聚会于京城，订下终身共学的约定。三人相聚一堂，比邻而居，饮食与共，切磋学问，前后竟有一年又三月之久。这是他们两人相知相识二十余年中，共处最久的一段时光，也是他们最快乐的日子。这段时间的相处两人的交情更为深厚，双方对彼此的学术论点也有了更深的了解。此时，湛若水奉皇命出使安南，王阳明若有所失，感慨殊深，《别湛甘泉序》一文中，他饱含深情地写下了两人友谊和学术的默契："意之所在，不言而会；论之所及，不约而同。"

但是，也有一些不快，后来两人的学术观点出现了分歧。

湛若水的核心观点是"随处体认天理"。

王阳明的核心观点是：由"心即理""知行合一"至"致良知"。

龙场一悟之后，王阳明的思想豁然贯通，彻底了悟，从而弃外向内，逐步构建起个人的心学体系。

而从安南归来之后，湛若水的学术观点亦已定型。

虽然两人也有几次见面的机会，如滁阳之会（正德九年，1514）、南京龙江关之会（正德十年，1515）、西樵之会（嘉靖元年，1522），终因时间短暂未将学术异同说透。再也不可能像昔日在京时"比邻而居"、朝夕与共，有机会作深入细致的探讨。

当然也可以书信往来。一度两人书信往来还是比较频繁的。然而，"书札往来，终不若面语之能尽"（王语）。精微的学术思想，差之毫厘，失之千里，何况双方分别已经发展成各自的学说，各成一家之言。谁也说服不了对方，谁也接受不了对方。一定要强求一致，也是不可能的。

比如儒、释之辩。湛若水绝对排斥释、老，视之为异端。王阳明则有较大的包容性。他对释、老的理论曾经作过深入的研究，二氏之学的长短，他是有切身体会的。

又比如"格物"之辩。湛若水"求之于外"，而王阳明则"求之于心"。

正德十年（1515）二月，湛若水丁母忧扶柩南归。王阳明逆吊于南京龙江关，两人曾正面为此展开了辩论。两人话不投机，不欢而散。回到增城老家，料理好母亲丧事后，湛若水迫不及待地写了一封信给王阳明，就"格物"作出自己的解释。王阳明没有给他回信。

正德十三年（1518）七月，王阳明重新刊刻了古本《大学》，赠送给湛若水一本。应该说这部书的出现，对湛若水还是有触动的，对于笃信朱熹《大学》改本的他，开始接受王阳明的古本《大学》。最好的说明是他抛弃了"新民"之说，而接受"亲民"之说，他在给王阳明的信中写道："格物之说甚超脱，非兄高明，何以及此！"又说"仆之鄙见，大段不相远，大同小异耳"。然而，根本观点并没有松动。

有意思的是，湛若水总是给王阳明的信多，而且有时气势凌厉，咄咄逼人，非要王阳明答复他的质疑，甚至抱怨阳明"兄不谓然""兄不答我""不还一墨"。而王阳明则很少回应。他从不与湛若水正面争辩，总是委婉回避，有时干脆不作反应。

为什么？在王阳明看来，如此敏感的学术问题，信纸上三言两语如何说得清？倘若论争起来，定然伤了兄弟之情。这是几十年风雨凝结成的兄弟情谊啊！岂能由于学术观点的分歧而伤了感情！每人都可以有自己的学术见解，都可以成为一家之言，为什么非要强迫对方服从自己？学术观点与兄弟情谊是两回事啊！

王阳明不忍。不忍去伤害它！

现在，他专程来到增城，坐在湛若水家里喝茶。

情感如洪水迸发。甘泉兄，我们是兄弟啊！如今，你也老了，我也老了，人生几何？天地间难道还有比纯真的感情更重要的吗？

王阳明动情了。他拿起毛笔，蘸了浓浓的墨汁，在墙上题了一首诗：

> 我闻甘泉居，近连菊坡麓。
>
> 十年劳梦思，今来快心目。
>
> 徘徊欲移家，山南尚堪屋。
>
> 渴饮甘泉泉，饥餐菊坡菊。
>
> 行看罗浮云，此心聊复足。

（《题甘泉居》）

他觉得自己意犹未尽，接着，又题了一首更深情的诗：

> 我祖死国事，肇禋在增城。
>
> 荒祠幸新复，适来奉初蒸。
>
> 亦有兄弟好，念言思一寻。
>
> 苍苍蒹葭色，宛隔环瀛深。
>
> 入门散图史，想见抱膝吟。
>
> 贤郎敬父执，童仆意相亲。
>
> 病躯不遑宿，留诗慰殷勤。

落落千百载，人生几知音？

道通著形迹，期无负初心。

（《题泉翁壁》）

好深厚的情感，好宽阔的胸襟。无负初心！无负初心！无负初心！王阳明顿时泪花盈盈。他是写给湛若水的，也是写给自己的。

后来，湛若水回家，读了这些诗句，也是心情激荡的。他深深感到，他们的友谊是超越学术分歧的，是牢不可破的。

所以，当王阳明殁后，阳明先生的儿子正亿带着其岳父、时任礼部尚书黄绾的《阳明先生行状》，前来求《阳明先生墓志铭》时，他慷然应允，给予王阳明极高的评价；

"……武文兼资，仁义并行，神武不杀，是称天兵。凡厥操纵，圣学妙用，一心贯之，同静异动。"

嘉靖八年（1529）三月，湛若水专程从南京赶到绍兴，哭祭于王阳明的坟墓前："……但致良知，可造圣域；体认天理，乃谓义袭；勿忘勿助，言非学的。离合异同，抚怀今昔。切劘长已，幽明永隔。於乎！凌高厉空之勇，疆立力胜之雄，武定文戡之才，与大化者同寂矣！使吾怅怅而无侣，欲语而默默，俯仰大道，畴与共适，安得不动？予数千里嗟恻而望，方恸哭以哀以戚哉！……"（《奠王阳明先生文》）

及至多年之后，湛若水仍然深情地怀念着王阳明，说："吾与阳明，斯文共起，有如兄弟，异姓同气。天理良知，良知天理，相用则同，二之则异。"他承认了"良知"，也不放弃"天理"，两者合用，亦不失一种明智。当然，数百年之后，"天理"的影响已非"良知"可及了。

他幸运，他比王阳明长寿得多。

他们共创了中国古代哲学史上的一段友谊佳话。

落落千百载，人生几知音？

三、巨星陨落青龙铺

从增城回到广州，王阳明的病又加重了。

本来肺病就没痊愈过，忽然又得了痢疾，上吐下泻。服了好多药，仍不见好转。从白天到夜晚，腹泻数次不得止。已经羸弱如纸人的他，怎经得起如此折腾，不要说坐立行走，连说话都困难了。

他清楚地知道，自己的病恐怕已经挺不过今年的冬天了。他爱喝酒，特别是家乡的绍兴老酒。无论行军，还是讲学，喝了几口酒，总让他的精神焕发。先前发病，酒还能喝几口，没有什么滋味，也没有什么不舒服，习惯而已；而现在，酒坛子打开了，酒香飘出来了，他一闻到，竟然要恶心。他马上想到，这是一个不祥之兆。如此喜欢酒的人，不能喝酒了，他知道自己已经不行了。

十月十日，王阳明艰难地支撑起来，写下了《乞恩暂容回籍就医养病疏》。一生中，不知写了多少道奏疏，捷音疏，谢恩疏，立县疏，移驿疏，养病疏，乞休疏，不知耗了他多少宝贵的精力；如今，他用微弱的生命写下了最后一道疏。

只求皇上、朝廷放我回家去养病。

然而，吏部尚书是与他成见甚深的桂萼。桂萼能同意吗？

桂萼把奏疏草草地瞄了一眼，心不在焉地丢在一边，不报。

王阳明眼巴巴地悬望着。悬望着朝廷早日批复，同意他回乡。

他相信，朝廷一定会回复的，也许，批复已在半路上了。再等几日，也就到了。

一等就等了将近一个月。天气已经转凉了。秋天的风吹得败枝碎叶满天飘舞，也吹得他心头一阵阵地凉。

不能再等了，回乡是他早就下了决心的。他给钱德洪和王畿写了一封信：

书来见近日工夫之有进，是为喜慰！而余姚、绍兴诸同志又能相聚会讲切，奋发兴起，日勤不懈，吾道之昌，真有火燃泉达之机矣，喜幸当何如哉！此间地方悉已平靖，只因二三大贼巢，为两省盗贼之根株渊薮，积为民患者，心亦不忍不为一除剪，又复迟留二三月；今亦了事矣，旬月间便当就归途也。守俭、守文二弟，近承夹持启迪，正宪极懒惰，若不痛加针砭，想亦渐有所进。其病未易能去。父子兄弟之间，情既迫切，责善反难，其任乃在师友之间。想平日骨肉道义之爱，当不俟于多嘱也。

这也是王阳明写给钱德洪与王畿的最后一封信。虽然他知道身体已岌岌可危，但是他对学业、亲友、家庭还是十分挂念，细枝末节，都作了关心。

又，他给何性之的信中写道：

区区病势的狼狈，自至广城，又增水泻，日夜数行不得止。至今遂两足不能坐立，须稍定，即逾岭而东矣。……

王阳明以社稷江山为重，忠诚体国，是一贯的。他逆来顺受，顾全大局；含冤忍辱，心地坦然。但是，他也有另一面，他的骨子里还有一种浙东志士的硬气和不屈，一种“逆叛”的精神。他常常不计利害，我行我素。为追求圣学真谛，他可以与朱子“离经叛道”，冒天下之大不韪；为抵制奸佞争俘，他可以抗旨，置生死于度外。或者可以这样说，他的精神十分强大，可以雄视天下万物，他的所思所言所行，洒脱不羁，率真合一，已经练就了一种浩瀚渊深的气魄。现在，他的生命到了最后时刻，他已经深切地感到自己只剩下最后一口气，他难道还要做冷冰冰的朝廷的牺牲品，待死广东吗？

不能。

他即命起程。回家。

他顾不上那道圣旨了。

广东布政使王大用是王阳明的学生，他多次劝说阳明先生待身体好些以后再走，然而，王阳明执意不肯。

王大用含泪说："先生，那我派一支人马护送你。"

王阳明轻轻地点了点头。

水路，旱路。舟船，竹椅。众人前扶后拥，护着先生一路向北。行程缓缓的，只怕行走太急，先生的身体受不住。

彤云低垂，北风呼啸。山色一片迷离。已经是十一月的下旬，天气越来越冷了。

阳明先生躺在竹椅上，昏睡着。王大用怕先生受冻，给他又加了一条厚厚的棉被，前后左右，掖得紧紧的。

阳明先生被惊醒了，问："到了何处？"

王大用附在他的耳边轻轻地说："正在翻大庾岭，再过几道山，前面就是梅关了。过了梅关，就好了。"

阳明先生喘着气，呼吸变得困难起来。他抓着王大用的手，说："知道三国里孔明出岐山前托付姜维的故事吗？"

王大用一阵心酸，眼泪就从眼眶里滚落下来。

孔明是要姜维给他准备后事。

王大用不知如何回答是好，答应不是，不答应又不是。他含含糊糊地说："先生放宽心，有学生在身边呢……"事实上，他早已将棺材的木料备在身边，一旦有意外，就可应用。

翻过一道又一道山岭，沿着弯弯曲曲的驿道，终于爬上梅岭，到了梅关前。

王阳明让王大用停了下来。

他勉强地支撑起身子。山口风大，呼啸着，刺骨地冷。头顶是阴霾的天，灰暗着，脚下是浓重的云，十分阴沉，不知何时开始，已经在下雪了。雪花纷纷扬扬，铺天盖地。

梅关！望着城堞上的"梅关"两字，王阳明一阵感慨。翻过梅关就是江西地带了。他离开了两广。

梅关是一道关口，是一道险隘。他也正面临着生命的关口，生命的险隘。翻过梅岭，就会好吗？但愿如此。但是他心里清楚，这次病重，怕是好不起来了。所幸的是离他的家乡是越来越近了……

沿着陡峻的驿道，终于到了江西南安府。坐竹椅是实在吃不消了。王大用让阳明先生改乘舟船，正好沿章水顺流而下。

南安推官周积与赣州兵备道张思聪迎了上来，他们早已在此等候，他们都是王阳明的学生。

舟中，王阳明像一颗干枣似的萎缩着。看到先生病成这副样子，两人不禁一阵心酸，眼眶湿了起来。

没想到，先生止住嗽咳第一句话竟是：近来进学如何？

两人很感动，知道先生还挂心着他们学业的进步，便作了回答。然后，问先生身体如何。阳明先生微微笑了，说："此番病重，怕已难愈，所以未死，还有一口元气而已。"

周积说："先生到了江西，身体会一天天好起来的。不妨在南安静养几天，我去找最好的医生，为先生号脉处方，待病情稍稳定后再走不迟……"

王阳明本想拒绝，他归心如箭。又觉得自己实在走不动了，便依言住下。两天后，船又启动了。

王大用已经回去了，现在陪在身边的是周积和张思聪。

雪，静静地下着；船，静静地漂驶着。万籁俱寂。只有行船击水的声音在白雪覆盖的旷野上清脆地回响着……

十一月二十八日晚，船泊在荒野的一个渡口上。

王阳明问："此是何地？"

侍者告诉他："大庾县青龙铺。"

寒风从船舱中探了进来，微弱的灯光摇曳起来，它好像王阳明的生命之火一样，极其脆弱，一不小心，就要被风吹灭。

王阳明合上眼睛，又昏睡过去了。舱内很静，出奇地静，静得可怕。静静地过了一夜。

雪依然悄无声息地下着。

那天夜里，王阳明的梦境中一定是一个清莹洁白的世界，像童话一样美丽。

清晨，王阳明醒来。船窗外果然一片雪白，雪白得晃眼。景色真的如梦境一般美丽。他示意召唤周积进来。

周积站在他的身边。轻声地呼唤：先生，先生……

良久，王阳明吃力地睁开双眼，用极微弱的声音，一个字一个字地说："我，我——要——走了……"

周积顿时泪花盈盈。问："先生还有什么话要说吗？"

王阳明平静地吐出一字一句："此——心——光——明，亦——复——何——言？"

此心光明，亦复何言！

说罢，瞑目而逝。一种大慈祥，转化成大超脱、大自在。

天地间，顿时响起了悲声。

嘉靖七年十一月二十九日辰时，即公元一五二九年一月九日上午八时左右，一代伟人，与世长辞，享年五十七岁。

四、千里设祭，万民痛哭

王阳明逝世的消息一经传出，朝野震动，亲者痛，仇者快，各具形态。

当然，最重要的是世道人心。

赣江两岸，千里设祭，万民恸哭，感天动地。

祭的是功高德厚，学渊识博，与民息息相关，救民于水火的阳明先生啊！

十二月三日，张思聪与奔丧而来的地方官员、众多学子在南野驿站的中堂为阳明先生设祭入殓。棺木是王大用随舟带来的上等良材做的。他们为先生沐浴如礼。

翌日，众人抬扶着棺椁登舟。当地士民倾城而出，前后山野，沿路夹道，男女老弱，衣着缟素，匍匐哀迎，一时哭声震地，如丧考妣。此情此景，天亦动容。

壬申，舟行至赣州，棺抵水西驿，提督都御史汪铉等迎祭于道。当地百姓，沿途设奠，拦着，抚着，跪着，哭着，又是一番令人感动、令人心碎的情景。

丁丑，椁抵吉安府螺川驿。佥事陈璧，知府张汉等与学生、百姓设祭哭奠。

戊子，椁抵临江蒲滩驿。同知宇宾，通判林元等设祭哭奠。

辛卯，众人随棺到了南昌府南浦驿。前来吊唁的人就更多了，场面也更大了。巡按御史储良材、提学副使、门人赵渊请求多留几日，时已近岁末，待过了年再行，阳明先生与南昌是有特殊感情的，可以让士民百姓朝夕前来哭奠。

一时，人山人海，络绎而至，哀声遍地……

嘉靖八年（1529）正月初一，丧发南昌。说来也怪，竟是连日逆风，绍兴学子赵渊抚着棺椁说："先生是不是不忍与南昌士民别？绍兴弟子门人来南昌泣迎已有好几天了。"

冥冥中的阳明先生听到了吗？

不久，风向果然变了。发舟而行。

到贵溪，先生的嗣子正宪自越赶到，哭倒在灵前。

到广信，先生的高足钱德洪与王畿赶到。两人本来是北上京城去参加廷试的，先是闻先生将返，打算候于严滩。忽然得到讣告，顿时抱头恸哭，想不到先生竟走了。连忙决定不去京城赴考，马不停蹄，星夜兼程赶到了广信葛阳驿。讣告同行，主持丧事。

终于，到了杭州，又到了绍兴。

这一路，多少学子，多少官员，多少百姓为之奠祭哭拜？若非人心所向，焉得如此场景？

到了绍兴之后，设奠于明堂。全国各地前来吊唁的学生朋友，官员百姓，每日不断，哭声不绝。而不能赴越的，则在天南海北，焚香遥祭，此情此景，可谓举国同哀。

嘉靖八年（1529）十一月，王阳明归葬于绍兴城南离兰亭不远的洪溪。洪溪，三面环山，前有溪水，"先生亲择也"。与其父王华之墓仅一山之隔，为的是表示朝夕侍候之意。

而京城，则是另番情景。

掌权者的脸孔像一块冰冷的铁板。

竟然为王守仁功罪是非，引出轩然大波！

为首的当然是吏部尚书桂萼。桂萼其人，毁誉参半，权不予论。但他对王阳明绝对是小人的心理。

人都已经死了，他仍是不肯放过。

有许多罪状，他是必须给王阳明的。王阳明的乞养病疏，他压下了不报，但擅离职守，却是大罪一条；处置广西思、田本已定论，八寨、断藤峡又节外生枝，便成了"恩威倒置"，也是一罪；再溯及擒宁濠，乃是滥冒军功，旧案未了；还有，倡立心学以惑众，实为伪学……

一条又一条，他让众官议论，然后奏与皇上。

杨一清呢？当然也不会帮王阳明说好话。他毕竟见多识广、老谋深算。他只是冷漠地看着。他很隐晦。有一次，湛若水到礼部上任，曾私下问过杨一清："听外面的人纷纷传言，说是非议阳明子皆是阁老的主意？"杨一清一言不发，默然。此真是官场老手，城府至深。然而，他也不愠不怒，怡然一副君子风度。

他的内心怎么会喜欢王阳明呢？尤其是荐他入阁。

倒是张璁（此时亦已入阁）持公允立场。他对王阳明有个了解理解的过程，及至广西捷音传来，凭公而论，功莫大焉，有何错处可言？他对黄绾说："今天我方知阳明先生非常人可比，请来作辅，以共成天下之治。"

杨一清听到不高兴了。桂萼听到后即唆使锦衣卫都指挥诬告了一状：王阳明以百万金银，委托黄绾，送与张璁，故此荐王。

这一回，黄绾愤怒了。他怒发冲冠，写了一道长长的疏，慷慨陈词，振臂高呼，词严义正，仗义执言。他怕什么？你大礼议有功，我也大礼议有功，是非黑白，岂可颠倒？

他要把与桂萼的关系扯破了，拼死一搏！

他在奏疏中说：

昔日，我为都事时，如今的少保桂萼还是一个举人。取其大节，与其交友。共同为了明辩大礼议，我们结成友谊。相知相识亦有二十年，始终无间；谁知，为了臣推荐重用王守仁，桂萼竟与我形如陌路。他历来与守仁不合，常日乘机谗言，我都没有以此否定桂萼的平生。但道义不辩不明，是非曲直，总有公论。

我为什么推举王守仁？一、功也；二、学也。然而，功高而见忌，学古而人不识。此守仁之所以不容于世也。

其功之高有四：

其一，平宸濠之乱。（略）

其二，平赣南之乱。（略）

其三，平思、田之乱。（略）

其四，平八寨之乱。（略）

守仁所立战功，皆除大患。兵凶战危，他是以死而勤事的。应该为后世立个榜样，岂可终泯其功乎？

其学之大有三：

一曰"致良知"。本出孔孟之道，致知出于孔氏，良知出于孟轲；

二曰"亲民"。本是《大学》之旧本，据旧本之意，非创新说也；

三曰"知行合一"。倡导认识与实践的统一，有什么不好？

一句话，"守仁之学，弗诡于圣，弗叛于道，乃孔门之正传"。

现在，守仁客死他乡，妻儿孱弱无靠。家童载骨，槁埋空山，若鬼神有知，亦为恻然。臣实在不忍圣明之世有此冤事也。假如守仁生于异世，犹当追崇，何况在今日哉？臣与守仁为友，已二十年了。我是经过反复比较，处困深省，才拜他为师。岂是轻易为之？

昔日，桂萼也曾为小人所谗，臣为之愤；现在桂萼一洗清白，臣为之喜；这难道是臣之私见吗？今天，守仁之冤，亦如当年桂萼之负屈。伏愿皇上一视同仁，特敕所司，落实褒奖他的所有待遇，发与铁卷，乃以世袭，并开学禁，以昭当今之圣明。若此事不明，则桂萼与我，终是耿耿于怀而不能忘。所以，我敢斗胆直言，以对陛下之忠，补桂萼之过，此亦是为臣之义也。

奏疏写得既刚烈，又委婉；既入理，又动情。

嘉靖皇帝朱厚熜犯难了。

他下了一道既原则又空泛的旨："黄绾学行才识，众所共知；王守仁功高望隆，舆论推重。"又将那位惹事的锦衣卫都指挥下狱治死。要黄绾"安心供职"。

最后呢，在杨一清与桂萼的策划下，将黄绾调到南京任闲职去了。落得了黄绾晚年的清闲。而王阳明的伯爵则被夺，铁卷以及世袭，依然削去，并未落实。而禁"王学"，似乎变本加厉了。

朱厚熜究竟是朱厚熜，他做不了"英主"。他后来也就沦为迷信丹药可以长生之类去了。

王阳明则长眠于地下，他的功德、学说越来越为世人传颂。

二年后，门人薛侃建精舍于杭州天真山祀先生。

四年后，方献夫公然对抗桂萼的禁令，联合四十多名科道官员，在京讲会，共倡师学。

五年后，邹守益与欧阳德分别主持南北国子监，"倡和相稽，疑辩相绎"，复兴师学。

二十年后，内阁大学士徐阶与王门弟子千余人会讲于北京灵济宫。

明隆庆元年（1567），王阳明被追赠为新建侯，谥号"文成"，赐葬。

推为明朝"元勋圣学"。

隆庆二年（1568），明穆宗颁给铁卷。文书中称王阳明——两肩正气，一代伟人，具拨乱反正之才，展救世安民之略。

万历初，下诏从祀孔庙，称"先儒王子"。

再后来，一大批历史人物深受其影响，或为之撰文，或推广其学说，或作用于自身成就，如张居正、徐文长、徐光启、汤显祖、李贽、黄宗羲、刘宗周、钱谦益、马士琼、纪昀、严复、章炳麟、曾国藩、梁启超等，直至孙中山，还有蒋介石。

曾国藩去世的时候，他的一位朋友送他一副挽联："尽瘁武乡侯，千秋臣节；望隆新建伯，一代儒宗。"武乡侯，诸葛亮也；新建伯，王阳明也。

《明史》有评："终明之世，文臣用兵制胜，未有如守仁者。"

明末清初，著名启蒙思想家也是余姚人的黄宗羲称王阳明"可谓震霆启寐，烈耀破迷，自孔孟以来，未有若此深切著明者也"。

晚明史学大家张岱说："阳明先生创良知之说，为暗室一炬。"

清代著名学者王士禛说："王文成公为明第一流人物，立德、立功、立言，皆居绝顶。"

而在日本、朝鲜、东南亚，王阳明的声望更如日月经天，江河引地，最著名最有说服力的是日本军事史上著名将领东乡平八郎，当他在日俄战争中取得重大战役胜利归来后，庆功会上，展示了一方腰牌，上面刻着七个字："一生俯首拜阳明"。

……

这就是历史给予王阳明的评价。

王阳明静静地躺在青山绿水间。他太累了。他多么需要静静地休息。一切都成了过眼云烟。所有的功劳，所有的诽谤。一切都留给了后人，任后人评说……

2014 年 1 月 30 日，除夕，初稿

2014 年 5 月 10 日，定稿于宁波

附录一　王阳明生平年表

明宪宗成化八年（1472）　一岁

农历九月三十日（公历 10 月 31 日），出生于浙江余姚龙泉山北麓"瑞云楼"。

祖母岑氏梦神人云中授儿，故名云。

成化十二年（1476）　五岁

五岁不言，更名为守仁，始言。即诵祖父王伦所读之书。

成化十三年（1477）　六岁

跟在祖父身边读书。后从陆恒学。

成化十七年（1481）　十岁

父亲王华举进士第一甲第一人（状元）。

成化十八年（1482）　十一岁

随祖父王伦赴北京。登金山，吟诗。

成化十九年（1483） 十二岁

寓京都。就读塾师。立志圣贤。

成化二十年（1484） 十三岁

母郑氏卒。

成化二十二年（1486） 十五岁

寓京都。出游居庸关，慨然有经略四方之志。

孝宗弘治元年（1488） 十七岁

与诸氏完婚于江西南昌。诸氏，诸养和之女，余姚人。时诸公为江西布政司参议。

合卺之日，闲入铁柱宫，听道士谈养生之术，忘归。

新婚期间，潜心于书法，书艺大进。

弘治二年（1489） 十八岁

寓江西。十二月，偕夫人归余姚。

路经广信（今上饶），谒见理学大师娄谅，始慕圣学，及宋儒格物之学，受益"圣人必可学而至"之教。

弘治三年（1490） 十九岁

祖父王伦去世。父亲王华奔丧归姚，嘱从弟王冕等人为守仁讲经析义，学业大有长进。

弘治五年（1492） 二十一岁

在越。举浙江乡试。

返北京，遍求朱熹遗书读之。思先儒"格物致知"之教，遂于官署中取竹格之，毫无所得，格竹失败而得病。乃就辞章之学。

弘治六年（1493） 二十二岁

寓京都，首次参加会试不第。

弘治九年（1496） 二十五岁

寓京都，再次赴会试，不第。

弘治十年（1497） 二十六岁

寓京都，学兵法。凡兵家秘书，莫不精究。

弘治十一年（1498） 二十七岁

寓京都。自念辞章不足以通圣，求师友又不遇，心甚惶惑，旧疾复作。闻道士谈养生，遂有遗世入山之念。

弘治十二年（1499） 二十八岁

寓京都。是年春会试，金榜题名，举南宫第二人，赐二甲进士出身第七人，观政工部。

秋，受命钦差督造威宁伯王越坟。

时边报甚急，鞑虏猖獗，上疏边务八事。

弘治十三年（1500） 二十九岁

寓京都。授刑部云南清吏司主事。

弘治十四年（1501） 三十岁

寓京都。奉命至直隶、淮安审决积案重囚。游九华山，出入佛寺道观，访僧道。作《九华山赋》。

弘治十五年（1502） 三十一岁

五月，回京复命。京中皆以才名相驰骋，学古诗文，复以为虚文之无聊，遂告病归越。

时，家已从余姚迁至绍兴。于绍兴宛委山中筑"阳明洞"以养身。自号"阳明子"，人称"阳明先生"。行导引术，以为得道，终因悟及"此簸弄精神，非道也"。摒去。

弘治十七年（1504） 三十三岁

寓京都。秋，主考山东乡试。九月，改兵部武选清吏司主事。

弘治十八年（1505） 三十四岁

寓京都。门人始进，授徒讲学。结识湛若水，一见定交，共倡圣学。

武宗正德元年（1506） 三十五岁

是年，宦奸刘瑾窃权。二月，上疏为戴铣辩冤，下诏狱，廷杖四十，既绝复苏。被谪贵州龙场驿丞。湛若水等诸友送别。

正德二年（1507） 三十六岁

南下杭州，刘瑾派刺客追杀，假言投江以脱之。附商船达舟山，遇飓风漂至福建，入武夷山。几经艰险，亡命天涯。

十二月返钱塘，赴龙场驿。

正德三年（1508） 三十七岁

过江西，渡湘水。春，至龙场。筑居东洞，称"阳明洞"。与苗人日亲。众为其构龙岗书院、何陋轩、君子轩等。

始悟格物致知。日夜端居澄默，以求静一。忽一日，胸中洒洒，不觉呼跃，悟圣人之道，当求内心："心即理。"求证《五经》，莫不吻合。心学之建自此始。史称"龙场悟道"。

正德四年（1509） 三十八岁

贵州提学副使席书聘先生主贵阳书院。始论"知行合一"。一时，贵州学风日盛。

正德五年（1510） 三十九岁

升庐陵知县。三月至江西吉安。清明理政近一年。其间刘瑾伏诛。十一月，入觐，寓大兴隆寺。黄绾请见，引黄见湛若水，三人订盟，终日共学。

十二月，升南京刑部四川清吏司主事。

正德六年（1511） 四十岁

寓京都。正月，调任吏部验封清吏司主事。

二月，为会试同考试官。

十月，升文选清吏司员外郎。

讲学大兴隆寺，从者如云。

送湛若水奉使安南，以文相赠。

正德七年（1512） 四十一岁

寓京都。三月，升考功清吏司郎中。十二月，升南京太仆寺少卿，便道归省。与徐爱论学。讲学内容由徐爱记录整理为《传习录》首卷。

正德八年（1513） 四十二岁

寓越。五月，与徐爱同游四明。

十月，至滁州。督马政。地僻官闲，政余论学。日与门人游琅玡山水间。环龙潭而坐,诸生随地请正,踊跃歌舞。

正德九年（1514） 四十三岁

年初在滁,四月升南京鸿胪寺卿。诸生送至江浦,不忍别。五月至南京,众多学子,同聚师门,日夕相磨砺而不懈。

正德十年（1515） 四十四岁

在京都,上疏请归,不允。

立正宪为嗣子,时年八岁。

正德十一年（1516） 四十五岁

寓南京。九月,兵部尚书王琼特荐,升都察院左佥都御史,命巡抚南、赣、汀、漳等处,时汀漳地方暴乱日甚。十月,归省至越。

正德十二年（1517） 四十六岁

正月,至赣。行十家牌法,选民兵。二月,平漳寇。奏设平和县。十月,平横水、桶岗诸寇。十二月,班师。奏设崇义县。

正德十三年（1518） 四十七岁

正月,征三浰。三月,平大帽、浰头。四月,班师,立社学。五月,奏设和平县。六月,升都察院右副都御史,辞免,不允。七月,刻古本《大学》《朱子晚年定论》。八月,门人薛侃刻《传习录》。徐爱于去年卒,今得讯为之恸哭。九月,修濂溪书院。

正德十四年（1519） 四十八岁

在江西。正月,上疏辞谢升荫,不允。祖母岑太夫人病危,疏乞致仕，不允。

六月，奉敕勘处福建叛军，十五日，至丰城，闻宁王朱宸濠叛反，遂返吉安，起义兵。发南昌，战黄家渡、八字脑，火烧连船。七月二十六日，擒宸濠，江西平。

八月，武宗南下。疏止亲征。祖母故世，乞便道省葬，不允。

九月，献俘钱塘，以病留杭州。

十一月，返江西。时奸党江彬、许泰、张忠妒功诬陷，气势汹汹，生死一发。先生与之周旋。

正德十五年（1520） 四十九岁

正月，忠、泰之流诬先生必反，武宗命召见，被阻芜湖。再上九华山。张永为之辩，得旨，任江西巡抚。

二月，返回南昌。三疏省葬，不允。

六月，至赣。

七月，重上江西捷音疏。武宗北返。

九月，还南昌。门生日众。

正德十六年（1521） 五十岁

正月，居南昌。始揭"致良知"之教。云良知为"真圣门正法眼藏"。

三月，武宗薨。一个月后，世宗登基。

五月，集门人于白鹿洞。授良知之学。

六月十六日，奉世宗敕旨，起程赴京。途经钱塘，被首辅杨廷和阻。便道归省。

八月，归越。诏命为南京兵部尚书。

九月，归余姚省祖茔，访瑞云楼，收钱德洪为徒。

十二月，为父亲王华祝寿。封新建伯。

世宗嘉靖元年（1522） 五十一岁

在绍兴。正月，疏辞封爵。二月，父王华卒。

居丧绍兴。此后，六年不召。

首辅杨廷和旨意倡议禁遏王学。

京城大礼议始。

嘉靖二年（1523） 五十二岁

在绍兴，从学者日众。

嘉靖三年（1524） 五十三岁

在绍兴，门人日进。有人以大礼议见问，不答。

八月，宴门人于天泉桥。盛况空前。

十月，门人、绍兴知府南大吉续刻《传习录》，复增五卷。

嘉靖四年（1525） 五十四岁

在绍兴。正月，诸氏夫人卒。六月，礼部尚书席书荐先生入
阁。不果。九月，归余姚省墓。会门人于龙泉山中天阁，每月
定期讲课。十月，立阳明书院于越城。

嘉靖五年（1526） 五十五岁

在绍兴。系统讲授心学理论。

十一年，儿子王正聪（后黄绾收为婿，更名正亿）出生，为继
室张氏出。

嘉靖六年（1527） 五十六岁

五月，诏命兼都察院御史，征广西思恩、田州。

六月，疏辞，不允。

九月，出发前夜，钱德洪、王畿求教先生，移席天泉桥上，立

四句教法。是谓"天泉证道"。

十月，至江西南昌；十一月至广东肇庆；十二月抵广西梧州；二十六日，抵南宁，开府议事。朝廷命兼任两广巡抚，疏辞，不允。

嘉靖七年（1528） 五十七岁

二月，平思恩、田州。七月，袭八寨、断藤峡。

九月，冯恩奉钦赐至广州，赏思、田之功，疏谢。十月，病重，疏请告。被桂萼压住。

其间，谒伏波庙。祀增城祖庙，访湛若水庐。

十一月，起程返家。过大庾岭梅关。二十九日辰时，即公历一五二九年一月九日八时许，病逝于江西南安府大庾县青龙铺。翌年十一月，归葬于浙江绍兴洪溪（今兰亭）。

附录二 主要参考书目

1.《王阳明全集》，吴光、钱明、董平、姚延福编校，上海古籍出版社。

2.《传习录》，王阳明著，凤凰出版社。

3.《明史》，中华书局。

4.《认识王阳明》，中国档案出版社。

5.《姚江会语》，郑晓江主编，中国书籍出版社。

6.《阳明学新探》，钱明主编，中国美术学院出版社。

7.《姚江秘图山·王氏家族研究》，华建新著，宁波出版社。

8.《心学大师王阳明》，诸焕灿著，中国文学出版社。

9.《第二届国际阳明学研讨会论文集》，国际阳明学研究中心编。

后记

二〇一四年一月三十日，癸巳除夕，我把这部书的初稿，画上了句号。窗外，焰火鞭炮已经响亮起来了。我长长地舒了一口气，心里想，我可以轻松地过个年了。算算日子，这本书写了一年有余。如果从二〇〇五年创作《王阳明》的剧本算起，我对王阳明的认识和投入，时间则更长。

可以说，这是我写作生涯中写得最为艰苦的一部书。长篇文学传记与戏剧是两回事，虚构的空间完全不一样。要花更多的精力于史料研究上。桌面上的那两本上下册墨绿色封面的《王阳明全集》（上海古籍出版社），是我写作的主要参考依据。这两本书——如此严实包装的布质封面，已被我因无数遍的翻阅而破裂。翻开书页，用红笔画的杠杠，以及对古文的注释、理解，密密麻麻，几乎让繁体字排列的本来已经拥挤的纸面透不过气来。一次，一位老同志看到我的这本《王阳明全集》，感叹地说，现在哪里还有这样读书的？他当然不知道我的苦处，如果不是这样"啃"下来，嚼个粉碎，消化成营养，如何能动笔？尤其是其中的《年谱》。《年谱》是王阳明的高足钱德洪编撰的，它基本上准确地记录了王阳明的一生。钱氏功德无量，如若没有这份《年谱》，后人研究王阳明一定会困难得多。毕竟许多事件都是钱德洪的亲身经历。即使其中有些细微的出入，也是当今研究、撰写王阳明文章的必读依据。从这一点来说，我的这本传记体现了真实性，所写的内容都有其出处。

当然，这并不意味着就能写好这本传记。我的努力目标是必须与传主王阳明心灵的接通。王阳明一生的命运跌宕，感情起伏，喜怒哀乐，是我必须全力关注的。为此，我花了很大的功夫。大量遗存的史料中，包括王阳明自己所撰写的各类文字——书信、诗赋、序言、奏疏、公移等等，都透露着他生命的气息，我以为捕捉到这一点特别重要。

一个绕不过的话题是如何认识王阳明的心学。心学是什么？它是如何产生的？是不是属于唯心主义？它的当今意义又是什么？等等。

我对哲学没有什么研究，想研究也不是一朝一夕的事。中国古代哲学是一门极其复杂、令人望而生畏的学问。但你又不能不作基本的了解。王阳明的心学是儒家内部的一个学派，更确切地说，它是对立于程朱理学的一个学派。中国古代哲学，不同于西方的哲学，其核心是教人做圣贤做君子的学问。要解决如何做圣人，必定面对人与人，人与社会，人与自然以及人与内心诸多碰撞与和谐。这是古代哲学的基本内涵，也是王阳明心学的基本内涵。那时候还没有唯物和唯心之分。唯物主义和唯心主义是后来十八世纪的事，离王阳明时代又过了二三百年。我们怎能以唯物主义去要求王阳明？任何哲学流派都是一定时代、文化和环境的产物。作为儒学的一种学派，它既有合理存在的理由，又有其时代的局限。我们怎能以现在的哲学准则去要求它呢？你能简单地划定孔子的哲学思想是唯物的或是唯心的吗？任何哲学，都是对立统一的产物，往往"你中有我，我中有你"，中国古代哲学思想的发展，更具有这种特性。儒、释、道三家之间的相互交锋又相互吸取，构成了中国古代哲学的发展脉络，便是最好印证。

写王阳明，绕不开心学，但也不能把文学传记演绎成对心学的解说。这样的文字，一定是枯燥乏味的，读者很难阅读。读者需要形象、感情、细节。所以我想，心学还是留给中国古代哲学专家去研究吧，我写的是文学传记，只能把枯涩的理论简化。

我很想把语言写得浅白一点，为的是让读者好读，但是没有完全做到。长年累月泡在古文的语境里，要想超脱真的也不易。引文似乎也不应用得这么多，但有时为了把史实夯到实处，得到某种印证，又不舍得轻易把它淡化。但愿能为一般的读者所接受。

写作此书的过程中，许多专家、学者、编辑给予了热情的支持。从书专家组的王春瑜先生和张水舟先生，对我的书稿给予了充分的肯定并提出了修改意见。作家出版社的林金荣女士，为该书责编，与我未曾谋面，电话信件往来，工作十分认真。原文竹女士作为丛书的工作人员，为我提供各种方便，细致而周到。余姚的华建新先生赠我以多部研究王学的著作。诸焕灿先生与我多次面谈，探讨许多模糊不清的问题，为了一个史实细节的出入，他帮我考证史料，然后告诉我应该是怎样的。他的严谨的治学精神，令人感动。在此一并表示谢忱。

当我把二稿改完，已是春暖花开的季节。我想我应该交稿。王阳明是一部读不完、写不完的书，对于我来说，也许才开始。它是没有句号的。

杨东标
2014 年 5 月 10 日于宁波

81 《天地放翁——陆游传》 陆春祥 著

82 《二拍惊奇——凌濛初传》 刘标玖 著

图书在版编目（CIP）数据

此心光明：王阳明传 / 杨东标 著. -- 北京：作家出版社，
2014. 7（2022.9重印）

（中国历史文化名人传丛书）

ISBN 978-7-5063-7413-2

Ⅰ.①此… Ⅱ.①杨… Ⅲ.①王守仁（1472～1529）-传记
Ⅳ.①B248.2

中国版本图书馆CIP数据核字（2014）第112508号

此心光明——王阳明传

作　　者：杨东标
责任编辑：林金荣
书籍设计：刘晓翔+韩湛宁
责任印制：李卫东　李大庆
出版发行：作家出版社有限公司
社　　址：北京农展馆南里10号　　邮　　编：100125
电话传真：86-10-65067186（发行中心及邮购部）
　　　　　86-10-65004079（总编室）
E-mail:zuojia@zuojia.net.cn
http://www.zuojiachubanshe.com
印　　刷：三河市紫恒印装有限公司
成品尺寸：152×230
字　　数：290千
印　　张：21
版　　次：2014年7月第1版
印　　次：2022年9月第6次印刷
ISBN 978-7-5063-7413-2
定　　价：50.00元